발칙한 영어로 유창하게 말하자

표현확장 편

발칙한 영어로 유창하게 말하자 – 표현확장 편

초판 1쇄 인쇄 2017년 1월 26일
초판 1쇄 발행 2017년 2월 6일

지은이   심진섭, 레이나, 김현주
발행인   임충배
홍보/마케팅 김요한
편집   양경자
디자인   최종미
펴낸곳   도서출판 삼육오 (PUB.365)
제작   (주)피앤엠123

출판신고 2014년 4월 3일
등록번호 제406-2014-000035호

경기도 파주시 산남로 183-25
TEL 031-946-3196 / FAX 031-946-3171
홈페이지   www.pub365.co.kr

ISBN 979-11-86533-48-2 14740
ⓒ PUB.365 & 심진섭, 레이나, 김현주 2017

· 저자와 출판사의 허락 없이 내용 일부를 인용하거나 발췌하는 것을 금합니다.
· 저자와의 협의에 의하여 인지는 붙이지 않습니다.
· 가격은 뒤표지에 있습니다.
· 잘못 만들어진 책은 구입처에서 바꾸어 드립니다.

이 도서의 국립중앙도서관 출판예정도서목록(CIP)은 서지정보유통지원시스템 홈페이지(http://seoji.nl.go.kr)와
국가자료공동목록시스템(http://www.nl.go.kr/kolisnet)에서 이용하실 수 있습니다. (CIP제어번호: CIP2016018256)

발칙한 영어로 유창하게 말하자

표현확장 편

Pub.365

Preface

"**영**어 잘하세요?"라는 질문에 우리나라 사람 열에 아홉은 고개를 가로젓는다. 그중에 다섯은 정말 영어공부를 안 해서 자신이 없는 것 맞는 것 같고, 나머지 넷은 공부를 그간 꽤 했는데도 한사코 본인이 초보라 우기는 분들이시다. 이 네 분을 따로 불러 영어로 말도 시켜보고, 단어도 물어보면 이들의 영어 수준에 놀란다. 그 이유는 그들이 영어를 꽤 잘하기 때문이다.

우리는 먹을 것이 많아도 먹을 게 없다고 말하고, 노래를 잘해도 못한다고 뒤로 빼는 것이 미덕이라고 배우고 자란 민족이다. 게다가 영어를 배워 답을 고르는 작업으로 두뇌가 폭신폭신 좋은 청소년 시절을 다 보낸 국민이라 더 악재다. 결론은 이거다. 우리는 영어를 참 많이도 안다. 그러나 영어를 잘 못한다. 그리고 우리는 자신의 영어에 겸손하기까지 하다.

나는 이 책에서 국내에 싸돌아다니는 영어스피킹 도서 중에 가장 어렵게 영어를 가르칠 생각이다. 그러나 겁내지 마시라. 나를 보시라. [발칙한 영어로 진짜 쉽게 말하자 – 기본문장편]에 쉬운 문장들로 여러분과 같이 재미나게 놀았던 바로 그 사람이다. 이번에도 나와 함께 영어 잡으러 가시자. 그리고 약속하는 것은, 이 책이 반쯤 접히게 될 즈음 '나 영어 좀 하는데?'라는 생각이 들게 해드리겠다. 누가 '영어 좀 하시냐" 묻는다면 '예'하고 웃으며 대답하게 만들어 드리겠다.

요즘에도 '내일 바이어와 화상회의인데 영어는 알파벳이 다다'하며 세계종말 전야에 볼만한 얼굴을 가지고 오는 분들이 많다. 승진이라고 취업한다고 '스피킹시험 때문에 원형탈모로 대머리 직전이다'라며 실제로 머리카락을 한 움큼 쥐고 오는 분들도 있다. 앞으로 영어스피킹 부단히 하기라는 약속 받아내고, 나는 그분들에게 주사 한 방 놔드린다. 그게 바로 이 책에서 내가 여러분을 멋진 영어 수다쟁이로 만들려는 이디엄패턴 (Idiom Pattern) 스피킹법이다.

영어 관용 숙어야 토익이나 수능 선생들이 훨씬 많이 알겠지만, 나는 몇십 개의 간단한 숙어를 이용하여 30분을 쉬지 않고 (실제 기록이 32분 27초) 이야기할 수 있다. 그것도 국회

발칙한 영어로 유창하게 말하자 표현확장 편

청문회 관련이나 중국의 우주개발이나 뉴턴의 만유인력도 그리 어렵지 않게 해낸다. '뭐 너야 미국 살다 왔으니 그럴 수 있겠지?' 하시겠지만, 이건 미국 나보다 더 오래 살다 온 사람들도 잘 못한다. 그리고 더 웃긴 건 나와 공부 같이하는 대학생들 친구들 몇 명은 나보다 더 잘한다.

영어스피킹 실력은 자신뿐 아니라 회사, 나아가 나라를 살린다. 나는 이 믿음 때문에 이 나이에 영어 선생하고 있다. 영어는 문법 많이 안다고 잘하는 거 아니다. 미드 본다고 영어 늘지 않는다. 단어 연결한다고 입에서 영어 나오기 힘들며, 첨단 기계 샀다고 영어가 단기에 잡히지 않는다. 이들은 중학생 야구 선수가 직구 스피드 더 올릴 생각하지 않고 커브, 슬라이더 각종 변화구 배우는 모습과 같다. 주야창천 외우고 아귀얼얼 외치시라. 이 한 몸 다 바쳐 여러분 영어 주아아아아악 늘려드리겠다.

함께 책 써 준 레이나 선생님, 김현주 선생님과 Pub.365 관계자분들 감사하다.

다들 준비되셨나?

How to

책 속의 강의

이번 학습할 문장에 대한
심진섭 선생님의 친절한 설명입니다.
선생님의 유쾌한 어투로 작성된 강의 스크립트를
읽어본 후 본문 학습을 진행하세요.

Warming-Up

정말 쉬운 단어부터 시작합니다.
다 알고 있는 단어라도 문장 속에서는 모를 수 있습니다.
기죽지 마시고~ 시작!!!

Jump-In

2단계의 단어를 활용해서
직접 문장을 만들어 직접 말해 보세요.
만들수 있는 것과 만들지 못하는 것, 알송달송한 것을
체크해 두시면 다음 단계 학습에 도움이 됩니다.

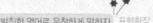

발칙한 영어로 유창하게 말하자 표현확장 편

1. 그것은 그의 결정에 달렸다.
   It depends on his decision.
   "깐다롭지 사나워"
   decision(결정)의 파생어들은 언제나 어렵다. decide(결정하다) : 디사이 , decisive(결정적인)는 조금 쉽지만 indecisive(우유부단한 , 인디자이)는 뜻밖이다.

2. 그것은 오늘 날씨에 달려있다.
   It depends on the weather today.
   "맛다캔하니까 쩌는게임포투데이"
   weather(날씨)는 sunny, cloudy, rainy, snowy가 하늘의 상태고, cold, hot, warm, cool 은 온도 변화다.

3. 그것은 네 의지에 달렸다.
   It depends on your will.

기회	1	나는 그것을 가져 행복하다. 나는 이것이 기회라고 생각한다. 나는 그것을 성공하기를 원한다. 모든 것은 나의 의지에 달려있다. 노력할 시간이다. 당신도 나와 함께 하기를 원하는가? I am happy to have it. I think this is a great chance. I want to succeed in it. Everything depends on my will. It is time to try. Do you want to join me?
구매	2	나는 그것을 사기 위해 여기 왔다. 당신은 어느 것을 사고 싶어? 나는 결정할 준비가 되어있다. 모든 것은 가격과 품질에 달려있지. 저것은 어때? 나는 싼 것들이 좋아. I am here to buy it. Which do you want to buy? I am ready to buy mine. Everything depends on price and quality. How about that one? I like cheaper ones.

이사	1	나는 내년에 이직할 계획이다. 나는 새 직장 근처의 저렴한 아파트를 찾고 있다. 그 동네는 편의 시설이 잘 갖추어진 신도시에 속한다. 그래서 그 아파트를 원하는 사람들이 많다. 나는 집세 때문에 그 집을 포기해야 할지 모른다. I am planning to change jobs. I am looking for a cheaper apartment near my new workplace. The area belongs to a new town which is well equipped with convenient facilities. So there are a lot of people who want this apartment. I might give up the house because of the rent.
음악	2	나는 특히 신나고 경쾌한 음악을 주로 듣는다. 스트레스를 받을 때, 나는 음악을 듣는 것을 즐긴다. 너는 언제 노래를 듣니? K-POP과 클래식 중 너는 어떤 음악을 더 좋아하니? 내가 듣는 것은 나의 기분에 달려 있다.

4단계 Check-Up

3단계에서 본인이 말한 문장과 비교해 보세요.
원어민 성우의 음성을 QR-CODE로 들으며, 직접 말해보세요.
* MP3 다운로드 : www.pub365.co.kr 도서 자료실
계속 입으로 떠들어야 합니다.
그래야 그 문장들이 내것이 되어요.

5단계 Pile-Up

확인한 정답이 익숙해질 무렵!
앞서 배웠던 표현에 이번 학습한 패턴을 누적시켜 볼까요?
누적된 패턴을 내 것으로 만들어야 영어가 거침없이 입 밖으로 튀어나올 수 있습니다.

6단계 중간 점검 / 총정리

중간 점검을 해볼까요?
앞서 배운 주요 문장을 활용하여 길게 말해 보세요.
긴~ 문장을 보면 어떻게 만들어야 하나 긴장부터 되는데,
알고보면 이미 배웠던 내용이 그대로 나옵니다.
주제별로 정리되어 OPIc 시험과 토익스피킹 등
각종 말하기 시험에도 대비할 수 있습니다.

Contents

1. depend on 12
2. focus on 22
3. give up 32
4. listen to 42
5. carry out 52
6. clean up 62
7. look for 72
8. figure out 82
9. belong to 92
10. keep on 102
11. work on 116
12. feel like 126
13. take a break 136
14. make a decision 146
15. happen to 156
16. take place 166
17. have fun 176
18. make a call 186
19. take part in 196
20. make use of 206

중간 점검

중간 점검

21. pay attention to 220
22. spend a lot of time 230
23. go through 240
24. deal with 250
25. get along with 260
26. make a difference 270
27. take care of 280
28. remind me of 290
29. provide me with 300
30. be responsible for 310
31. have something to do with 324
32. have an effect on 334
33. put up with 344
34. devote oneself to 354
35. suffer from 364
36. be well aware of 374
37. be worthy of 384
38. be composed of 394
39. be in charge of 404
40. be familiar with 414

Contents

1. ···에 의존하다 12
2. ···에 집중하다 22
3. ···를 포기하다 32
4. ···를 경청하다 42
5. ···를 이행하다 52
6. ···를 청소하다 62
7. ···를 찾다 72
8. ···를 밝혀내다 82
9. ···에 속하다 92
10. ···를 계속하다 102

중간 점검

11. ···를 열중하다 116
12. ···하고 싶다 126
13. 쉬다 136
14. 결정하다 146
15. ···를 우연히 하다 156
16. 발생하다 166
17. 재미있게 하다 176
18. 전화하다 186
19. ···에 참여하다 196
20. ···를 사용하다 206

중간 점검

21. ⋯에 주목하다 220
22. 많은 시간을 보내다 230
23. ⋯를 경험하다 240
24. ⋯를 처리하다 250
25. ⋯와 어울리다 260
26. 차이를 만들다 270
27. ⋯를 돌보다 280
28. ⋯를 연상시키다 290
29. ⋯를 제공하다 300

중간 점검

30. ⋯를 책임지다 310
31. ⋯와 관계가 있다 324
32. ⋯에 영향을 주다 334
33. ⋯를 참다 344
34. ⋯에 열중하다 354
35. ⋯에 고통받다 364
36. ⋯를 알다 374
37. ⋯의 가치가 있다 384
38. ⋯로 이뤄졌다 394
39. ⋯를 담당하다 404
40. ⋯와 친숙하다 414

중간 점검

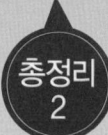

발칙한 영어로 유창하게 말하자 | 표현확장 편

Chapter 01
depend on

책 속의 강의

아직도 활약이 대단한 개그 듀오 컬투의 유행어인 '그때그때 달라요'가 생각난다. 영어로 고쳐보자면 'It depends on situations.' 쯤 된다. 이 문장의 실생활에서의 쓰임새는 예상외로 크다. 우리가 애용하는 'I don't know.'와 같은 뜻이기 때문이다.

- Q: Are you going there tomorrow? (너 내일 거기 가는 거야?)
  A: I don't know. It depends on my mom. (몰라. 우리 엄마에게 달렸지.)

- Q: Do you think you will buy it? (너 그거 살 것 같아?)
  A: I don't know. It depends on the price. (모르겠어. 가격에 달렸지 뭐.)

- 대화에서 보듯이 'I don't know.'와 'It depends on…' 이 두 문장은 언제나 잘 어울리는 궁합이다. 영어를 길게 하고 싶은 우리는 이런 콤보 문장들을 차곡차곡 쌓아두는 게 좋겠다.

  'It depends.'만으로도 완벽한 문장이다. 역시 '잘 모르겠다'라는 뜻이다. 더 줄여서 'Depends.' 한 단어로도 쓰는 1g 살짝 퉁명스러운 사람들도 많다. depend의 두 번째 모음의 발음은 너무 크지 않게 하길 바란다. '에'가 되어야지 '애'처럼 큰 발음이 되어선 안 되니까 입을 과하게 찢지 말 것.

  전치사는 on과 upon이 온다. 다음에는 짧거나 긴 명사형이 온다. depend는 동사이므로 앞에 be동사 쓰는 실수를 안 하시기들 바란다. It depends지, It is depend 아니란 뜻이다. depend의 형용사는 dependent(의존적인)다. 반대말은 independent(독립적인)로 영화 제목으로도 친숙한 단어다.

- 첫 단원이다. 홧팅이다.

Warming-Up

이 페이지는 이 단원에 훈련할 어휘와 단어를 미리 익히는 시간이다. 현대 사회의 일상에서 쓰는 단어를 모아 각 단원의 패턴들과 결합, 가장 사용도 높은 예문들을 구성하려고 한다. 다음 단/숙어들이 영어로 1초 내에 입으로 튀어나올 때까지 맹연습하고 다음 페이지로 넘어가자.

- 자체점검!
- 아주조금!
- 반정도는!
- 기본이지!

네가 왜 그것을 하느냐	why you do it
그가 언제 가느냐	when he goes
의지	will
품질	quality
결정	decision
네가 어디에 있느냐	where you are
너 자신	yourself
누가 여기 오느냐	who comes here
날씨	weather
네가 무엇을 원하느냐	what you want

발칙한 영어로 유창하게 말하자 표현확장 편

Jump-In

여러분을 동시통역의 첫 단계로 초대한다. 실력이 향상되려면, 답이 궁금하고 확신이 없어도 절대 다음 페이지의 정답을 기웃거리지 마시라. 눈으로 영문을 보는 순간 입 영어 실력은 급감한다. 다음 국어 문장을 더듬더듬 만들어보자. 한 문장당 쉼이 두 번 이상 일어나면 다시 시도해 보자.

- 자체점검!
- 아주조금!
- 반정도는!
- 기본이지!

1. 그것은 그의 결정에 달렸다.
2. 그것은 오늘 날씨에 달렸다.
3. 그것은 네 의지에 달렸다.
4. 모든 것은 품질에 달려있다.
5. 너의 성공은 네 자신에게 달렸다.
6. 그것은 누가 여기 오느냐에 달렸다.
7. 그것은 그가 언제 가느냐에 달렸다.
8. 오늘 메뉴는 네가 무엇을 원하느냐에 달려있다.
9. 그 문제는 네가 어디에 있는지에 달려있다.
10. 모든 것은 네가 왜 그것을 하느냐에 달려있다.

15

Check-Up

전 페이지에서 연습한 답을 체크하며 공부하자. 영어에 박학다식해지는 페이지이다. 필자는 영어 발음을 한국어로 표기해 비난을 사기도 한다. 그러나 영어를 읽을 수 있는 우리는 그 발음 따라 읽는다 해도 영어 실력이 줄지 않는다. 외려 우리가 발음 개선을 위해 지향할 것은 정확한 소리지, 영어에 근접도 못 하는 일본식 발음이 아니잖은가? 같은 소리, 빠른 속도가 생성될 때까지 맹훈련하시라!

1. 그것은 그의 결정에 달렸다.

It <u>depends on</u> his decision.

'잇디펜쏜히ㅅ디씨젼'

decision(결정)의 파생어들은 언제나 어렵다. decide(결정하다 : 디싸임) decisive(결정적인)는 조금 쉽지만 indecisive(우유부단한 : 인디싸씹v)는 뜻밖이다.

2. 그것은 오늘 날씨에 달려있다.

It <u>depends on</u> the weather today.

'잇디펜쏜th더웨th덜투데이'

weather(날씨)는 sunny, cloudy, rainy, snowy가 하늘의 상태고, cold, hot, warm, cool은 온도 변화다.

3. 그것은 네 의지에 달렸다.

It <u>depends on</u> your will.

'잇디펜쏜열위을'

will의 뒷발음 'l'의 혀끝 위치는 위 앞니의 바로 뒤. '위을'을 빠르게, 장까지 살아 들어가는 의지를 가졌다는 '위을'! 빠르고 강하게 '위을'!

발칙한 영어로 유창하게 말하자 표현확장 편

4. 모든 것은 품질에 달려 있다.

Everything depends on quality.

'에v브뤼th띵디펜쏜퀄러리'
비즈니스 영어에서 사용 빈도수 갑인 quality(품질)의 반대말은 quantity(수량)일 수도 price(가격)일 수 있으니 경우에 따라 구분해 사용하시라.

5. 너의 성공은 네 자신에게 달렸다.

Your success depends on yourself.

'유얼썩쎄ㅆ디펜쏜열쎄읖f'
'…자신'이라는 재귀대명사들은 소유격을 사용하는 myself, yourself, herself, ourselves, yourselves와 himself, themselves와 같이 목적격을 쓰는 것도 있다.

6. 그것은 누가 여기 오느냐에 달렸다.

It depends on who comes here.

'잇디펜쏜후컴스히얼'
의문사 who가 주어. 'Who drinks coffee.' 'Who likes music.'처럼 who 다음에 동사가 나오는 형태다. who I like처럼 who가 목적격이 되는 문장도 있다.

7. 그것은 그가 언제 가느냐에 달렸다.

That depends on when he goes.

'th댓디펜쏜웬히고우스'
의문사 when은 부사. 'When he sleeps'. 'When I eat.'도 같은 형식. who나 which, that 은 주격, 목적격이 되는 명사지만, when이나 where은 목적격이 되지 못하는 부사다.

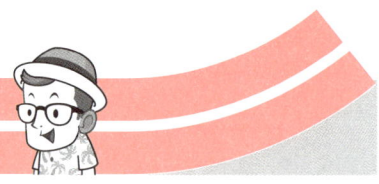

8. 오늘 메뉴는 네가 무엇을 원하느냐에 달렸다.

The menu today <u>depends on</u> what you want.

'th더메뉴터데이디펜쏜워츄원'

의문사 what은 목적어. 'What he likes.' 'What they hear.'과 같다. what 다음에 주어와 동사가 오므로 what은 목적격이다. 그래서 what을 '… 무엇을 …'이라고 해석한다.

9. 그 문제는 네가 어디에 있는지에 달렸다.

The problem <u>depends on</u> where you are.

'th더프롸블럼디펜쏜웨얼유얼'

의문사 where은 부사. 'Where she stays.' 'Where I have dinner.'도 같은 형식. 그래서 where과 when을 관계부사라고 부른다. which, who는 관계대명사다.

10. 모든 것은 네가 왜 그것을 하느냐에 달렸다.

Everything <u>depends on</u> why you do it.

'에v브뤼th띵디펜쏜와이유두잍'

의문사 why 역시 부사. 'Why you try.' 'Why they talk about it.'도 같다. 혹자는 'The reason why you do it.'도 역시 좋은 영어다. 'The reason that you do it.' 역시 오케이다.

Pile-Up

발칙한 영어로 유창하게 말하자 **표현확장 편**

pileup_01.mp3

누적훈련 없이 실력향상 없다!
선행학습 교재 『발칙한 영어로 진짜쉽게 말하자 – 기본패턴 편』 전체 분량과 본 권 『발칙한 영어로 유창하게 말하자 – 표현확장 편』의 누적 학습한 내용까지의 콜라보레이션 동시통역 트레이닝!
다음 문장을 영어로 바꾸시라. 문제당 쉼이 세 번 이상이면 다시! 될 때까지 노력!

1
기회

나는 그것을 가져 행복하다. 나는 이것이 기회라고 생각한다. 나는 그것을 성공하기를 원한다. 모든 것은 나의 의지에 달려있다. 노력할 시간이다. 당신도 나와 함께 하기를 원하는가?

I am happy to have it. I think this is a great chance. I want to succeed in it. Everything <u>depends on</u> my will. It is time to try. Do you want to join me?

2
구매

나는 그것을 사기 위해 여기 왔어. 당신은 어느 것을 사고 싶어? 나는 결정할 준비가 되어있다. 모든 것은 가격과 품질에 달려있지. 저것은 어때? 나는 싼 것들이 좋아.

I am here to buy it. Which do you want to buy? I am ready to buy mine. Everything <u>depends on</u> price and quality. How about that one? I like cheaper ones.

3 영화

너 피곤하니? 너 시간 있어? 나 영화 보러 가는데. 너도 가기를 원해? 그것은 뭔가 재미있는 것이다. 영화관이 이 동네에 하나 있어. 너 갈 거야? 나는 갈 것이 확실해. 모든 것은 너의 결정에 달렸어.

Are you tired? Do you have time? I am going to see a movie. Do you want to come with me? It is something fun. There is a movie theater in this town. Would you like to go? I am sure to go. Everything <u>depends on</u> your decision.

4 컴퓨터

질문 하나 물어보게 해 줘. 너 어떻게 그 문서를 만들었어? 나는 그것이 불가능하다고 생각해. 너는 그것을 쉽게 했어? 그것은 컴퓨터 기능에 달려있어. 나는 그것을 몰라서 유감이다.

Let me ask you a question. How did you make the document? I think it is impossible. Did you do it easily? It <u>depends on</u> the computer functions. I am afraid I don't know them.

5 휴가

모든 것은 내가 무엇을 원하느냐에 달렸지만, 나는 이번 주말을 즐기고 싶다. 나는 내가 휴식이 필요하다는 것을 안다. 나는 일상을 떠나야 한다.

Everything <u>depends on</u> what I want, but I want to enjoy this weekend. I know I need a break. I should leave my daily life.

발칙한 영어로 유창하게 말하자 표현확장 편

6
발표

나는 내일 발표를 할 준비가 되어있다. 나는 내 연구에 대해 이야기하고 싶다. 모든 것은 내가 어떻게 그것을 하느냐에 달려있다. 나는 그것을 해낼 것이라 확신한다. 나는 그 순간을 즐길 것이다.

I am ready to make a presentation tomorrow. I would like to talk about my studies. Everything <u>depends on</u> how I do it. I am sure to make it. I will enjoy the moment.

7
식사

너 어제 어디에 갔어? 너 다시 그 식당에 갔어? 너 어제 배고팠어? 너 누구와 갔어? 너 왜 거기에 자주 가니? 너 또 갈거니? 나도 가고 싶다. 모든 것은 너에게 달렸지. 그것은 네가 언제 거기에 가느냐에 달려있다고.

Where did you go yesterday? Did you go to the restaurant again? Were you hungry? Who did you go with? Do you go there often? Do you want to go again? I want to go. Everything <u>depends on</u> you. It depends on when you're going there.

발칙한 영어로 유창하게 말하자 | 표현확장 편

Chapter 02
focus on

발칙한 영어로 유창하게 말하자  표현확장 편

책 속의 강의

뉴스포커스, 시사포커스 등 focus란 영단어가 들어간 문구들은 괜히 고급져보인다. '포커스'는 성공의 열쇠다. 학업도 사업도 집중력이 있어야 원하는 것을 얻을 수 있다. 아무리 말도 많고 일도 많은 세상에서 내가 해야 할 일에 초점을 맞추는 것은 쉬운 일은 아니지만. Focusing is important! So let's focus.

- 내 학창 시절에는 공부하는 데에 집중하기 위해 기계도 얼굴에 둘러써 보기도 하고 집중력 키우는 학원이라는 곳에 가보기도 하고 그랬었다. 음악을 들으면 집중이 잘 되니, 요즘은 또 소음이 잦은 커피숍이 더 효율이 있다느니 말도 많다.

- 집중력을 키우기 위해 어떤 사람은 I sleep all day long. It helps to focus on work. (난 하루 종일 잔다. 일에 집중하는 데에 그게 도움이 돼)라 하기도 하고, I do not focus on what is not important to me. (난 내게 중요치 않은 것은 집중하지 않아)하기도 한다.

- focus는 자동사다. I focus. I am focusing. 이처럼 목적어 없이 사용할 수 있다. 목적어를 받으려면 I am focusing on the business. I will focus upon English. 와 같이 on 또는 upon을 전치사로 사용한다.

- 형제로는 concentrate가 있다. I am concentrate on my job. '…에 집중하다', 같은 의미로 쓰인다. focus의 강세는 앞부분 fo~에 있다. 의약품인 박카스 비스무리하게도 들린다.

- adjust our focus (초점을 맞추다), the focus area (핵심분야), focus on the market (그 시장에 집중하다)… 특히 비즈니스상에서 무지하게 애용되는 숙어니 입에 달달 달아놓고 평생 동반하시길 바란다.

Warming-Up

이 페이지는 이 단원에 훈련할 어휘와 단어를 미리 익히는 시간이다. 현대 사회의 일상에서 쓰는 단어를 모아 각 단원의 패턴들과 결합, 가장 사용도 높은 예문들을 구성하려고 한다. 다음 단/숙어들이 영어로 1초 내에 입으로 튀어나올 때까지 맹연습하고 다음 페이지로 넘어가자.

- 자체점검!
- 아주조금!
- 반정도는!
- 기본이지!

• 왜 우리가 여기에 있는	• why we are here
• 새로운 기술을 배우다	• learn a new skill
• 효과	• effect
• 단어	• word
• 차이점	• difference
• 어떻게 그들이 전진할 수 있는지	• how they can move forward
• 외모	• look
• 문제를 해결하다	• solve the problem
• 우리가 어디서 끝냈는지	• where we ended
• 일	• job

발칙한 영어로 유창하게 말하자 **표현확장 편**

Jump-In

여러분을 동시통역의 첫 단계로 초대한다. 실력이 향상되려면, 답이 궁금하고 확신이 없어도 절대 다음 페이지의 정답을 기웃거리지 마시라. 눈으로 영문을 보는 순간 입 영어 실력은 급감한다. 다음 국어 문장을 더듬더듬 만들어보자. 한 문장당 쉼이 두 번 이상 일어나면 다시 시도해 보자.

- 자체점검!
- 아주조금!
- 반정도는!
- 기본이지!

1. 나는 당면한 일에 집중한다.
2. 나는 인터넷의 긍정적인 효과에 집중했다.
3. 그 작가는 문장 속 각각의 단어에 집중한다.
4. 요즘 10대들은 언제나 그들의 외모에 집중한다.
5. 그들은 두 제도의 차이점에 집중했다.
6. 나는 요즘 새로운 기술을 배우는 것에 집중한다.
7. 우리는 복잡한 문제를 해결하는 것에 집중한다.
8. 그 부장은 우리가 지난 번에 어디서 끝냈는지에 집중한다.
9. 우리는 왜 우리가 오늘 여기에 있는지에 집중한다.
10. 직원들은 어떻게 그들이 전진할 수 있는지에 집중한다.

Check-Up

전 페이지에서 연습한 답을 체크하며 공부하자. 영어에 박학다식해지는 페이지이다. 필자는 영어 발음을 한국어로 표기해 비난을 사기도 한다. 그러나 영어를 읽을 수 있는 우리는 그 발음 따라 읽는다 해도 영어 실력이 줄지 않는다. 외려 우리가 발음 개선을 위해 지향할 것은 정확한 소리지, 영어에 근접도 못 하는 일본식 발음이 아니잖은가? 같은 소리, 빠른 속도가 생성될 때까지 맹훈련하시라!

1. 나는 당면한 일에 집중한다.

I <u>focus on</u> the job at hand.

'아이f포커손th더좝앹해앤ㄷ' focus를 발음할 때 입 모양을 동그랗게 만들어 소리 내주시라. 동사 face도 '직면하다'의 뜻이 있어 I focus on the job I face로도 가능하다.

2. 나는 인터넷의 긍정적인 효과에 집중했다.

I <u>focused on</u> the positive effect of the internet.

'아이f포커쓰톤th더퍼지립이f펙텁th디인털넷' '긍정적인' 뜻의 positive를 알았으니 '부정적인'의 negative도 함께 알아두자. effect의 반대말 역시 중요. cause(원인)이다.

3. 그 작가는 문장 속 각각의 단어에 집중한다.

The writer <u>focuses on</u> each word in the sentence.

'더롸이럴f포커씨즌이춰월딘th더쎈텐ㅅ' each는 반드시 단수명사와 함께 쓰셔야 한다. every, any 등도 마찬가지로 복수명사가 오면 어색하다.

 발칙한 영어로 유창하게 말하자 표현확장 편

4. 요즘 10대들은 언제나 그들의 외모에 집중한다.

Teenagers these days always focus on their looks.

'틴에이쥘ㅅth디즈데이솔웨이스f포커온th데얼을룩쓰' '보다'의 look이 명사로는 '외모'라는 뜻이 된다. 외모를 말하려고 face로 하지 말고 looks가 적절하다.

5. 그들은 두 제도의 차이점에 집중했다.

They <u>focused on</u> the difference between two systems.

'th데이f포커쓰톤th더디f퍼뤈ㅆ비트윈트우씨스템' 둘 사이를 말하려거든 between을 사용하고, 비교 대상이 셋 이상일 때는 among으로 사용하자.

6. 나는 요즘 새로운 기술을 배우는 것에 집중한다.

I <u>focus on</u> learning a new skill these days.

'아이f포커쏜을러닝어뉴스끼을th디즈데이ㅅ' skill이 가산명사인 걸 알고 계셨는가? learn은 이 문장에서 주어가 되므로 동명사ing로 변했다.

7. 우리는 복잡한 문제를 해결하는 것에 집중한다.

We <u>focus on</u> solving the complicated problem.

'위f포커손쏠v빙th더컴플리케이릿프롸블럼' '해결하다'의 solve 대신 take care of, deal with(해결하다, 책임지다)를 사용할 수도 있다.

8. 그 부장은 우리가 지난번에 어디서 끝냈는지에 집중한다.

The manager <u>focuses on</u> where we finished last time.

'th더매니줼f포커씨존웨얼위f피니쉬들라스타임' '끝내다'의 end 대신 finish를 사용해도 된다. 반대말은 begin, start, 그리고 축구용어인 kick off도 있다.

9. 우리는 왜 우리가 오늘 여기에 있는지에 집중한다.

We <u>focus on</u> why we are here today.

'위f포커쏜와이위얼히얼투데이' here 과 there은 부사이기에 앞에 어떤 전치사도 함께 쓰이지 않는다. come here, go there이 좋은 예다.

10. 직원들은 어떻게 그들이 전진할 수 있는지에 집중한다.

Staff members <u>focus on</u> how they can move forward.

'스때f멤벌ㅅf포커쏜하우th데이캔뭅v f포월드'
'전진하다'의 move forward 대신 step forward도 있다. 반대말은 move backward.

28

Pile-Up

발칙한 영어로 유창하게 말하자 **표현확장 편**

누적훈련 없이 실력향상 없다!
선행학습 교재 『발칙한 영어로 진짜쉽게 말하자 – 기본패턴 편』 전체 분량과 본 권 『발칙한 영어로 유창하게 말하자 – 표현확장 편』의 누적 학습한 내용까지의 콜라보레이션 동시통역 트레이닝!
다음 문장을 영어로 바꾸시라. 문제당 쉼이 세 번 이상이면 다시! 될 때까지 노력!

1

신상품

나는 새로운 상품을 소개하게 되어 기쁘다. 너는 그것을 시도해보고 싶니? 이것은 사람들의 감정에 집중한다. 나는 이것을 살 계획이다. 또한 나는 네가 이것을 좋아할 것이라고 확신한다.

I am pleased to introduce this new item. Do you want to try this? It <u>focuses on</u> people's mood. I plan to buy this. I am sure that you will like this.

2

외모

나는 외모에 대해 이야기하고 싶다. 요즘 10대들은 그들이 어떻게 보이는지에만 집중한다. 또한 어디서나 많은 성형수술 광고가 있다. 너는 어떻게 생각하니? 우리 사회에서 이것은 심각한 것이다.

I'd like to talk about looks. Teenagers these days <u>focus</u> only <u>on</u> how they look. There are a lot of advertisements for plastic surgeries. What do you say? It is something serious in our society.

3 프로젝트

나는 요즘 쉴 수 가 없다. 많은 프로젝트가 있기 때문이다. 모든 것은 나의 능력에 달려있다. 나는 요즘 어떻게 프로젝트들을 마무리 해야 할 지에 집중한다. 나는 이것들이 나의 졸업에 중요하다는 것을 안다.

I can't get any rest nowadays because I have many projects. Everything depends on my abilities. I <u>focus on</u> how I can complete these projects. I know that these are important for my graduation.

4 운전

너는 뭐라고 말했니? 나는 지금 운전하기에 집중한다. 솔직히 말하면 나는 비 오는 날엔 운전하는 것이 두렵다. 너는 이것을 잘하니? 나 대신 운전 하는 게 어때?

What did you say? I was <u>focusing on</u> driving. Honestly, I am afraid to drive a car on a rainy day. Are you good at it? How about driving instead of me?

5 쉬는 시간

나는 내가 하고 있는 것에 집중 할 수 없다. 나는 맑은 공기가 필요하다. 나는 오랜 시간 공부하기 위해 여기에 있다. 나는 이 시험에 통과해야 한다. 내가 잠깐 쉴 수 있게 해줘.

I can't <u>focus on</u> what I am doing. I need some fresh air. I am here to study for a long time. I need to pass this test. Let me take a break for a while.

발칙한 영어로 유창하게 말하자 **표현확장 편**

6

영화

나는 영화 볼 준비가 되었다. 나는 너랑 영화를 봐서 행복해. 너는 준비가 됐니? 너는 팝콘 먹는 것 좋아하니? 그럼 내가 팝콘을 살게. 우리는 이제 영화 보기에 집중 해야 해!

I am ready to watch a movie. I am happy to see the movie with you. Are you ready? Do you like eating popcorn? I will buy some popcorn. We should <u>focus on</u> watching this movie.

7

식사

너는 어떻게 뉴스를 확인하니? 너는 언제 주로 뉴스를 읽니? 나는 주로 스마트폰을 가지고 그것을 해. 나는 내 스마트폰으로 그것을 하는 걸 즐겨. 나는 언제 어디서나 최신 뉴스를 확인할 수 있다. 구직자로써 나는 세계에 무슨 일이 발생하고 있는지 항상 집중한다.

How do you check the news? When do you usually read the news? I enjoy doing it on my smart phone. I can check the latest news anytime and anywhere. As a job seeker, I always <u>focus on</u> what is happening around the world.

발칙한 영어로 유창하게 말하자 | 표현확장 편

Chapter 03

give up

'포 기란 배추를 세는 단위일 뿐이다'라는 문장을 내가 2006년에 '웃지만 말고 영어로 말해봐'란 책에서 처음으로 사용했다고 하면 다들 나를 비난하실까? 자랑하고 싶어도 참아야 하는 경우가 있다. 하하.

■ give up은 二語동사들 중 하나다. 두 개의 단어가 존재해야 뜻이 완벽하게 이뤄지는 친구들이다. 지시대명사(it, this, that)나 인칭대명사(you, him, her, them)이나 짧은 목적어들은 그 단어 사이에 쏙 들어간다. give you up. give it up. give money up. 이처럼 말이다.

■ give up사이에 -을 넣어 give-up으로 쓰면 명사가 되기도 한다. 'I never give up.'에서 give up은 동사지만, 'There is no give-up.'에서 give-up은 명사다. 비슷한 말로는 abandon, surrender가 있고, 반대말은 keep going, continue가 있겠다. 과거형은 gave up이다. gived up 아니다.

A: How is the project going? (그 프로젝트 어떻게 돌아가?)
B: I gave it up. It's beyond my limit. (포기했어. 내 능력 밖이야)

■ 어느 비즈니스 대화다. 그렇다고 give up이 항상 실패, 좌절, 포기…. 이런 암울한 표현만 이끄는 것만은 아니다. 어느 당찬 영어 자기소개를 보자.

■ I try very hard. I know there are difficult things. I know I have to face them. I never stop. I never give up. And I am sure I am able to make it. (나는 매우 열심히 노력합니다. 많은 어려운 일들이 있다는 것을 압니다. 난 그것들을 맞서야 하는 것도 알고요. 난 멈추지 않고 포기하지 않습니다. 나는 내가 해내리라는 것을 확신합니다)

이젠 이 정도 해석은 필요 없지 않으신가?

Warming-Up

이 페이지는 이 단원에 훈련할 어휘와 단어를 미리 익히는 시간이다. 현대 사회의 일상에서 쓰는 단어를 모아 각 단원의 패턴들과 결합, 가장 사용도 높은 예문들을 구성하려고 한다. 다음 단/숙어들이 영어로 1초 내에 입으로 튀어나올 때까지 맹연습하고 다음 페이지로 넘어가자.

■ 자체점검!
☐ 아주조금!
☐ 반정도는!
☐ 기본이지!

담배 피우다	smoke
시간	time
나의 것인 것	what is mine
우리가 아무리 바쁘더라도	no matter how busy we are
시합	game
버릇	habit
편안한 삶	comfortable life
자리	seat
그가 가장 좋아하는 것	what he likes the most
아파트	apartment

발칙한 영어로 유창하게 말하자 표현확장 편

Jump-In

여러분을 동시통역의 첫 단계로 초대한다. 실력이 향상되려면, 답이 궁금하고 확신이 없어도 절대 다음 페이지의 정답을 기웃거리지 마시라. 눈으로 영문을 보는 순간 입 영어 실력은 급감한다. 다음 국어 문장을 더듬더듬 만들어보자. 한 문장당 쉼이 두 번 이상 일어나면 다시 시도해 보자.

- 자체점검!
- 아주조금!
- 반정도는!
- 기본이지!

1. 나는 나쁜 버릇을 포기한다.
2. 나는 지난주에 가족과의 시간을 포기했다.
3. 그들은 비싼 집세 때문에 그 아파트를 포기한다.
4. 질질병 때문에 그 환자는 담배 피우는 것을 포기했다.
5. 그 도전자는 두 번째 라운드에서 시합을 포기했다.
6. 그는 임신한 여성들에게 그의 자리를 포기한다.
7. 그 중년의 부부는 대도시에서의 편안한 삶을 포기한다.
8. 우리는 아무리 우리가 바쁘더라도 절대 포기하지 않는다.
9. 그는 승진을 위해 그가 가장 좋아하는 것을 포기했다.
10. 나는 나의 것인 것은 쉽게 포기하지 않는다.

Check-Up

전 페이지에서 연습한 답을 체크하며 공부하자. 영어에 박학다식해지는 페이지이다. 필자는 영어 발음을 한국어로 표기해 비난을 사기도 한다. 그러나 영어를 읽을 수 있는 우리는 그 발음 따라 읽는다 해도 영어 실력이 줄지 않는다. 외려 우리가 발음 개선을 위해 지향할 것은 정확한 소리지, 영어에 근접도 못 하는 일본식 발음이 아니잖은가? 같은 소리, 빠른 속도가 생성될 때까지 맹훈련하시라!

1. 나는 나쁜 버릇을 포기한다.

I give up a bad habit.

'아이기v벞어배앤해빗' habit은 셀 수 있는 가산명사이다. a few / many good habits 사용해 보시라. 식습관은 eating habit이라고 한다.

2. 나는 지난주에 가족과의 시간을 포기했다.

I gave up time with my family last week.

'아이게이v법타임위th쓰마이f페믈리을라스트윜' family를 '패밀리'가 아니라 'f프에믈리' 이고 week의 형용사는 weekly, 평일은 weekdays, 주말은 weekends이다.

3. 그들은 비싼 집세 때문에 그 아파트를 포기한다.

They give up the apartment because of high rents.

'th데기v법th디아팔트먼ㅌ비커섭f어하이뤤츠' because of 다음엔 명사형이 와야 한다. '집세'의 의미로 rent를 명사형으로 쓴 것을 주목하자.

4. 질병 때문에 그 환자는 담배 피우는 것을 포기했다.

The patient gave up smoking due to an illness.

'th더페이션ㅌ게이v법스모킹듀투언이을니스' due to의 to는 to 부정사가 아니고 전치사이다. due to 대신 because of, owing to, for the reason이 있다.

5. 그 도전자는 두 번째 라운드에서 시합을 포기했다.

The challenger gave up a game in the second round.

'th더챌린줠게이v법어게임인th더세컨롸운ㄷ' 시합에 질 때는 lose the game, 이길 때는 win the game이다. round를 돕는 전치사가 in이라는 점 기억!

6. 그는 임신한 여성들에게 그의 자리를 포기한다.

He gives up his seat to pregnant women.

'히깊v썹히스씰투프레그넌위민' sit(앉다)과 seat(좌석)의 발음의 차이는 소리의 장단이 아니고 입의 크기이다. pregnant의 명사형은 pregnancy

7. 그 중년의 부부는 대도시에서의 편안한 삶을 포기한다.

A middle-aged couple gives up a comfortable life in a big city.

'어미를에이줟커플깁v스업뻐컴f포러보을라이f핀어비익씨리' middle-aged 중년의 young-aged 청년의 comfortable은 명사형 comfort의 형용사형이다.

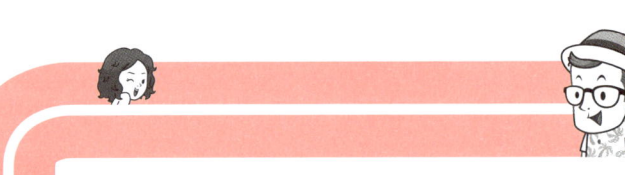
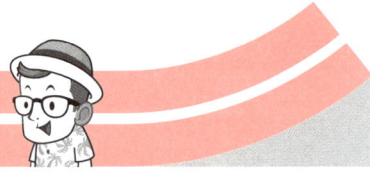

8. 우리는 아무리 우리가 바쁘더라도 절대 포기하지 않는다.

We will never give up no matter how busy we are.

'위윌네v벌기v법노매럴하우비시위얼' no matter how(~일지라도) no matter what(무엇일지라도) no matter where(어디일지라도) no matter when(언제일지라도) 다 기억하시라.

9. 그는 승진을 위해 그가 가장 좋아하는 것을 포기했다.

He gave up what he likes the most for the promotion.

'히게이v법워리라일스th더모슬f폴th더프로모션'
what he likes the most는 his best favorite으로 바꿀 수도 있다. This is my favorite, and it is what I like the most. 스피킹 연습하시라.

10. 나는 나의 것인 것은 쉽게 포기하지 않는다.

I don't easily give up what is mine.

'아이론이스을리기v법워리스마인' easily의 반대말은 hardly라고 오해하시는 분들이 많은데, hardly는 '거의 ~하지 않는'이라는 뜻이므로 조심하시라.

발칙한 영어로 유창하게 말하자 **표현확장 편**

pileup_03.mp3

Pile-Up

누적훈련 없이 실력향상 없다!
선행학습 교재 『발칙한 영어로 진짜쉽게 말하자 – 기본패턴 편』 전체 분량과 본 권 『발칙한 영어로 유창하게 말하자 – 표현확장 편』의 누적 학습한 내용까지의 콜라보레이션 동시통역 트레이닝!
다음 문장을 영어로 바꾸시라. 문제당 쉼이 세 번 이상이면 다시! 될 때까지 노력!

1
흡연

나는 건강을 위해 흡연을 포기해야 한다. 그리고 거기엔 수많은 이유가 있다. 나는 그것의 해로움을 안다. 너는 정말 금연할 수 있니? 그것은 말할 필요도 없이 어려운 것이다. 나는 금연하기 위해 다른 것들에 집중할 필요가 있다.

I have to **give up** smoking for my health. And there are thousands of reasons for that. I know its harmfulness. Can you really quit smoking? It is something difficult, needless to say. I need to focus on other things to stop smoking.

2
연애

나는 그와 함께 있어서 기쁘다. 나는 그를 위해 내가 좋아하는 모든 것을 포기할 수 있다. 내가 이 모든 순간을 즐기게 해 줘. 이건 매일 일어나지 않아.

I am delighted to be with him. I can **give up** what I like for him. Please let me enjoy this moment. This doesn't happen every day.

3

핵무기

그들은 핵무기를 포기해야 한다. 너는 그 의견에 동의하니? 나는 그것이 심각한 사안이라고 생각한다. 나는 전쟁이 두렵다.

They should give up nuclear weapons. Do you agree with the opinion? I think this is a serious agenda. I am afraid of wars.

4

꿈

그는 결국 꿈을 좇는 것을 포기했다. 나는 그 소식을 들어서 유감이다. 나는 그가 열심히 노력했다는 것을 안다. 나는 누구보다도 그의 이런 태도를 좋아했다. 나는 그를 돕고 싶다.

He finally gave up chasing his dream. I am sorry to hear the news. I know that he made a lot of efforts. I liked his attitude more than anyone else's. I want to give him some support.

5

사생활

나는 내가 당연하게 여겼던 것을 포기한다. 나는 내 개인적인 삶을 포기할 필요가 있다. 그것은 어려운 것이다. 나는 언제나 새로운 것을 시도하길 원한다. 나는 열심히 일해야 한다. 그러나 나는 나의 결정이 자랑스럽다.

I am giving up what I took for granted. I need to give up my personal life. It is something difficult. I always want to try something new. I should work hard. But I am proud of my decisions.

발칙한 영어로 유창하게 말하자 표현확장 편

6
도전

나는 예상치 못한 소식을 들었어! 너는 중간에 도전을 포기했어. 왜 그랬니? 나는 네가 해낼 거라고 확신했어. 그건 불가능한 것이 아니야.

I heard the unexpected news! You <u>gave up</u> the challenge halfway. Why did you do that? I was sure that you could make it. It was not something impossible.

7
다이어트

너는 체중 감량을 위해 주로 무엇을 하니? 살 뺄 시간이야. 그래서 나는 헬스장에 등록할 것이다. 나는 내가 즐겨 먹는 패스트푸드를 포기해야 한다. 모든 것은 건강한 식단에 달려있어.

What do you usually do for weight loss? It is time to lose some weight. So I will sign up for a gym membership. I should <u>give up</u> fast-food that I enjoy eating. Everything depends on a healthy diet.

41

발칙한 영어로 유창하게 말하자 | 표현확장 편

Chapter 04

listen to

발칙한 영어로 유창하게 말하자 표현확장 편

책 속의 강의

우리나라 사람들이 의외로 많이 틀리는 동사가 go와 listen이다. 대표적인 자동사들인데, 자동사라 함은 목적어를 받으려면 반드시 짝꿍 전치사가 따라붙어야 한다. go school이 아니라 go to school이다. listen the music이 아니고 listen to the music이고.

■ hear와 listen to의 차이가 궁금하다. hear가 별 신경 쓰지 않고 들어도 들리는 것을 말한다면 listen to는 주의를 기울여, 청취대상을 의식하며 듣는 것을 의미한다. 'I hear you sing.'과 'I listen to your song.'은 의미의 강도가 다르다.

■ '보다'의 의미인 see, look at, watch의 의미도 같은 맥락이다. see는 hear처럼 주의를 기울이지 않고 본 것, look at은 '움직이지 않는 것'을 신경을 쓰고 보는 것, watch는 반대로 움직이는 것을 신경 쓰고 보는 것을 의미한다.

■ Are you listening? 은 말하고 있는 사람 안 쳐다보는 산만한 상대에게 던질만한 문장이다. I usually listen to music. 은 영어로 자기 소개할 때 취미를 얘기할 때 좋을 것 같다. 그리고 I listen to people. 은 나는 남의 말을 경청하는 사람이라는 자기 자랑으로도 좋겠다.

■ 앞사람(들)에게 말하기 전 주목을 끌기 위해 'Listen!'이나 'Listen to me!' 혹은 'Listen up!'이라 말하면 앞사람 귀를 쫑긋 세우고 나를 쳐다본다. 얼마나 많이 쓰는 말이면 미녀 가수 비욘세가 이 단어로 된 제목의 노래를 부르면서 'Listen!'을 스무 번 넘게 외치겠는가?

Listen! She is getting married. Did you know? (들어 봐. 그녀가 결혼한대. 알고 있었어?)
Yes. I listen to the radio. And it said so. (응 라디오 듣고 있는데. 그렇다고 그러데)

Warming-Up

이 페이지는 이 단원에 훈련할 어휘와 단어를 미리 익히는 시간이다. 현대 사회의 일상에서 쓰는 단어를 모아 각 단원의 패턴들과 결합, 가장 사용도 높은 예문들을 구성하려고 한다. 다음 단/숙어들이 영어로 1초 내에 입으로 튀어나올 때까지 맹연습하고 다음 페이지로 넘어가자.

- 자체점검!
- 아주조금!
- 반정도는!
- 기본이지!

교수가 말하고 있는 것	what the professor is saying
의견	opinion
충고	advice
라디오	radio
아이들	children
그의 목소리가 어떻게 변하는지	how his voice changes
녹음 분	recording
내가 어떻게 주말을 보냈는지	how I spent my weekend
잔잔한 음악	slow music
세부사항	detail

발칙한 영어로 유창하게 말하자 표현확장 편

Jump-In

여러분을 동시통역의 첫 단계로 초대한다. 실력이 향상되려면, 답이 궁금하고 확신이 없어도 절대 다음 페이지의 정답을 기웃거리지 마시라. 눈으로 영문을 보는 순간 입 영어 실력은 급감한다. 다음 국어 문장을 더듬더듬 만들어보자. 한 문장당 쉼이 두 번 이상 일어나면 다시 시도해 보자.

- 자체점검!
- 아주조금!
- 반정도는!
- 기본이지!

1. 나는 친구의 충고를 경청한다.
2. 그는 잠자기 전에 잔잔한 음악을 경청한다.
3. 그녀는 조깅을 하는 동안 라디오를 경청한다.
4. 참가자들은 성공적인 결과의 세부사항을 경청한다.
5. 부모들은 아이들의 말을 경청해야 한다.
6. 심사위원들은 양쪽의 의견을 경청한다.
7. 비서는 면접의 녹음 분을 경청했다.
8. 내 여자친구는 내가 어떻게 주말을 보냈는지를 경청했다.
9. 학생들은 교수가 말하고 있는 것을 경청했다.
10. 관객들은 그의 목소리가 어떻게 변하는지를 경청한다.

Check-Up

전 페이지에서 연습한 답을 체크하며 공부하자. 영어에 박학다식해지는 페이지이다. 필자는 영어 발음을 한국어로 표기해 비난을 사기도 한다. 그러나 영어를 읽을 수 있는 우리는 그 발음 따라 읽는다 해도 영어 실력이 줄지 않는다. 외려 우리가 발음 개선을 위해 지향할 것은 정확한 소리지, 영어에 근접도 못 하는 일본식 발음이 아니잖은가? 같은 소리, 빠른 속도가 생성될 때까지 맹훈련하시라!

1. 나는 친구의 충고를 경청한다.

I <u>listen to</u> the advice from my friend.

'아이리쓴투어디얼v바이쓰f프롬마이f프렌'

listen to advice from의 반대는 give advice to가 되시겠다.

2. 그는 잠자기 전에 잔잔한 음악을 경청한다.

He <u>listens to</u> slow music before he goes to bed.

'히리쓴ㅅ투슬로우뮤식비f폴히고우스투벤' go to bed의 반대말은 get out of bed이다. 아침에 눈을 뜰 때는 wake up, 아침에 일어날 때는 get up이다.

3. 그녀는 조깅을 하는 동안 라디오를 경청한다.

She <u>listens to</u> the radio while jogging.

'쉬리쓴ㅅ투th더뤠디오와이을좌깅'

while jogging은 원래 while she jogs였는데 주어가 뻔한 접어현상으로 생략한 것이다.

4. 참가자들은 성공적인 결과의 세부사항을 경청한다.

The participants listen to the details of successful results.

'th더팔티쓰펀ㅊ리쓴투th더디테이을접썩세스f풀뤼절ㅊ'
부사 successfully는 '성공적으로' 이지만 형용사 successive는 '연속적인'이다.

5. 부모들은 아이들의 말을 경청해야 한다.

Parents should listen to their children.

'페어륀ㅊ슐리쓴투th데얼췰드륀' 소유격 대명사 their과 부사 there(거기에)은 발음이 같지만 정확한 뜻의 차이를 알고 사용하자.

6. 심사위원들은 양쪽의 의견을 경청한다.

Judges listen to both sides of opinions.

'저쥐ㅅ리쓴투보th ㅆ 싸이접f어피니언ㅅ' both는 양쪽을 모두 포함하지만 either은 둘 중 하나만, neither은 둘 다 포함시키지 않을 때 사용한다.

7. 비서는 면접의 녹음 분을 경청했다.

A secretary listened to the recording of the interview.

'어쎄커터뤼리쓴투th더뤼콜딩업f th디인털뷰' recording의 동사와 명사는 record로 철자가 같지만, 전자는 2음절 강세, 후자는 1음절 강세이다.

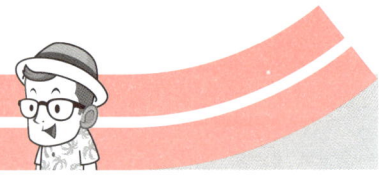

8. 내 여자친구는 내가 어떻게 주말을 보냈는지를 경청했다.

<u>My girlfriend listened to how I spent my weekend.</u>

'마이거얼f프뤤리쓴투하우아이스뻰마이위켄ㄷ' spend가 시간과 쓸 때는 '보내다'로 해석되고 돈과 쓸 때는 '쓰다'로 사용한다. spend some money

9. 학생들은 교수가 말하고 있는 것을 경청했다.

Students <u>listened to</u> what the professor was saying.

'스뜌던츨리쓴투웟ㅅth더프로f풰썰워쌔잉' say, talk, speak는 다음 대화의 대상이 오려면 전치사 to가 반드시 온다. tell은 to가 오지 않는다. Tell me!

10. 관객들은 그의 목소리가 어떻게 변하는지를 경청한다.

The audience <u>listens to</u> how his voice changes.

'th디어디언ㅆ리쓴ㅅ투하우히스v보이쓰췌인쥐ㅅ'
change는 상태가 변하는 것을 말하지만 switch는 위치가 변할 때 사용한다.

Pile-up

발칙한 영어로 유창하게 말하자 **표현확장 편**

누적훈련 없이 실력향상 없다!
선행학습 교재 『발칙한 영어로 진짜쉽게 말하자 – 기본패턴 편』 전체 분량과 본 권 『발칙한 영어로 유창하게 말하자 – 표현확장 편』의 누적 학습한 내용까지의 콜라보레이션 동시통역 트레이닝!
다음 문장을 영어로 바꾸시라. 문제당 쉼이 세 번 이상이면 다시! 될 때까지 노력!

1 음악

너는 어떤 장르의 음악을 좋아하니? 나는 모든 장르의 음악을 즐겨. 물론 나는 콘서트 가는 것도 좋아해. 나는 그곳에서 훌륭한 라이브음악을 들을 수 있어. 나는 이번 주에 내가 가장 좋아하는 가수의 콘서트에 갈 계획이야.

Which genre of music do you like? I enjoy all kinds of music. Of course, I like going to concerts. I can **listen to** great live music there. I am planning to go to my favorite singer's concert this weekend.

2 여행

나는 해외여행을 갈 거야. 나는 그가 지난여름에 무엇을 했는지 경청해. 그곳에는 꼭 방문해야 할 관광지가 있어. 모든 것은 미리 계획하는 것에 달려 있어.

I will go on an overseas trip. I **listen to** what he did last summer. There are many must-visit tourist spots there. Everything depends on making plans ahead.

3 결정

나는 가능한 한 많은 의견을 경청해야 해. 그리고 나는 그것 중에서 최고의 해결책을 선택해야 해. 나는 모든 의견이 훌륭하다는 것을 알아. 투표할 때야.

I should **listen to** as many opinions as possible. And I should pick the best solution among them. I know that every opinion is great. It is time to vote.

4 통화

나는 전화기 속의 그녀의 목소리를 경청했다. 그녀의 목소리는 뭔가 달랐다. 나는 그녀에게 무슨 일이 있다고 생각한다. 나는 그녀의 집에 가봐야 한다. 나는 그녀를 챙길 필요가 있다.

I **listened to** her voice on the phone. She sounded different. I think something happened to her. I should go to her house. I need to take care of her.

5 수업

많은 학생들은 교수가 말하고 있는 것을 경청한다. 하지만 나는 그 수업에 집중할 수 없었다. 교실에 학생들이 너무 많았다. 이건 졸업을 위해 중요한 것이다. 다음부터, 나는 앞자리에 앉을 예정이다.

Many students **listened to** what the professor was saying. However, I couldn't focus on the class. There were too many students in the classroom. It is something important for my graduation. Next time, I will sit in the front row.

발칙한 영어로 유창하게 말하자 **표현확장 편**

6
바쁨

너 지금 바쁘니? 그렇지 않다면 너는 나 대신 집안을 치울 수 있니? 나는 지금 프로젝트에 집중하고 있어. 이것을 끝낸 후에 나는 네가 말하는 모든 것들은 경청할게. 내가 끝까지 프로젝트에 집중하도록 해줘.

Are you busy? Otherwise, can you clean up the house instead of me? I am focusing on a project right now. After finishing this, I will <u>listen</u> carefully <u>to</u> everything you say. Please let me focus on the project until I'm done.

7
게임

요즘엔 편리한 기기들이 많이 있다. 사람들은 스마트폰으로 노래를 듣거나, 영화를 보고, 정보를 찾을 수 있다. 하지만 때때로 사람들은 스마트폰에 지나치게 의존한다. 몇몇은 스마트폰 때문에 그들의 업무나 개인의 삶을 포기한다.

There are a lot of convenient devices these days. People can <u>listen to</u> music, watch movies and look up information on their smartphones. However, people sometimes depend too much on their smartphones. Some give up their work or personal life because of them.

발칙한 영어로 유창하게 말하자 | 표현확장 편

Chapter 05
carry out

책 속의 강의

'가져가는 것'은 take, '가져오는 것'은 bring이라는 동사를 쓴다. 그러나 헷갈린다. 'I am going to take some cake to you.' 해야 할지 'I am going to bring some cake to you.' 해야 할지 빠르게 판단이 안 서는 때가 있다. 그럴 때 carry를 쓴다. '지니다'의 의미가 있어 어느 경우나 어울린다.

- 공항에서 좌석 예약을 할 때 손으로 들고 탑승할 수화물을 hand-carry 혹은 hand carry baggage라고 하고, 골프에서도 볼이 그린까지의 날아간 거리를 carry라고 한다. 기타 미식축구 같은 스포츠에서나 음악 음향 전문가들이 자주 사용하는 단어이기도 하다.

- 영국의 록그룹 Queen의 작고한 보컬 Fred Mercury가 부른 불후의 명곡인 'Bohemian Rhapsody' 중 Carry on, Carry on이라는 애절한 부분도 아울러 떠오른다. Go on이나 Continue와 같은 '계속하다'의 의미겠다. 앞 단원의 give up하고 상반된 뜻이다.

- 이 단원에서 다루는 carry out은 비즈니스 영어에서 모르면 바보 되는 중요한 이디엄이다. '이행하다', '수행하다', '단행하다', '완료하다', '완수하다' 등 해석도 참 많은 업무에 필수 불가결한 동사이며, 같은 뜻으로 put into practice, implement, take action 등등이다.

- 이 또한 이어 동사로 짧은 목적어 명사들을 사이에 끼워 이용할 수 있다. carry out the project도 맞고 carry it out도 훌륭하다는 의미다. carry out the research, carry out the presentation, carry out the plan…. 회사에는 정말 업무의 수가 많다.

- carry의 발음은 언제나 어렵다. 일단, c 다음의 첫째 모음 a를 입을 길게 찢어 발음한다. '케'가 아니라 '크애'의 빠른 소리다. r은 두 개나 있으니 더 입을 모으시라. '캐리'가 아니라, '크앨위'의 빠른 발음이다.

Warming-Up

이 페이지는 이 단원에 훈련할 어휘와 단어를 미리 익히는 시간이다. 현대 사회의 일상에서 쓰는 단어를 모아 각 단원의 패턴들과 결합, 가장 사용도 높은 예문들을 구성하려고 한다. 다음 단/숙어들이 영어로 1초 내에 입으로 튀어나올 때까지 맹연습하고 다음 페이지로 넘어가자.

- 자체점검!
- 아주조금!
- 반정도는!
- 기본이지!

그들에게 더 중요한 것	what is more important to them
지시	instruction
계획	plan
정책	policy
업무	mission
그가 하는 어떤 결정이든	whatever decision he makes
고객의 요청	customer's request
우리가 그녀를 위해 계획한 것	what we planned for her
일	task
과제	assignment

발칙한 영어로 유창하게 말하자 　표현확장 편

Jump-In

여러분을 동시통역의 첫 단계로 초대한다. 실력이 향상되려면, 답이 궁금하고 확신이 없어도 절대 다음 페이지의 정답을 기웃거리지 마시라. 눈으로 영문을 보는 순간 입 영어 실력은 급감한다. 다음 국어 문장을 더듬더듬 만들어보자. 한 문장당 쉽이 두 번 이상 일어나면 다시 시도해 보자.

■ 자체점검!
☑ 아주조금!
◯ 반정도는!
◯ 기본이지!

1. 그는 스스로 지시를 이행한다.
2. 모든 학생들은 그 과제를 시간 내에 이행했다.
3. 우리는 현재 그 이슈에 대해 다양한 일을 이행한다.
4. 그녀는 그 업무를 성공적으로 이행했다.
5. 그들은 사고 없이 그들의 계획을 이행했다.
6. 그 직원은 고객의 요청을 주저 없이 이행한다.
7. 우리는 가능한 한 빨리 새로운 정책을 이행할 것이다.
8. 그들은 그들에게 더 중요한 것을 이행해야 한다.
9. 우리는 그가 하는 어떤 결정이든 이행할 것이다.
10. 그녀는 마침내 우리가 그녀를 위해 계획한 것을 이행한다.

Check-Up

전 페이지에서 연습한 답을 체크하며 공부하자. 영어에 박학다식해지는 페이지이다. 필자는 영어 발음을 한국어로 표기해 비난을 사기도 한다. 그러나 영어를 읽을 수 있는 우리는 그 발음 따라 읽는다 해도 영어 실력이 줄지 않는다. 외려 우리가 발음 개선을 위해 지향할 것은 정확한 소리지, 영어에 근접도 못 하는 일본식 발음이 아니잖은가? 같은 소리, 빠른 속도가 생성될 때까지 맹훈련하시라!

1. 그는 스스로 지시를 이행한다.

He <u>carries out</u> instructions by himself.

'히캐뤼이사웃인스트럭션ㅅ바이힘쎄읖' carry out은 어떤 일을 '이행하다/ 수행하다'의 의미이지만 carry out of은 '운반하다'이다.

2. 모든 학생들은 그 과제를 시간 내에 이행했다.

Every student <u>carried out</u> the assignment on time.

'에v브뤼스뜌던캐뤼이다웃th디어싸인먼온타임'
every는 단수명사를 받기 때문에 모든 학생들이지만 students가 아니라 student이다.

3. 우리는 현재 그 이슈에 대해 다양한 일을 이행한다.

We currently <u>carry out</u> various tasks on the issue.

'위커뤤을리캐뤼이아웃v배뤼어ㅅ태스크쏜th디이슈'
부사 currently는 presently/ at present/ at the moment도 함께 알아두시면 유용하다.

발칙한 영어로 유창하게 말하자 표현확장 편

4. 그녀는 그 업무를 성공적으로 이행했다.

She <u>carried out</u> the mission successfully.

'쉬캐뤼이다웃th더미션썩쎄스f푸을리' successfully의 형용사형은 successful, 명사는 success이지만 형용사 successive는 '연속적인'이다.

5. 그들은 사고 없이 그들의 계획을 이행했다.

They <u>carried out</u> their plan without any incident.

'th데이케뤼이다웃th데얼플랜위th다웃애니이씨던'
incident는 계획된 사고이고, accident는 예상하지 못한 사고일 때 사용한다. 전자는 전쟁 테러, 후자는 교통사고 등이다.

6. 그 직원은 고객의 요청을 주저 없이 이행한다.

The worker <u>carries out</u> customer's request without hesitation.

'th더월컬케뤼사웃커스터멀쓰리퀘슬위th다웃헤스테이션' request는 부탁이나 요청을 뜻하는데 '부탁을 들어주다'라는 do somebody a favor이다.

7. 우리는 가능한 한 빨리 새로운 정책을 이행할 것이다.

We will <u>carry out</u> a new policy as soon as possible.

'위위을캐뤼아우러뉴펄러씨애쑤운에스바써버을' as 형용사 as possible은 '가능한 한 ~하게'이다. 가능한 한 자주 as often as possible도 필수 문구다.

8. 그들은 그들에게 더 중요한 것을 이행해야 한다.

They should carry out what is more important to them.

'th데이슛캐뤼아웃워리스모얼임폴턴투th덤' important처럼 3음절 이상의 형용사들은 비교급일 때 more, 최상급일 때는 the most가 붙는다.

9. 우리는 그가 하는 어떤 결정이든 이행할 것이다.

We will carry out whatever decision he makes.

'위위을캐뤼아웃와레v벌디씩젼히메잌ㅆ' '결정하다'라는 make a decision이지만 decision의 동사형인 decide만 써도 '결정하다'이다.

10. 그녀는 마침내 우리가 그녀를 위해 계획한 것을 이행한다.

She finally carries out what we planned for her.

'쉬f파이너올리캐뤼사웃워뤼플랜ㄷf폴헐' finally의 형용사는 final 명사는 finale이다. 비슷한 표현으로는 eventually 혹은 ultimately가 있다.

Pile-Up

pileup_05.mp3

발칙한 영어로 유창하게 말하자 **표현확장 편**

누적훈련 없이 실력향상 없다!
선행학습 교재 『발칙한 영어로 진짜쉽게 말하자 – 기본패턴 편』 전체 분량과 본 권 『발칙한 영어로 유창하게 말하자 – 표현확장 편』의 누적 학습한 내용까지의 콜라보레이션 동시통역 트레이닝!
다음 문장을 영어로 바꾸시라. 문제당 쉼이 세 번 이상이면 다시! 될 때까지 노력!

1
프로젝트

우리는 올해 다양한 프로젝트를 실행하는 중이다. 너는 요즘 바빠? 그렇지 않으면 너는 우리를 도와줄 수 있니? 나는 경험이 많은 멘토가 필요해. 너는 어떤 프로젝트에 참여하길 원하니? 알려줘.

We are <u>carrying out</u> various projects this year. Are you busy these days? Otherwise, can you help us? I need a mentor with a lot of experience. Which project do you want to join? Let me know.

2
스케줄

나는 계획을 실행하고 있어. 내 스케줄에 문제가 있어. 나는 실패가 두려워. 나는 이것을 가능한 즉각적으로 해결하고 싶어. 나는 내가 하는 것에 집중해야 해.

I am <u>carrying out</u> a plan. There is a problem with my schedule. I am afraid of failures. I'd like to deal with this as immediately as possible. I have to focus on what I am doing.

3 균형

나의 팀은 연구를 실행한다. 이 연구에 따르면, 사람들은 때때로 그들 개인의 삶을 일을 위해 포기한다. 나는 그것이 피할 수 없다는 것을 안다. 너는 균형을 유지할 수 있니? 너는 무엇을 제안하니?

My team is <u>carrying out</u> a research. According to this research, people sometimes give up their personal life for work. I know that it is inevitable. Can you keep the balance? What do you suggest?

4 연휴

일 년에 몇 개의 공휴일이 있다. 전통적인 공휴일에 한국인들은 차례를 지내. 나는 그것들이 종교적인 의미를 가진 것을 알아. 너도 이 사실을 알았니?

There are several holidays throughout the year. On traditional holidays, Koreans <u>carry out</u> memorial ceremonies. I know they have religious meanings. Did you know this fact?

5 도움

나는 내일 정기검사를 실행할 예정이야. 너는 지난번에 언제 그것을 실행했니? 너는 어떻게 그것을 했니? 다른 사람들로부터 도움을 받았니? 아니면 혼자서 했니?

I will carry out a regular inspection tomorrow. When did you <u>carry</u> it <u>out</u> last time? How did you do it? Did you get any help from others? Or did you do it alone?

발칙한 영어로 유창하게 말하자 표현확장 편

6
설문조사

나는 이 제품에 대한 설문조사를 실행했어. 나는 사용자들로부터 긍정적인 피드백을 받기를 원했어. 그것은 우리 모두에게 동기를 부여하는 것이었어. 나는 좋은 결과를 가져서 기뻤어.

I **carried out** a survey on this item. I wanted to get positive feedback from the users. It was something motivating for all of us. I was pleased to have good results.

7
소원

너는 내 소원을 실행해 줄 거야, 그렇지? 모든 것은 내 결정에 달렸어. 모든 것은 내가 무엇을 말할지에 달렸어. 너는 긴장하니? 내 소원을 먼저 경청해.

You will **carry out** my wishes, right? Everything depends on my decision. It all depends on what I am going to say. Are you nervous? Please listen to my wishes first.

발칙한 영어로 유창하게 말하자 | 표현확장 편

Chapter 06

clean up

발칙한 영어로 유창하게 말하자 표현확장 편

책 속의 강의

Clean과 clear가 혼란스럽다. 일단, 둘 다 형용사도 되고 동사도 된다. 'I like to clean my room.'은 '나는 청소하는 것을 좋아한다.'는 콩쥐 내지는 신데렐라의 전용 멘트이고, 여기서 clean은 '청소하다'라는 동사로 쓰인다. 반면에, 'I like a clean room.' 이라는 위생상태 의심스러운 호텔 같은 곳에서 쓸만한 문장 속의 clean은 명사 room을 꾸미는 '깨끗한'이라는 형용사다. clear도 마찬가지다.

■ 그렇다면 clean과 clear의 차이는? 형용사 clean이 '청소하여 깨끗한'이라면, clear은 '아무것도 없어 깨끗한'이다. 동사로 clean the table이라 명령하면 테이블 위를 싹싹 닦겠지만, clear the table이라 하면 테이블을 치울 것이다. the clean sky는 '청결하고 깨끗한 하늘'이지만, the clear sky는 '구름 한 점 없는 하늘'이다.

■ clean up과 clean의 차이를 묻는 분도 많다. 전자가 up이 들어가서 의미가 조금 더 강해진 경우로 별 큰 차이는 없다. clean off라는 숙어도 회화체에서 종종 나오는데, 이는 '먼지 하나 없이 완벽히 청소하다' 쯤 된다.

■ clean up은 목적어 없이 clean up 그 자체만으로도, 또 clean up the room, clean up the house 등등 목적어를 포함시켜서도 '청소하다'의 의미가 가장 크다. clean up을 명사로도 쓴다. The clean up will cost you. (그 청소 작업 너 돈 좀 들 거다) 이렇게.

■ 유형적인 것뿐만 아니라 사회적으로나 업무적으로 잘못되거나 그릇된 분야나 현상, 상황을 척결하겠다는 의미로 사용해도 훌륭하다. clean up the mess(쓰레기), clean up the act(행동)등이다. clean up behind you (네 뒤에서 궂은일을 해줄게)라는 상대 신뢰 듬뿍 얻을 수 있는 영화 대사도 생각난다.

■ 새로운 마음을 갖고 싶을 때 clean up은 좋은 행동이다. 그러나 그간 공부한 것만은 clean up 하지 마시길.

Warming-Up

이 페이지는 이 단원에 훈련할 어휘와 단어를 미리 익히는 시간이다. 현대 사회의 일상에서 쓰는 단어를 모아 각 단원의 패턴들과 결합, 가장 사용도 높은 예문들을 구성하려고 한다. 다음 단/숙어들이 영어로 1초 내에 입으로 튀어나올 때까지 맹연습하고 다음 페이지로 넘어가자.

■ 자체점검!
☐ 아주조금!
☐ 반정도는!
☐ 기본이지!

• 방	• room
• 쓰레기	• trash
• 그녀의 아들이 어지른 것	• the mess that her son made
• 책상	• desk
• 환경	• environment
• 내가 쏟은 것	• what I spilled
• 오염된 지역	• polluted sites
• 컴퓨터	• computer
• 부패	• corruption
• 그 사람이 사는 곳	• where he lives

발칙한 영어로 유창하게 말하자 표현확장 편

Jump-In

여러분을 동시통역의 첫 단계로 초대한다. 실력이 향상되려면, 답이 궁금하고 확신이 없어도 절대 다음 페이지의 정답을 기웃거리지 마시라. 눈으로 영문을 보는 순간 입 영어 실력은 급감한다. 다음 국어 문장을 더듬더듬 만들어보자. 한 문장당 쉼이 두 번 이상 일어나면 다시 시도해 보자.

자체점검!
아주조금!
반정도는!
기본이지!

1 나는 일요일마다 쓰레기를 청소한다.

2 우리는 손님이 도착하기 전에 방을 청소한다.

3 학생들은 하루의 끝에 그들의 책상을 치운다.

4 우리는 보다 나은 미래를 위해 우리의 환경을 청소한다.

5 그들은 그들의 시스템 속의 뿌리 깊은 부패를 청소한다.

6 그 단체는 오염된 지역을 청소했다.

7 그는 컴퓨터 속도를 높이기 위해 그의 컴퓨터를 청소했다.

8 그녀는 그녀의 아들이 어지른 것을 청소한다.

9 자원 봉사자들은 그 사람이 요즘 사는 곳을 청소한다.

10 나는 내가 실수로 쏟은 것을 청소해야 한다.

65

Check-Up

전 페이지에서 연습한 답을 체크하며 공부하자. 영어에 박학다식해지는 페이지이다. 필자는 영어 발음을 한국어로 표기해 비난을 사기도 한다. 그러나 영어를 읽을 수 있는 우리는 그 발음 따라 읽는다 해도 영어 실력이 줄지 않는다. 외려 우리가 발음 개선을 위해 지향할 것은 정확한 소리지, 영어에 근접도 못 하는 일본식 발음이 아니잖은가? 같은 소리, 빠른 속도가 생성될 때까지 맹훈련하시라!

1. 나는 일요일마다 쓰레기를 청소한다.

I <u>clean up</u> the trash every Sunday.

'아이클리넙th더트뤠쉬에v브뤼썬데이' every는 언제나 단수명사를 받는다. Sunday에 s를 붙여 복수형으로 만들려면 on Sundays로 한다.

2. 우리는 손님이 도착하기 전에 방을 청소한다.

We <u>clean up</u> the room before the guests arrive.

'위클리넙th더룸비f폴th더게스츠어라이vㅂ'
room을 발음하실 때 입을 '우'로 시작하여 재빠르게 '룸'으로 바꾸면 가장 정확하다.

3. 학생들은 하루의 끝에 그들의 책상을 치운다.

Students <u>clean up</u> their desks at the end of the day.

'스뜌던ㅊ클리넙th데얼데스크쌧th디엔덥th더데이' student의 t 발음은 우리말의 된소리와 비슷하다. '~의 시작'은 at/in the beginning of ~으로 표현하시라.

발칙한 영어로 유창하게 말하자 **표현확장 편**

4. 우리는 보다 나은 미래를 위해 우리의 환경을 청소한다.

We <u>clean up</u> our environment for the better future.

'위클리너파월인바이r러먼f폴th더베럴f퓨철'

good과 well은 비교급과 최상급이 better과 the best로 동일하다.

5. 그들은 그들의 시스템 속의 뿌리 깊은 부패를 청소한다.

They <u>clean up</u> the deep-rooted corruption in their system.

'th데이클리넙th더디잎루릿코뤕션인th데얼씨스템'

corruption의 형용사형은 corruptive, 동사로는 corrupt로 사용된다.

6. 그 단체는 오염된 지역을 청소했다.

The environmental organization <u>cleaned up</u> polluted sites.

'th디인v바이뤄먼틸올거니z재이션클리넙폴루릿싸이츠'

pollution의 동사형인 polluted는 contaminated로도 사용할 수 있다.

7. 그는 컴퓨터 속도를 높이기 위해 그의 컴퓨터를 청소했다.

He <u>cleaned up</u> his computer to increase the computer's speed.

'히클린덥히스컴퓨럴투인크뤼스컴퓨럴스삐ㄷ' increase의 반대말은 decrease이다. 유사어는 raise (올리다-타동사), rise(오르다-자동사)가 있다.

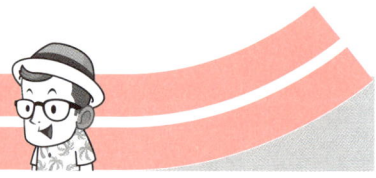

8. 그녀는 그녀의 아들이 어지른 것을 청소한다.

She <u>cleans up</u> the mess that son makes.

'쉬클린섭th더메쓰th맷헐썬메익ㅅ' mees의 형용사는 messy이다. What a mess! (정말 더럽군!) 현지에서 많이 듣는 우리가 외워야 할 문장.

9. 자원 봉사자들은 그 사람이 요즘 사는 곳을 청소한다.

The volunteers <u>clean up</u> where he lives these days.

'th더v볼룬티얼ㅆ클리닙왜얼히을리v브즈th디즈데이스' where he lives/ where he meet people/ where I study 등 where로 시작하는 관계사절을 잘 습득해보자.

10. 나는 내가 쏟은 것을 청소해야 한다.

I should <u>clean up</u> what I spilled.

'아이슏클리닙워라이스삘ㄷ' what I ate, what I drank, what I liked, what I wanted, what I used, what I enjoyed… 과거 사물을 묘사할 명사구다.

Pile-Up

발칙한 영어로 유창하게 말하자 **표현확장 편**

누적훈련 없이 실력향상 없다!
선행학습 교재 『발칙한 영어로 진짜쉽게 말하자 – 기본패턴 편』 전체 분량과 본 권 『발칙한 영어로 유창하게 말하자 – 표현확장 편』의 누적 학습한 내용까지의 콜라보레이션 동시통역 트레이닝!
다음 문장을 영어로 바꾸시라. 문제당 쉼이 세 번 이상이면 다시! 될 때까지 노력!

1

청소

너는 언제 주로 너의 방을 치우니? 나는 주말마다 내 방을 치워. 나는 깨끗한 방에서 지내서 행복해. 그것은 내가 어떻게 집안일을 하느냐에 달려있어. 나는 내 방을 치우는 것을 즐긴다고 생각해.

When do you usually take care of your room? I <u>clean up</u> my room every weekend. I am happy to stay in a clean room. It depends on how I do house chores. I think I enjoy cleaning my room.

2

폭풍

나는 너의 도시의 폭풍에 대해 들었다. 많은 사람들은 폭풍 이후의 잔해를 치웠다. 너는 괜찮니? 그건 예측할 수 없는 것이었다. 너는 도움이 필요하니?

I heard about the storm in your city. Many people <u>cleaned up</u> the debris after the storm. Are you okay? It was something unexpected. Do you need some help?

3
회의

오늘 오후에 중요한 회의가 있을 거야. 나의 팀원들은 회의실을 치우는 중이다. 우리는 다른 회사들과 중요한 프로젝트를 실행해. 우리는 방을 치우는 것에서부터 발표하는 것까지 모든 세부사항에 집중해야 해.

There will be an important meeting this afternoon. My team members are <u>cleaning up</u> the meeting room. We are carrying out a significant project with other companies. We have to focus on every detail, from cleaning the room to giving presentations.

4
사고

심각한 유조선 사고가 있었다. 우리는 환경을 위해 기름 유출을 치워야 한다. 우리는 여러 방법으로 우리가 할 수 있는 것에 집중해야 한다. 너는 무엇을 제시하니?

There was a severe tanker accident. We should <u>clean up</u> the oil spill for the environment. We have to focus on what we can do in many ways. What do you suggest?

5
룸메이트

나는 그들이 미래에 살 곳을 치울 것이다. 나는 새로운 룸메이트를 들일 계획이다. 나는 새 룸메이트를 들여서 행복하다! 나는 곧 집들이 파티를 해야 한다.

I will <u>clean up</u> the place where they will live in the future. I am planning to have a new roommate. I am happy to have a new mate! I should have a housewarming party anytime soon.

6 정리

나는 내 컴퓨터 속의 모든 파일과 서류들을 치웠다. 나는 학창시절에 몇 개의 프로젝트를 실행했다. 너는 컴퓨터 속의 자료들을 어떻게 정리하니? 외장 하드와 USB 드라이버 중에 무엇이 더 낫니?

I <u>cleaned up</u> all the files and documents in my computer. I carried out several projects during my college days. How do you organize the data in the computer? Which one is better, an external hard drive or a USB drive?

7 집중

나는 시험을 위해 공부하기 전에 주로 책상을 치운다. 책상이 더러우면 나는 공부에 집중할 수 없다. 나는 그것이 단지 변명이라는 것을 안다. 사실을 말하자면, 나는 공부하는 것을 정말로 즐기지 않는다.

I usually <u>clean up</u> my desk before I study for my tests. I cannot focus on my studies if the desk is messy. I know it is only an excuse. To tell you the truth, I don't really enjoy studying.

발칙한 영어로 유창하게 말하자 | 표현확장 편

Chapter 07

look for

발칙한 영어로 유창하게 말하자 **표현확장 편**

look 으로 시작하는 숙어들 더따 많다. look at(보다), look on (구경하다), look up(찾아가다), look to(생각하다), look in(들르다), look into(세부를 보다), look up to(존경하다) look down on(경시하다), look out(조심하다), look forward to(고대하다)… 그중에 가장 많이 쓰는 숙어가 look for(찾다)다.

■ 우선, 쇼핑할 때 애용 문장이다. I am looking for something for my mom. (전 우리 모친 가져다줄 뭔가를 찾는데요)라는 문장으로 점원과의 대화를 시작할 수 있으니 말이다. 어떤 가게에서도 쓸 수 있는 문장이니 이 어찌 만병통치 실용회화가 아니란 말인가?

■ 여기서 살짝 진행형에 대해 공부해 보신다. look for가 아무래도 행동에 소요되는 기간이 있을 법한 동사라서 진행형(be+ing)과 자주 뒹군다. 단순히 'I look for it.' 'I looked for it.' 보다 현장감, 생동감 있게 들린다.

■ 나는 그것을 찾고 있어. 현재 진행형 I am looking for it.
나는 그것을 찾고 있었어. 과거 진행형 I was looking for it.
나는 그것을 찾고 있을 거야. 미래 진행형 I will be looking for it.
나는 그것을 찾아오고 있었어. 현재 완료 진행형 I have been looking for it.

■ find와 look for는 다르다. find는 like, love, hate처럼 동작으로 표현하기 힘든 동사다. 그래서 진행형을 쓰지 못한다. 반면에 look for는 동작 표현이 가능하다. '나는 열쇠를 찾고 있어'는 'I am finding the key.'가 아니라 'I am looking for the key.'다. 열쇠를 발견한 후 상황을 얘기할 때 비로소, 'I found the key.' 'I have found the key.'라 할 수 있다.

■ 문법은 항상 어렵다. 듣고 있지만 말고 항상 다른 사람에게 설명하려 노력하시라. 그럼 문법이 안 잊히고 정리되기 시작한다.

Warming-Up

이 페이지는 이 단원에 훈련할 어휘와 단어를 미리 익히는 시간이다. 현대 사회의 일상에서 쓰는 단어를 모아 각 단원의 패턴들과 결합, 가장 사용도 높은 예문들을 구성하려고 한다. 다음 단/숙어들이 영어로 1초 내에 입으로 튀어나올 때까지 맹연습하고 다음 페이지로 넘어가자.

■ 자체점검!
☐ 아주조금!
☐ 반정도는!
☐ 기본이지!

· 그들이 어떻게 그를 지원할 수 있는지	· how they can support him
· 그것이 항상 일어나는 이유	· the reason why it happens all the time
· 장소	· venue
· 값싼 물건	· bargain
· 디자인	· design
· 방법	· method
· 단서	· clue
· 그것이 어디서 유래되었는지	· where it originated
· 동업자	· partner
· 그가 며칠 전에 잃어버린 것	· what he lost a few days ago

발칙한 영어로 유창하게 말하자 **표현확장 편**

Jump-In

여러분을 동시통역의 첫 단계로 초대한다. 실력이 향상되려면, 답이 궁금하고 확신이 없어도 절대 다음 페이지의 정답을 기웃거리지 마시라. 눈으로 영문을 보는 순간 입 영어 실력은 급감한다. 다음 국어 문장을 더듬더듬 만들어보자. 한 문장당 쉼이 두 번 이상 일어나면 다시 시도해 보자.

- 자체점검!
- 아주조금!
- 반정도는!
- 기본이지!

1 우리는 새로운 사업을 위한 동업자를 찾는다.

2 그 건축가는 대도시에서 흥미로운 디자인들을 찾는다.

3 관광객들은 시장에서 값싼 물건들을 찾는다.

4 경찰은 여자의 신원에 관한 단서를 찾았다.

5 연구원들은 보다 더 정확한 방법을 찾고 있었다.

6 우리는 기자회견 장소를 찾는다.

7 전문가들은 그것이 어디서 유래되었는지를 찾는다.

8 우리는 그것이 항상 일어나는 이유들을 찾는다.

9 그는 그가 며칠 전에 잃어버린 것을 찾는다.

10 그의 옛 동료들은 그들이 어떻게 그를 지원할 수 있는지를 찾고 있는 중이다.

Check-Up

전 페이지에서 연습한 답을 체크하며 공부하자. 영어에 박학다식해지는 페이지이다. 필자는 영어 발음을 한국어로 표기해 비난을 사기도 한다. 그러나 영어를 읽을 수 있는 우리는 그 발음 따라 읽는다 해도 영어 실력이 줄지 않는다. 외려 우리가 발음 개선을 위해 지향할 것은 정확한 소리지, 영어에 근접도 못 하는 일본식 발음이 아니잖은가? 같은 소리, 빠른 속도가 생성될 때까지 맹훈련하시라!

1. 우리는 새로운 사업을 위한 동업자를 찾는다.

We <u>look for</u> a partner for a new business.

'위을룩f폴어팔ㅌ널f폴어뉴비즈니스' part에서 파생된 단어들을 볼까? party, apartment, department 모두 집단과 부분을 의미하는 단어이다.

2. 그 건축가는 대도시에서 흥미로운 디자인들을 찾는다.

The architect <u>looks for</u> interesting designs in a big city.

'th디알키텍룩스f폴인터뤠스팅드자인시너빅씨리' architecture은 '건축물'이다. spectacular 화려한/ great design 등 디자인을 꾸며줄 표현들을 연습해보자.

3. 관광객들은 시장에서 값싼 물건들을 찾는다.

Tourists <u>look for</u> bargains at local markets.

'츄얼뤼스츠을룩f폴발겐샛을로컬말킷' 세일 중인 물건은 bargain/ on the bargain/ on sale이 있다. for sale은 판매 중이라는 뜻이다.

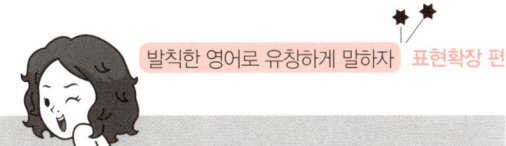

4. 경찰은 여자의 신원에 관한 단서를 찾았다.

   The police <u>looked for</u> clues regarding `the woman's identity.

   '폴리쓰을룩ㅌf폴클루스뤼갈딩th더워먼사이덴터티'

   regarding은 concerning, considering, As for, Speaking about 등으로 대체할 수 있다.

5. 연구원들은 보다 더 정확한 방법을 찾고 있었다.

   Researchers were <u>looking for</u> a more accurate method.

   '뤼썰철쒀을루킹f폴어모얼애큐뤠잇메th쏟' method는 수학, 과학 방면에서 사용되는 '방법'이라는 뜻이고, 포괄적인 뜻으로 way가 있다.

6. 우리는 기자회견 장소를 찾는다.

   We <u>look for</u> a venue for the press conference.

   '위을룩f폴어v베뉴f폴th더프뤠쓰컨f퍼륀쓰'

   conference는 여가활동이 동반된 세미나이므로 seminar와 구분해서 이해하기 바란다.

7. 전문가들은 그것이 어디서 유래되었는지를 찾는다.

   Experts <u>look for</u> where it originated.

   '엑쓰펄츠을룩f폴외얼잇오뤼쥐네이릿' where it originated와 비슷한 말은 where it came from/ where it began/ where it started가 더 쉬운 표현이다.

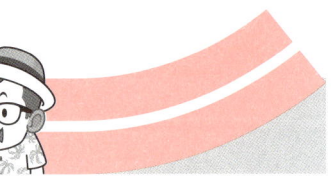

8. 우리는 그것이 항상 일어나는 이유들을 찾는다.

<u>We look for the reasons why it happens all the time.</u>

'위을룩f폴th더뤼즌솨이이래쁜쏠th더타임' why it happens, why it happened, why it has happened 다 문법적으로 맞지만, why it happen이라는 문장은 틀리다.

9. 그는 그가 며칠 전에 잃어버린 것을 찾는다.

<u>He looks for what he lost a few days ago.</u>

'히을룩ㅆf풀왓히을러스터f퓨데이서고우' ago가 속한 그 문장의 주 시제는 단순한 과거 형태여야만 하므로 what he has lost의 현재 완료는 사용금지.

10. 그의 옛 동료들은 그들이 어떻게 그를 지원할 수 있는지를 찾고 있는 중이다.

<u>His old colleagues are looking for how they can support him.</u>

'히스올ㄷ컬릭살을룩킹f풀하우th데이큰써폴힘' how라는 말은 '방법'으로 the way 혹은 a way로 대체할 수 있는 부사지만, the way how를 겹쳐서 사용할 수 없다.

Pile-Up

발칙한 영어로 유창하게 말하자 **표현확장 편**

누적훈련 없이 실력향상 없다!
선행학습 교재 『발칙한 영어로 진짜쉽게 말하자 – 기본패턴 편』 전체 분량과 본 권 『발칙한 영어로 유창하게 말하자 – 표현확장 편』의 누적 학습한 내용까지의 콜라보레이션 동시통역 트레이닝!
다음 문장을 영어로 바꾸시라. 문제당 쉼이 세 번 이상이면 다시! 될 때까지 노력!

1 이익

판매에 감소가 있다. 그래서 우리는 잠재적 고객들을 찾고 있는 중이다. 나는 이익 감소가 두렵다. 모든 것은 우리가 어떻게 이 상황을 극복하는지에 달려있다.

There is a decrease in sales. So we are <u>looking for</u> potential customers. I am afraid of the profits falling. It depends on how we overcome this situation.

2 호텔

나는 가족들과의 여행을 계획 중이다. 나는 부모님과 나를 위해 넓은 방이 필요하다. 나는 호화로운 호텔을 찾고 있는 중이다. 나에게 좋은 곳을 추천해 줄 수 있니? 너는 지난번에 어디서 묵었니?

I am planning to travel with my family. I need spacious rooms for my parents and me. I am <u>looking for</u> a luxurious hotel. Can you recommend a good one for me? Where did you stay last time?

3
소음

너는 언제 집에 왔니? 너는 그것을 들었니? 나는 이 소음이 어디서 오는지 찾고 있는 중이야. 나는 그것 때문에 밤에 잠을 잘 수 없어! 나는 이 소음의 근원 찾는 것을 멈추지 않을 거야.

When did you get to the house? Did you hear that? I am <u>looking for</u> where this noise is coming from. I can't sleep at night because of it! I will not stop searching the source of the noise.

4
영화

나는 활기차고 흥미로운 것을 찾고 있어. 나는 신나는 영화 보는 것을 즐겨. 너는 무엇을 제안하니? 새로 개봉한 액션 영화가 있어. 너는 그것을 봤니? 오늘 밤에 영화 보는 것은 어떠니?

I am <u>looking for</u> something energetic and interesting. I enjoy watching exciting movies. What do you suggest? There is a newly released action movie. Did you see that? How about going to the movies tonight?

5
취준생

학생들은 직장을 구할 기회를 찾는다. 그들은 그들의 친구들과 주로 스터디를 실행한다. 나는 그것이 어느 정도는 그들에게 도움이 된다고 생각한다. 무엇보다도, 모든 것은 그들이 얼마나 성실한지에 달렸다.

Students <u>look for</u> an opportunity to get a job. They usually carry out a study group with their friends. I think it is helpful for them to some extent. Most of all, everything depends on how diligent they are.

6
준비

나는 이 동호회에 합류해서 행복해. 주간 회의가 있어. 나는 많이 준비해야 한다는 것을 알아. 나는 창피한 것이 두려워. 그러므로 나는 많은 예시와 읽기 자료를 찾아.

I am happy to join this club. There is a weekly meeting. I know I have to prepare a lot. I am afraid of being embarrassed. Therefore I <u>look for</u> a lot of examples and reading materials.

7
운동

나는 네가 체력을 향상시킬 방법을 찾는 중이라고 들었어. 조깅은 어때? 너는 조깅하면서 노래도 들을 수 있어. 그건 보람찬 것이야. 운동 시간은 네가 얼마나 피곤한지에 달렸어.

I heard that you are <u>looking for</u> a way to improve your stamina. How about jogging? You can listen to music while jogging. It is something rewarding. Exercise time depends on how tired you are.

발칙한 영어로 유창하게 말하자 | 표현확장 편

Chapter 08

figure out

책 속의 강의

figure하면 김연아도 생각나고 아이언맨도 생각나는 분들이 많을 줄 안다. 이는 '모양', '형태'라는 의미의 figure라는 단어를 인지하기 때문이겠다. 그러나, '숫자', '수치'라는 의미가 더 빨리 와야 비즈니스 영어에 유리하다. 보고서나 발표자료에 들어가는 수는 바로 이 단어 figure라는 어휘를 쓰기 때문이다.

― 이 단원에서 다루는 figure out의 의미는 무형의 것을 유형으로 만드는, 잘 모르는 것을 형상화시키는 활동을 하는 일이다. '알아내다', '밝히다', '규명하다', '산출하다' 등의 다양한 의미가 있다.

― 첫째, 원인과 이유를 찾아내는 경우에 제일 많이 쓴다. 나도 과거에도 현재에도, 그리고 앞으로도 주야장천 쓸 계획이다. I am going to figure out the cause of the situation. (나는 그 상황의 원인을 밝혀내겠다) 공부 잘하는 학생, 일 잘하는 사원들에게 어울리는 말일지어다.

― 둘째, 육하원칙 의문사를 목적어와도 아주 잘 어울린다. what, when, where, who, why, how 모두 figure out 뒤에 와도 어색하지 않다.

A: Do you know when they heard of it? (그들이 언제 그것을 들었는지 알아?)
B: No. If you want, I will figure out when it happened. (아니요. 원하신다면 그것이 언제 발생했는지 알아보겠습니다.)

― 위 대화에서 보듯이 figure out 다음에 오는 의문사를 적절히 쓴다면 고객과의 회의에서나, 상사와의 대화에서 다음 업무를 지칭할 때 유용하다. 비일비재한 상황들을 떠올리며 자주 연습해 보시라. figure out where… figure out what… figure out why… figure out how…

Warming-Up

이 페이지는 이 단원에 훈련할 어휘와 단어를 미리 익히는 시간이다. 현대 사회의 일상에서 쓰는 단어를 모아 각 단원의 패턴들과 결합, 가장 사용도 높은 예문들을 구성하려고 한다. 다음 단/숙어들이 영어로 1초 내에 입으로 튀어나올 때까지 맹연습하고 다음 페이지로 넘어가자.

자체점검!
아주조금!
반정도는!
기본이지!

세부사항	details
환자들이 어떻게 느끼는지	how the patients feel
이 컴퓨터가 왜 잘 작동하지 않는지	why this computer didn't work properly
비용	expense
이 기기를 시작하는 방법	how to start this device
의미	meaning
그 소리가 어디서부터 오는지	where the sound comes from
전화 건 사람이 누구인지	who the caller is
동기	motive
그가 무엇을 잘못했는지	what he did wrong

발칙한 영어로 유창하게 말하자 **표현확장 편**

Jump-In

여러분을 동시통역의 첫 단계로 초대한다. 실력이 향상되려면, 답이 궁금하고 확신이 없어도 절대 다음 페이지의 정답을 기웃거리지 마시라. 눈으로 영문을 보는 순간 입 영어 실력은 급감한다. 다음 국어 문장을 더듬더듬 만들어보자. 한 문장당 쉼이 두 번 이상 일어나면 다시 시도해 보자.

- 자체점검!
- 아주조금!
- 반정도는!
- 기본이지!

1. 나는 비용을 미리 밝혀낸다.
2. 나는 마침내 정확한 동기를 밝혀냈다.
3. 그 기자는 사건의 세부사항을 밝혀낸다.
4. 그녀는 이 기기를 시작하는 방법을 스스로 밝혀냈다.
5. 그녀의 부모는 아이의 행동의 숨은 의미를 밝혀낼 수 없었다.
6. 나는 이 컴퓨터가 왜 잘 작동하지 않는지를 밝혀낸다.
7. 그 주인은 전화 건 사람이 누구인지 밝혀낼 것이다.
8. 그 의사는 환자들이 어떻게 느꼈는지 쉽게 밝혀낼 수 있었다.
9. 그 지원자는 그가 무엇을 잘못했는지 밝혀냈다.
10. 사냥꾼들은 그 소리가 어디서부터 오는지를 밝혀낸다.

Check-Up

전 페이지에서 연습한 답을 체크하며 공부하자. 영어에 박학다식해지는 페이지이다. 필자는 영어 발음을 한국어로 표기해 비난을 사기도 한다. 그러나 영어를 읽을 수 있는 우리는 그 발음 따라 읽는다 해도 영어 실력이 줄지 않는다. 외려 우리가 발음 개선을 위해 지향할 것은 정확한 소리지, 영어에 근접도 못 하는 일본식 발음이 아니잖은가? 같은 소리, 빠른 속도가 생성될 때까지 맹훈련하시라!

1. 나는 비용을 미리 밝혀낸다.

   I <u>figure out</u> expense in advance.

'아이f픽결아웃익스뺀썬어드v밴ㅆ' in advance는 '미리'라는 뜻으로 beforehand라는 부사로 바꿀 수 있고, 아시다시피 반대어는 later이다.

2. 나는 마침내 정확한 동기를 밝혀냈다.

   I finally <u>figured out</u> the exact motive.

'아이f퐈이너을리f픽결다웃th디이그잭모팁v' exact의 마지막 소리 t는 발음하지 않는 것으로 하니, 그의 부사인 exactly는 '이그색클리'가 맞다.

3. 그 기자는 사건의 세부사항을 밝혀낸다.

   The reporter <u>figures out</u> the details of the accident.

'th더뤼포럴f픽결사웃th더디테일섭th액씨던ㅌ' accident는 예기치 못한 사건 사고를 말하지만, incident는 전쟁이나 테러같이 의도한 사건 사고다.

4. 그녀는 이 기기를 시작하는 방법을 스스로 밝혀냈다.

<u>She figured out</u> how to start this device by herself.

'쉬f피결다웃하우투스탈th디쓰디v바이쓰바이헐쎄읖f' device(기기) 보다 더 큰 규모의 의미로 equipment(설비), 보다 더 큰 의미로 facility(시설)가 있다.

5. 그녀의 부모는 아이의 행동의 숨은 의미를 밝혀낼 수 없었다.

Her parents couldn't <u>figure out</u> a hidden meaning of the child's action.

'헐페어륀ㅊ쿠른f피결아우러히든미닝업v어촤일즈액션' meaning은 이처럼 명사로 쓸 수 있으니, what is the mean처럼 우리가 자주 오용하는 표현을 조심하라.

6. 나는 이 컴퓨터가 왜 잘 작동하지 않는지를 밝혀낸다.

I <u>figure out</u> why this computer didn't work properly.

'아이f피결아웃와이th디쓰컴퓨럴디른월ㅋ프롸퍼울리' 사용하는 기계가 고장 났을 때, '고장', '오류', '오작동' 이런 말들을 사전에서 찾지 말자. 'It didn't work.'가 답이다.

7. 그 주인은 전화 건 사람이 누구인지 밝혀낼 것이다.

The owner will <u>figure out</u> who the caller is.

'th디오우널위을f피결아웃후th더컬럴이ㅅ'
전화를 거는 쪽은 caller, sender, transmitter이라고 칭하고, 받는 쪽은 receiver이다.

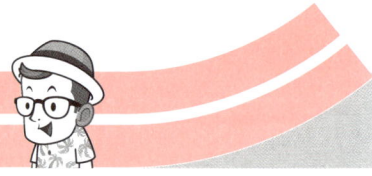

8. 그 의사는 환자들이 어떻게 느꼈는지 쉽게 밝혀낼 수 있었다.

The doctor could easily figure out how the patients felt.

'th더닥털쿠이즐리f픽결아웃하우th더페이션ㅅf펠트' patience(인내, 참을성)에서 파생된 patients는 '인내하는'이라는 형용사도 있지만, 명사로는 '환자'로 쓰인다.

9. 그 지원자는 그가 무엇을 잘못했는지 밝혀냈다.

The applicant figured out what he did wrong.

'th디어플리컨f픽결다웃윁히디잉룅' 학교에서 쓰는 '과제', 회사에서 쓰는 '업무'라는 우리가 자주 쓰는 어휘는 what I did라는 말로 표현할 수 있어야 한다.

10. 사냥꾼들은 그 소리가 어디서부터 오는지를 밝혀낸다.

Hunters figure out where the sound comes from.

'헌털스f픽결아웃웨얼th더싸운컴ㅅf프럼' sound는 형용사로 '건강한'이라는 뜻이 있다는 사람이 별로 없다. A sound sound가 말이 된다.

Pile-Up

누적훈련 없이 실력향상 없다!
선행학습 교재 『발칙한 영어로 진짜쉽게 말하자 – 기본패턴 편』 전체 분량과 본 권 『발칙한 영어로 유창하게 말하자 – 표현확장 편』의 누적 학습한 내용까지의 콜라보레이션 동시통역 트레이닝!
다음 문장을 영어로 바꾸시라. 문제당 쉼이 세 번 이상이면 다시! 될 때까지 노력!

1 소설

너는 이 소설을 읽었니? 너는 그것에서 무엇을 얻었니? 많은 독자들은 그 소설의 숨겨진 의미를 파악했다. 나는 그것을 파악하지 못했다.

Did you read this novel? What did you get from it? A lot of readers <u>figure out</u> the hidden meaning of the novel. I can't figure it out.

2 실험

과학자들은 실험을 실행했다. 그들은 다양한 예를 어떻게 분석하는지에 집중했다. 그리고 그들은 마침내 바닥이 어디인지를 파악했다. 나는 그들이 성취한 것이 자랑스럽다.

Scientists carried out an experiment. They focused on how to analyze various examples. And they finally <u>figured out</u> where the bottom is. I am proud of what they have achieved.

3

결석

나는 네가 왜 나타나지 않았는지 파악할 수 없다. 너는 늦게 일어났니? 너는 어젯밤에 뭐 했니? 너는 언제 잤니? 나는 내가 실망했다고 말해서 유감이야.

I can't <u>figure out</u> why you didn't show up. Did you get up late? What did you do last night? When did you go to bed? I am sorry to say that I am disappointed.

4

장난 전화

나는 그 목소리를 경청했다. 나는 그것이 누구인지 파악할 수 없었다. 나는 그 목소리의 특징에 집중했다. 그것은 정말 독특하고 특이한 것이었다. 그러나 나는 전화 건 사람의 목소리를 알 수 없었다.

I listened carefully to the voice. I couldn't <u>figure out</u> who it was. I focused on features of the voice. It was something really unique and unusual. However, I couldn't recognize the caller's voice.

5

저축

나는 미래를 위해 돈을 모을 필요가 있다. 왜냐하면, 나는 결혼할 준비가 안 됐다. 너는 어떻게 돈을 모으니? 특별한 방법을 가지고 있니? 나는 최고의 방법을 밝혀내고 싶다.

I need to save some money for the future because I am not ready to get married. How did you save money? Do you have any special tips? I want to <u>figure out</u> the best way.

발칙한 영어로 유창하게 말하자 　표현확장 편

6
준비

그 행사 전에 준비해야 할 많은 것들이 있다. 나는 모두가 바쁜 스케줄을 가진 것을 안다. 나는 그들을 위해 스케줄을 정리하고 싶다. 나는 우리가 먼저 할 필요 있는 것을 파악할 것이다.

There are a lot of things to prepare before the event. I know everyone has a hectic schedule. I'd like to arrange a schedule for them. I will <u>figure out</u> what we need to do first.

7
요리

나는 특히 요리하는 것을 즐긴다. 나는 너에게 이 음식을 어떻게 만드는지 가르쳐 주고 싶다. 그러나 먼저 맛보는 것이 어때? 나는 네가 재료가 무엇인지 파악할 수 있다고 생각해.

I particularly enjoy cooking. I'd like to teach you how to make this dish. But how about tasting it first? I think you can <u>figure out</u> what the ingredients are.

발칙한 영어로 유창하게 말하자 | 표현확장 편

Chapter 09

belong to

발칙한 영어로 유창하게 말하자  표현확장 편

책 속의 강의

앞서 말한 적이 있지만, 얼마 전에 해체한 록그룹 Radiohead의 Creep이라는 유명한 노래가 있다. 사회 부적응자 내음이 물씬 풍기는 인물이 주인공인듯한 가사가 마구 흘러나와 일 잘 안 풀리는 인물들의 공감을 무지 마구 획득한 노래다. 좋은 일 별로 없는 나도 그 노래 팬이다. 고음이 많아 안 부를 뿐이다.

▬ 그 가사 중에 'I don't belong here.'이라고 애가 끊어질 듯한 슬픈 구절이 있다. '난 여기에 속하지 않았다.'가 직역인데, 뭐 노력 안 하고 도낏자루 썩어가는 거 모르고 지내다가 경쟁사회에 들어가려니 그게 겁나는 어느 루저의 절규라서 규탄을 금치 못해야 바람직한 기성세대겠지만.

▬ 이 단원에서 훈련하는 belong to는 다음에 장소를 비롯한 명사를 이끌어 목적어로 받는다. '내가 속한' 곳을 둘러볼까? 지구, 나라, 도시, 동네, 회사, 학교, 부서, 가족…. 아, 이래서 인간은 사회적인 동물이라 하나 보다.

▬ 이 록그룹의 노래 가사처럼 I don't belong here에서 belong과 here 사이에 to가 들어가지 않는 이유는 here가 명사가 아니라 부사이기 때문이다. go to home이 아니라 go home이 되는 것도 같은 이유다. I went there이라고 하지 I went to there라고 하지 않는다. 고로, here, there, home은 부사로도 쓰인다.

▬ belong to를 완벽하게 익히지 않은 사람들은 'I am belong to the team.'이라고 be 동사를 쓰는 실수를 한다. belong이 동사이기 때문에 be 동사는 전혀 필요 없다. 조심하라 말씀드리면 걱정 마라 답해 놓고 또 하시더라. 다음 문장들 연습하고 다음 페이지로 가시라.

I belong here. I don't belong here.
I belong to the team. I don't belong to the team.

93

Warming-Up

이 페이지는 이 단원에 훈련할 어휘와 단어를 미리 익히는 시간이다. 현대 사회의 일상에서 쓰는 단어를 모아 각 단원의 패턴들과 결합, 가장 사용도 높은 예문들을 구성하려고 한다. 다음 단/숙어들이 영어로 1초 내에 입으로 튀어나올 때까지 맹연습하고 다음 페이지로 넘어가자.

- 자체점검!
- 아주조금!
- 반정도는!
- 기본이지!

내가 관심 있는 것	what I am interested in
한국	Korea
이곳에 살지 않는 사람들	people who don't live here
태양계	solar system
사조직	private organization
그들이 자주 방문하는 장소	the place which they frequently visit
계층	class
마이너리그	minor league
세기	century
동호회	club

발칙한 영어로 유창하게 말하자 **표현확장 편**

Jump-In

여러분을 동시통역의 첫 단계로 초대한다. 실력이 향상되려면, 답이 궁금하고 확신이 없어도 절대 다음 페이지의 정답을 기웃거리지 마시라. 눈으로 영문을 보는 순간 입 영어 실력은 급감한다. 다음 국어 문장을 더듬더듬 만들어보자. 한 문장당 쉼이 두 번 이상 일어나면 다시 시도해 보자.

- 자체점검!
- [v] 아주조금!
- [ ] 반정도는!
- [ ] 기본이지!

1. 그것은 분명히 한국에 속한다.
2. 그녀는 테니스 동호회에 속한다.
3. 목성은 태양계에 속한다.
4. 이 명작은 19세기에 속한다.
5. 유감스럽게도, 그들은 다른 계층에 속한다.
6. 그것은 사조직에 속하지 않는다.
7. 그 선수는 현재 마이너리그에 속한다.
8. 이 땅은 이곳에 살지 않는 사람들에게 속한다.
9. 이 식당은 그들이 자주 방문하는 장소에 속한다.
10. 이 주제는 내가 관심 있는 것에 속한다.

Check-Up

전 페이지에서 연습한 답을 체크하며 공부하자. 영어에 박학다식해지는 페이지이다. 필자는 영어 발음을 한국어로 표기해 비난을 사기도 한다. 그러나 영어를 읽을 수 있는 우리는 그 발음 따라 읽는다 해도 영어 실력이 줄지 않는다. 외려 우리가 발음 개선을 위해 지향할 것은 정확한 소리지, 영어에 근접도 못 하는 일본식 발음이 아니잖은가? 같은 소리, 빠른 속도가 생성될 때까지 맹훈련하시라!

1. 그것은 분명히 한국에 속한다.

   ### It definitely belongs to Korea.

   '잇데f프넛을리비을롱스투코뤼아' definitely의 t 발음을 내면 단어가 반 토막 나는 것처럼 들린다. 단어 안의 무성음은 소리 내지 말자.

2. 그녀는 테니스 동호회에 속한다.

   ### She belongs to the tennis club.

   '쉬비을롱스투th더테니쓰클럽' '동아리'의 정확한 해석을 club이냐 group이냐 community냐 의견이 분분하지만, 선택은 자유다.

3. 목성은 태양계에 속한다.

   ### Jupiter belongs to the solar system.

   '쥬피럴비을롱스투th더쏠럴씩스템' solar는 '태양의'라는 뜻이고, lunar는 '달의'라는 형용사이다. 'When is your lunar birthday?'라는 질문은 외국인은 하지 않는다.

발칙한 영어로 유창하게 말하자 표현확장 편

4. 이 명작은 19세기에 속한다.

This masterpiece <u>belongs to</u> the 19th century.

'th디쓰매스털피쓰비을롱스투th더나인틴th쎈추리' 모든 숫자에 '… 번째'를 의미하는 서수는 th를 달지만, first second, third는 항상 조심하시라.

5. 유감스럽게도, 그들은 다른 계층에 속한다.

Unfortunately, they <u>belong to</u> different classes.

'언f폴츄널을리, th데이비을롱투디f퍼뤈클래씌스' different의 동사는 differ, 명사는 difference, 주요 숙어는 be different from은 반드시 외워야 한다.

6. 그것은 사조직에 속하지 않는다.

It doesn't <u>belong to</u> private organizations.

'잇더즌비을롱투프롸이v빗올거니z제이션스'

private의 유사한 말은 personal, 반대말은 public, 그리고 명사형은 privacy이다.

7. 그 선수는 현재 마이너리그에 속한다.

The player <u>belongs to</u> the minor leagues now.

'th더플레이얼비을롱스투th더마이널릭스나우'

minor의 명사형은 minority이고, 그 반대말은 major, major의 명사형은 majority이다.

97

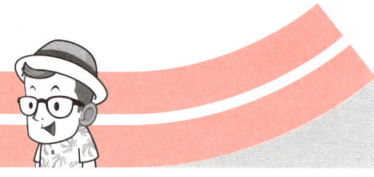

8. 이 땅은 이곳에 살지 않는 사람들에게 속한다.

This land <u>belongs to</u> people who don't live here.

'th디쓰랜비을롱스투피쁘을후돈립v 히얼'

live와 leave 발음의 상이점은 중요하다. 길고 짧은 구분이 아니라 입 모양의 크기다.

9. 이 식당은 그들이 자주 방문하는 장소에 속한다.

This restaurant <u>belongs to</u> the place which they frequently visit.

'th디쓰뤠스토랑비을롱스투th더플래이스위취th데이f프뤼퀀을리v비짓' the place 다음에 where가 오지 않는 이유는, they의 동사인 visit이 전치사가 없는 타동사이기 때문이다.

10. 이 주제는 내가 관심 있는 것에 속한다.

This topic <u>belongs to</u> what I am interested in.

'th디쓰토쁵비을롱스투워라이엠인터뤠스티린'

be interested 다음에 in이 없으면 목적어를 못 받는다. 상기하자 전치사. 잊지 말자 in!

Pile-Up

pileup_09.mp3

발칙한 영어로 유창하게 말하자 **표현확장 편**

누적훈련 없이 실력향상 없다!
선행학습 교재 『발칙한 영어로 진짜쉽게 말하자 – 기본패턴 편』 전체 분량과 본 권 『발칙한 영어로 유창하게 말하자 – 표현확장 편』의 누적 학습한 내용까지의 콜라보레이션 동시통역 트레이닝!
다음 문장을 영어로 바꾸시라. 문제당 쉼이 세 번 이상이면 다시! 될 때까지 노력!

1
카페

이 커피숍은 그녀에게 속한다. 그녀는 언제나 고객들이 말하는 것을 경청한다. 그녀는 필요할 때 초과근무를 실행한다. 이러한 이유들로, 언제나 그곳엔 많은 사람들이 있다.

The coffee shop <u>belongs to</u> her. She always listens intently to what customers say. She carries out overtime work when needed. For these reasons, there are a lot of people there all the time.

2
계층

과거에 여성들은 다른 사회계층에 속했었다. 그것은 바뀔 필요가 있는 것이었다. 모든 건 사람들의 의지와 노력에 달려있다. 정치인들은 보다 나은 것을 위해 그들의 의무를 실행했다.

Women <u>belonged to</u> a different social class from men in the past. It was something that needed to be changed. Everything depended on will and efforts of people. Politicians carried out their roles and responsibilities for the better.

3

수업

그 수업은 내가 관심을 가지는 것에 속한다. 나는 그 수업에서 많은 것들을 배울 수 있다. 나는 이번 학기에 그 수업을 들어서 행복하다. 나는 당연히 최선을 다할 예정이다.

This class <u>belongs to</u> what I am interested in. I can learn a lot of things from this class. I am happy to take the class this semester. I will do my best for sure.

4

무지

이 나라는 아시아 대륙에 속해. 너는 이 사실을 알았니? 나는 이것을 몰랐어. 너는 그것을 자세히 설명해 줄 수 있니?

The country <u>belongs to</u> the Asian continent. Were you aware of this fact? I didn't know about it. Could you explain it in detail?

5

문화유산

이 그림은 한국의 문화유산에 속한다. 그것은 우리가 보존할 필요가 있는 것이다. 나는 내 나라가 가진 것이 자랑스럽다. 나는 한국인이라서 자랑스럽다.

The painting <u>belongs to</u> Korea's cultural heritage. It is something that we need to preserve. I am so proud of what my country has. I am proud that I am Korean.

발칙한 영어로 유창하게 말하자 **표현확장 편**

6

동호회

나는 네가 마라톤 동호회에 속한다고 들었다. 너는 언제 동호회에 가입했니? 너는 어디서 주로 모이고 연습하니? 너는 다른 동호회들 중에서 왜 이 모임에 가입했니?

I heard you <u>belong to</u> a marathon club. When did you join the club? Where do you usually gather and practice? Why did you join this club over other clubs?

7

시설

저 시설들은 나의 학교에 속한다. 안전 점검을 할 때다. 그리고 나는 그것을 하기 위해 여기에 있다. 이것은 다른 것보다 중요한 것이다.

Those facilities <u>belong to</u> my school. It is time to perform a safety check. And I am here to do it. It is something more important than anything else.

발칙한 영어로 유창하게 말하자 | 표현확장 편

Chapter 10
keep on

책 속의 강의

keep이 한국사회에서 많이 쓰이는 영어 동사 3위라는 것이 놀랍다. 축구경기나 고급술집에서 혹은 모기약으로도 쓰는 단어라 그런가 보다.

▬ 이 단원에서 다루는 keep on뿐만 아니라 keep up(계속하다), keep off(멀리하다), keep out(나가 있다), keep back(참다), keep…from(못하게 하다), keep away(멀리하다), keep going(나아가다), keep pace(보조 맞추다), keep promise(약속 지키다), keep fit(건강 지키다) … 무수히 많다. 사전 찾아보면 200개쯤 나온다.

▬ 게다가 keep 다음에 형용사 하나만 뒤따라도 좋은 영어가 된다. keep healthy, keep silent, keep cool … 한국말로는 '…하게 있다'라는 말이 되는데, '하게'라는 말은 주로 국어에서 부사로 번역되어 keep healthily, keep silently가 맞지 않겠느냐 의심할 수도 있다. 이게 함정 시험문제다. keep 다음에는 형용사만 온다.

▬ keep on 다음에는 명사들이 온다. 동명사들도 잘 온다. 그러나 다른 이어 농사처럼 간난한 명사라 하여 keep과 on 사이에 들어가지 않는다. 아래 예문을 보시라.
I will keep on it. (O)
I will keep on smoking. (O)
I will keep it on. (X)

▬ 사랑꾼들이 자주 쓰는 말, I will keep on loving you (나는 당신을 사랑하는 것을 계속할 거야)라는 닭살 돋는 멘트는 물론, 고시생들 입에서 나올 법한 I should keep on trying (나는 계속해 노력할 거야), 건강은 안중에도 없는 어느 막가 씨의 고백 한마디! I kept on smoking and drinking (저는 흡연과 음주를 멈추지 않았죠).

▬ 앞 단원에서 훈련했던 never give up과 carry out는 삼합보다 더 기막힌 컬래보레이션이 이뤄질 테니 잘 습득하여 써드시라.

103

Warming-Up

이 페이지는 이 단원에 훈련할 어휘와 단어를 미리 익히는 시간이다. 현대 사회의 일상에서 쓰는 단어를 모아 각 단원의 패턴들과 결합, 가장 사용도 높은 예문들을 구성하려고 한다. 다음 단/숙어들이 영어로 1초 내에 입으로 튀어나올 때까지 맹연습하고 다음 페이지로 넘어가자.

- 자체점검!
- 아주조금!
- 반정도는!
- 기본이지!

졸다	doze off
질문하다	ask a question
늘어나다	grow
우리가 지금 하고 있는 것	what we are doing now
작품들이 어디에 위치해 있는지	where the artworks are located
영업	business
바뀌다	change
그것이 어떻게 작동하는지	how it works
실수	make a mistake
기다리다	wait for

발칙한 영어로 유창하게 말하자 표현확장 편

Jump-In

여러분을 동시통역의 첫 단계로 초대한다. 실력이 향상되려면, 답이 궁금하고 확신이 없어도 절대 다음 페이지의 정답을 기웃거리지 마시라. 눈으로 영문을 보는 순간 입 영어 실력은 급감한다. 다음 국어 문장을 더듬더듬 만들어보자. 한 문장당 쉼이 두 번 이상 일어나면 다시 시도해 보자.

- 자체점검!
- 아주조금!
- 반정도는!
- 기본이지!

1 그들은 연휴 기간에도 계속해서 영업한다.
2 내 동생은 계속해서 나에게 질문을 한다.
3 강아지는 그 주인의 계속 기다린다.
4 그 제품의 인기는 예상대로 계속 늘고 있다.
5 몇몇 학생들은 수업 시간에 계속해서 졸고 있다.
6 초보자들은 계속해서 같은 실수를 반복한다.
7 추석의 날짜는 매년 계속 바뀐다.
8 이 동영상은 그것이 어떻게 작동하는지를 계속해서 보여주었다.
9 그 큐레이터는 작품들이 어디에 위치해 있는지를 계속 설명한다.
10 우리는 우리가 지금 하고 있는 것을 계속할 것이다.

Check-Up

전 페이지에서 연습한 답을 체크하며 공부하자. 영어에 박학다식해지는 페이지이다. 필자는 영어 발음을 한국어로 표기해 비난을 사기도 한다. 그러나 영어를 읽을 수 있는 우리는 그 발음 따라 읽는다 해도 영어 실력이 줄지 않는다. 외려 우리가 발음 개선을 위해 지향할 것은 정확한 소리지, 영어에 근접도 못 하는 일본식 발음이 아니잖은가? 같은 소리, 빠른 속도가 생성될 때까지 맹훈련하시라!

1. 그들은 연휴 기간에도 계속해서 영업한다.

They <u>keep on</u> running their business over the holidays.

'th데이킵뽄뤄닝th데얼비즈니스오v벌th더헐러데이스'
이 문장에서 over를 대신해 for, during, through, throughout을 모두 써도 무방하다.

2. 내 동생은 계속해서 나에게 질문을 한다.

My brother <u>keeps on</u> asking me questions.

'마이브라th덜킵쏜애스킹미퀘스쳔ㅅ' ask the question의 반대말은 answer the question. Feel free to ask questions는 비즈니스에서 빈출 문장.

3. 강아지는 그 주인의 계속 기다린다.

The dog <u>keeps on</u> waiting for his owner.

'th더독킵쏜웨이링f폴히스오우널' wait for와 마찬가지로 go to/ listen to 이 세 숙어는 목적어를 받을 때 자꾸 전치사를 잊곤 하니 조심하자.

4. 그 제품의 인기는 예상대로 계속 늘고 있다.

The popularity of this product keeps on growing as expected.

'th더파뿔러뤼티업f th디쓰프러덕킵쏜그로윙에즈위익스빽틷' popularity는 '인기'이고 population은 '인구'이다. growing을 대체할 수 있는 단어는 rising이 있다.

5. 몇몇 학생들은 수업 시간에 계속해서 졸고 있다.

Some students keep on dozing off in class.

'썸스튜던츠킵쏜도우z징어f핀클래쓰' 피곤한 우리에게 doze off는 필수 암기 숙어이다. '수업 중에'라는 표현은 for/ during 대신 관사없이 쓸 수 있는 전치사 in으로 외워두자!

6. 초보자들은 계속해서 같은 실수를 반복한다.

Beginners keep on making the same mistakes.

'비기널ㅅ킵쁜매이킹th더쌔임미스테익쓰'. '실수'라는 의미의 단어는 slip, error, mistake 이 순서로 규모가 커진다. 이것이 반복되면 failure가 온다.

7. 추석의 날짜는 매년 계속 바뀐다.

The date for Chuseok keeps on changing every year.

'th더데잇f폴추석킵쏜췌인쥥에v브뤼이얼' '바뀐다'라는 말을 영작할 때, be changed라는 수동태를 많이 쓰는데, 강제적인 인력이 없는 상황에서는 능동이 맞다.

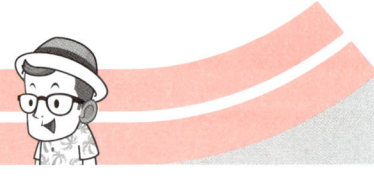

8. 이 동영상은 그것이 어떻게 작동하는지를 계속해서 보여주었다.

This video clip kept on showing how it works.

'th디쓰v비디오클립켑톤쇼윙하우잇월ㅅ'
video는 '비데오'가 아니라 'v뷔리오'이고, show는 '쑈'가 아니라 '쇼우'이다.

9. 그 큐레이터는 작품들이 어디에 위치해 있는지를 계속 설명한다.

The curator keeps on explaining where the artworks are located.

'어큐뤠이럴킵쏜익스플레이닝웨얼th디알ㅌ월쓰알을로케이릿' work는 '일'이라는 뜻에서 복수형을 사용하지 않고, artworks, fireworks처럼 파생 단어에 복수형이 쓰인다.

10. 우리는 우리가 지금 하고 있는 것을 계속할 것이다.

We will keep on doing what we are doing now.

'위위을킵쏜두잉웟위얼두잉나우' 내가 하는 업무, 직책, 학업을 what I am doing이라고 말할 수 있어야 한다. my current work 촌스럽다.

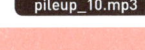

Pile-Up

발칙한 영어로 유창하게 말하자 **표현확장 편**

누적훈련 없이 실력향상 없다!
선행학습 교재 『발칙한 영어로 진짜쉽게 말하자 – 기본패턴 편』 전체 분량과 본 권 『발칙한 영어로 유창하게 말하자 – 표현확장 편』의 누적 학습한 내용까지의 콜라보레이션 동시통역 트레이닝!
다음 문장을 영어로 바꾸시라. 문제당 쉬이 세 번 이상이면 다시! 될 때까지 노력!

1 중독

나는 어제 계속해서 컴퓨터 게임을 했다. 나는 게임을 해서 행복했다. 나는 내가 게임에 중독되었다고 생각한다. 나는 내가 그만둬야 하는 것을 안다. 하지만 나는 그러지 못한다.

I <u>kept on</u> playing computer games yesterday. I was happy to play the games. I think I am addicted to games. I know that I should stop playing them. But I can't.

2 논쟁

그들은 계속해서 서로서로 다퉜다. 그들은 답을 알아낼 수 없었다. 너는 어느 의견에 동의하니? 둘 중에서 적절한 의견을 선택할 때야.

They <u>kept on</u> arguing with each other. They couldn't figure out the answer. Which opinion do you agree with? It is time to choose the proper idea between the two.

3

경제

한국 경제는 계속 성장한다. 나는 그것을 알아서 행복하다. 나는 나의 나라가 성취한 것이 자랑스럽다. 이 경제 성장은 많은 분야로부터의 투자에 달려있다.

The economy in Korea **keeps on** growing. I am happy to know that. I am proud of what my country has achieved. This economic growth depends on investments from many other sectors.

4

입사

나는 대기업에 입사하고 싶다. 좋은 스펙을 가진 지원자들이 많다. 나는 절대 포기하지 않을 것이다. 나는 계속 내 꿈을 추구한다.

I would like to enter a big company. There a lot of applicants with great qualifications. I will never give up. I **keep on** pursuing my dreams.

5

발전

나는 내 스스로를 바꿀 준비가 되었다. 나는 계속 같은 것을 하지 않을 것이다. 나는 내가 전에 해본 적이 없는 것을 계속해야 한다. 나는 내 목표를 달성할 방법을 찾고 있다.

I am ready to change myself. I will not **keep on** doing the same thing. I should **keep on** trying what I have never done before. I am looking for a way to achieve my goals.

발칙한 영어로 유창하게 말하자 　표현확장 편

6

휴가

나는 휴가에 대해 계속 생각했다. 너는 어디로 가고 싶니? 너는 언제 호텔을 예약할 계획이니? 나는 너와 함께 휴가를 보내게 되어 행복하다. 여행계획은 네가 무엇을 하기 좋아하는지에 달렸다.

I <u>kept on</u> thinking about a vacation. Where do you want to go? When do you plan to book a hotel? I am happy to go on a vacation with you. The plans for the trip will depend on what you like to do.

7

변화

너는 왜 그렇게 생각해? 상황은 계속 변한다. 그것은 변할 수 있는 것이다. 나는 상황을 대처하기 위해 최신 정보를 알아야 한다. 상황은 최신의 정보와 데이터에 달려있다.

Why do you think so? The situation <u>keeps on</u> changing. It is something changeable. I should stay up to date to handle the situation. The solution depends on the newest information and data.

발칙한 영어로 유창하게 말하자 | 표현확장 편

Check 01
중간점검

발칙한 영어로 유창하게 말하자 **표현확장 편**

중/간/점/검/

열 단원 진도가 흐를 때 마다 지금껏 훈련해 온 누적분을 싸그리 몰아서 시험해본다.
옥구슬도 꿰어야 보배, 굴비도 엮어야 명절세트 되듯이,
그저 진도만 나간다고 실력 늘 것이다 속단하지 마시라. 한글보고 영작하시라.
안 되면 될 때까지! 안 하고 다음 단원 넘어가지 말기!

1

이사

나는 내년에 이직할 계획이다. 나는 새 직장 근처의 저렴한 아파트를 찾고 있다. 그 동네는 편의 시설이 잘 갖추어진 신도시에 속한다. 그래서 그 아파트를 원하는 사람들이 많다. 나는 집세 때문에 그 집을 포기해야 할지 모른다.

I am planning to change jobs. I am <u>looking for</u> a cheaper apartment near my new workplace. The area <u>belongs to</u> a new town which is well equipped with convenient facilities. So there are a lot of people who want this apartment. I might <u>give up</u> the house because of the rent.

2

음악

나는 특히 신나고 경쾌한 음악을 주로 듣는다. 스트레스를 받을 때, 나는 음악을 듣는 것을 즐긴다. 너는 언제 노래를 듣니? K-POP과 클래식 중 너는 어떤 음악을 더 좋아하니? 내가 듣는 것은 나의 기분에 달려 있다.

I usually <u>listen to</u> exciting and upbeat music. I enjoy <u>listening to</u> music when I get stressed out. When do you usually <u>listen to</u> music? Which do you like better, K-POP or classical? What l <u>listen to</u> <u>depends on</u> my mood.

3 독도

법적으로나 역사적으로 독도는 한국에 속한다. 그러나 일본은 계속해서 독도가 자신들의 영토라 주장한다. 나는 그 주장이 근거 없다고 생각한다. 내 생각엔, 일본은 그들이 독도에 대해 주장하는 것을 절대 포기하지 않을 것이다. 우리는 역사 의식을 설립하기 위한 정책을 이행 해야 한다.

Dokdo Island <u>belongs to</u> Korea legally and historically. However, Japan <u>keeps on</u> claiming that Dokdo is its territory. I think that this claim is groundless. In my opinion, Japan will never <u>give up</u> what it argues about Dokdo. We should <u>carry out</u> a policy to establish historical awareness.

4 게임

요즘 많은 사람들은 언제 어디서나 계속해서 스마트 폰을 사용한다. 그것은 굉장히 편리한 것이다. 하지만 때때로 사람들은 스마트폰에 지나치게 의존한다. 몇몇은 게임을 하거나 SNS를 즐기기 위해 그들의 업무나 개인의 삶을 포기한다.

A lot of people these days <u>keep on</u> using smartphones anytime anywhere. It is something extremely convenient. However, they <u>depend</u> too much <u>on</u> their smartphones at times. Some even <u>give up</u> their work or personal life to play games or enjoy social media.

5 집안일

너 지금 바쁘니? 그렇지 않다면 너는 나 대신 집안을 치울 수 있니? 나는 지금 프로젝트의 마지막 부분을 실행하는 중이야. 이것을 끝낸 후에 나는 네가 말하는 모든 것들은 경청할게. 내가 끝까지 프로젝트에 집중하도록 해줘.

Are you busy? Otherwise, can you <u>clean up</u> the house instead of me? I am <u>carrying out</u> the last part of the project. After finishing this, I will <u>listen</u> carefully <u>to</u> everything you say. Please let me <u>focus on</u> the project until I'm done.

발칙한 영어로 유창하게 말하자 | 표현확장 편

Chapter 11

work on

발칙한 영어로 유창하게 말하자 표현확장 편

지 난 책 『발칙한 영어로 진짜쉽게 말하자 – 기본패턴 편』에도 언급해드린 바와 같이 'I am working on it.'의 용도는 매우 많다.

■ 비즈니스상에서,
상사분: How is the report going on? (그 보고서 어떻게 되고 있어?)
쫄다구: I am working on it now. (지금 작업 중입니다)

■ 식당에서,
일꾼: May I take your plate? (접시 치워드릴까요?)
손님: I am working on it. (먹고 있는데요)

■ 안 좋아진 부부 사이를 물을 때도, 내일 보는 시험 준비 상태를 물을 때도 답은 'I am working on it.'으로 답한다. 주로 How로 시작하는 질문, 즉 상대방의 상황을 묻는 경우가 많다. 그런 뜻에서 work on은 '노력하다'와 '결과는 아직 모른다'의 의미가 꾹꾹 숨어 있다.

■ work의 발음에 대해서는 크게 지적할 사항은 없다. 그러나 문제는 walk와 정확하게 구분하고 있느냐다. work는 혀를 웅크리게 만드는 구조에서 발음이 되어야 한다. 한마디로 '월~'하는 개소리 엇비슷하게 하면 오케이다. 그러나 walk는 혀를 펴서 경직시킨다. 혀끝은 윗니를 바로 닿도록 용을 쓰시라. '월ㅋ'가 아니라 '월'이다.

■ 이 단원의 대표 문장은 'I am working on it.'이다. 진행형이다. 시제에 따라 'I was working on it.', 'I will be working on it.'으로 입을 푸시라. 단순 시제 형태로 'I work on it.', 'I worked on it.', 'I will work on it.', 'I can work on it.'등도 입에 달아놓으시라. worked on은 '월똔'으로 소리 난다.

Warming-Up

이 페이지는 이 단원에 훈련할 어휘와 단어를 미리 익히는 시간이다. 현대 사회의 일상에서 쓰는 단어를 모아 각 단원의 패턴들과 결합, 가장 사용도 높은 예문들을 구성하려고 한다. 다음 단/숙어들이 영어로 1초 내에 입으로 튀어나올 때까지 맹연습하고 다음 페이지로 넘어가자.

- 자체점검!
- 아주조금!
- 반정도는!
- 기본이지!

· 바꾸다	· change
· 개선하다	· improve
· 발견	· discovery
· 어떻게 그 이슈를 해결할지	· how to address the issue
· 발표	· presentation
· 입학하다	· enter
· 개발하다	· developing
· 그것들이 필요한 곳	· where it is needed
· 주제를 벗어난 질문	· questions that are off the topic
· 넓히다	· expand

발칙한 영어로 유창하게 말하자 **표현확장 편**

Jump-In

여러분을 동시통역의 첫 단계로 초대한다. 실력이 향상되려면, 답이 궁금하고 확신이 없어도 절대 다음 페이지의 정답을 기웃거리지 마시라. 눈으로 영문을 보는 순간 입 영어 실력은 급감한다. 다음 국어 문장을 더듬더듬 만들어보자. 한 문장당 쉼이 두 번 이상 일어나면 다시 시도해 보자.

■ 자체점검!
☑ 아주조금!
☐ 반정도는!
☐ 기본이지!

1. 우리는 요즘 다음 발표에 열중한다.
2. 그 과학자는 새로운 물질 발견에 열중한다.
3. 그들은 작년에 그것의 시장을 넓히는 데 열중했다.
4. 나는 우리가 말한 대로 그의 마음을 바꾸는 것에 열중하고 있는 중이다.
5. 대부분의 학생들은 명문대학으로 입학하는 것에 열중한다.
6. 한국을 포함한 많은 나라들은 대체 에너지 자원 개발에 열중한다.
7. 우리는 이 제품의 이미지를 개선하는 데 열중해야 한다.
8. 우리는 주제를 벗어난 질문에 열중하지 않는다.
9. 매니저는 어떻게 그 이슈를 해결할지에 열중한다.
10. 수리공은 울타리가 필요한 곳에 그것들을 설치하는 데 열중한다.

Check-Up

전 페이지에서 연습한 답을 체크하며 공부하자. 영어에 박학다식해지는 페이지이다. 필자는 영어 발음을 한국어로 표기해 비난을 사기도 한다. 그러나 영어를 읽을 수 있는 우리는 그 발음 따라 읽는다 해도 영어 실력이 줄지 않는다. 외려 우리가 발음 개선을 위해 지향할 것은 정확한 소리지, 영어에 근접도 못 하는 일본식 발음이 아니잖은가? 같은 소리, 빠른 속도가 생성될 때까지 맹훈련하시라!

1. 우리는 요즘 다음 발표에 열중한다.

We currently work on the next presentation.

'위커쿼ㄴ을리웕쏜th더넥스트프리젠테이션' 최근 경향에 관해 이야기할 때 자주 보이는 currently는 부사! at this moment, at the present time 등도 알아두자.

2. 그 과학자는 새로운 물질 발견에 열중한다.

The scientist works on the discovery of the new material.

'th더싸이언티스트웕쏜th더디스커v버뤼업th더뉴머티뤼얼'
discovery는 발견, 동사형은 discover 혹은 make a discovery도 가능하다.

3. 그들은 작년에 그것의 시장을 넓히는 데 열중했다.

They worked on expanding its market last year.

'th데이웕톤익스뺀딩이츠말켓라스트이얼'
철자가 비슷해 혼동하기 쉬운 expand와 expend. expand는 면적, 영역, 사업의 확장을 이야기할 때, expend는 소비하다라는 의미를 가진다.

발칙한 영어로 유창하게 말하자 **표현확장 편**

4. 나는 우리가 말한 대로 그의 마음을 바꾸는 것에 열중하고 있는 중이다.

I am <u>working on</u> changing his mind as we speak.

'아이엠월킹온췌인징히스마인애즈위스빽' as we speak 은 우리가 말한 대로라는 의미 이외에도 바로 지금이라는 의미도 있다. 둘 다 알아두자.

5. 대부분의 학생들은 명문대학으로 입학하는 것에 열중한다.

Most students <u>work on</u> entering prestigious universities.

'모스뚜던츠월꼰엔터륑프리스티쥐어스유니v벌씨리스' prestigious는 명망 있는, 일류의. 그리고 항공사 좌석 등급으로 인해 익숙한 단어인 prestige는 위신, 명망! 뜻이다.

6. 한국을 포함한 많은 나라들은 대체 에너지 자원 개발에 열중한다.

Many countries including Korea <u>work on</u> developing alternative energy resources.

'매니컨트뤼스인클루링코뤼아월꼰디v벨로삥얼터너팁에널쥐뤼쏠씨스'
alternative는 명사로 대안, 형용사로 대안이 되는 의미를 지닌 단어다. 번갈아 생기는 이라는 의미를 지닌 alternate과 alternative는 같은 의미로 사용되는 경우도 종종 있다.

7. 우리는 이 제품의 이미지를 개선하는 데 열중해야 한다.

We should <u>work on</u> improving the image of this product.

'위슏월꼰임프루v빙th디이메쥐업f th디쓰프뤄덕' improve는 upgrade, enhance과 바꿔 사용해도 좋다. worsen은 악화시키다, 악화되다로 improve의 반의어로 알아두자!

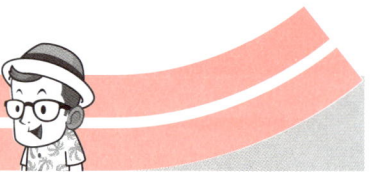

8. 우리는 주제를 벗어난 질문에 열중하지 않는다.

We do not <u>work on</u> questions that are off the topic.

'위두널웕콘퀘스쳔스th댄얼업f th더터삑' '삼천포로 빠지다'의 적절할 표현은 be off the topic이다. get off the topic처럼 be 동사를 get으로 변경시켜서 사용할 수도 있다.

9. 매니저는 어떻게 그 이슈를 해결할지에 열중한다.

The manager <u>works on</u> how to address the issue.

'th더매니줠웕쏜하우루얼뤠쓰th디이쓔' 품사에 따라 여러 의미를 가진 address. 명사로는 주소, 연설, 동사로는 '연설하다', '문제 등을 다루다'의 의미가 있다.

10. 수리공은 울타리가 필요한 곳에 그것들을 설치하는 데 열중한다.

The repairman <u>works on</u> building a fence where it is needed.

'th더뤼페얼맨웕쏜빌딩어f펜쓰웨얼이리스니릳'
it is needed 수동태, repariman의 발음은 '뤼페얼먼' need는 필요로 하다의 뜻이다.

Pile-Up

발칙한 영어로 유창하게 말하자 표현확장 편

누적훈련 없이 실력향상 없다!
선행학습 교재 『발칙한 영어로 진짜쉽게 말하자 - 기본패턴 편』 전체 분량과 본 권 『발칙한 영어로 유창하게 말하자 - 표현확장 편』의 누적 학습한 내용까지의 콜라보레이션 동시통역 트레이닝!
다음 문장을 영어로 바꾸시라. 문제당 쉼이 세 번 이상이면 다시! 될 때까지 노력!

1 영어

나는 영어가 절대 쉽지 않다고 생각하고 그것을 알고 있다. 그러나 나는 노력하는 중이다. 나의 영어 실력은 얼마나 많은 시간을 연습하느냐에 달려 있다. 나는 영어 수업을 등록할 계획이다.

I think English is never easy and I know that. But I am <u>working on</u> it. My English skills will depend on how much time I spend practicing it. I am planning to sign up for an English class.

2 몰두

나는 나의 팀과 함께 큰 프로젝트에 열중하고 있다. 나는 때때로 야근할 필요가 있다. 나는 가끔 쉬고 싶다. 그러나 나는 한동안 내 휴가를 포기해야 하는 것을 안다.

I am working on a large project with my team. I need to <u>work</u> overtime <u>on</u> occasion. I want to take some time off. But I know that I should give up my vacation for the time being.

3

시장 확보

회사는 그들의 시장을 확장시키는 데 열중한다. 그들은 고객의 요구를 맞추기 위해 비즈니스 전략과 연구 개발에 집중한다. 그들은 고객들에게 계속 최고의 서비스를 제공한다.

The company <u>works on</u> expanding its market. They focus on business strategies and R&D to meet the customers' needs. They keep on providing the best service for their customers.

4

영화배우

어느 영화배우를 가장 좋아하니? 나는 톰 크루즈를 가장 좋아해. 그는 요즘 새로운 영화에 열중하는 중이다. 나는 그 영화가 오래전에 실제로 일어났던 일에 집중한다고 들었다.

Which movie star do you like most? I like Tom Cruise most. He is <u>working on</u> a new film these days. I heard that the movie focuses on what actually happened a long time ago.

5

건축

건축가는 집을 짓는 것에 열중하고 있다. 그는 언제나 그의 고객이 하기 원하는 것을 듣는다. 그건 그렇고, 너는 미래에 어떤 종류의 집에서 살거나 집을 사기를 원하니? 나는 네가 무엇을 원하든지 그가 파악할 것이라고 확신한다.

The architect is <u>working on</u> constructing a house. He always listens to what his clients want to do. By the way, which type of house do you want to live in or buy in the future? I am sure that he will figure out how to build whatever you want.

발칙한 영어로 유창하게 말하자 표현확장 편

6 아침형 인간

나는 아침형 인간이 되고 싶다. 나는 이것을 실행에 옮길 준비가 되었다. 나는 매일 일찍 잠드는 것에 열중한다. 나는 시간을 낭비하는 것이 두렵다. 나는 아무리 내가 피곤하더라도 포기하지 않을 것이다.

I want to be a morning person. I am ready to put this into practice. I am <u>working on</u> this by going to bed early every day. I am afraid of wasting my time. I will not give up no matter how tired I am.

7 외모

그 치료들은 외모에 대한 사람들의 태도를 바꾸는 것에 열중한다. 많은 사람들은 그들이 다른 사람들에게 어떻게 보이는지에 너무 집중한다. 그것은 더 심각한 것이다. 나는 외모가 전부는 아니라고 말하고 싶다!

Those treatment and therapy will <u>work on</u> changing people's attitude toward appearances. Many people focus too much on how they look to others. It is something more serious. I'd like to say that looks are not everything!

발칙한 영어로 유창하게 말하자 | 표현확장 편

Chapter 12

feel like

책 속의 강의

영어 아무리 모른다 왕초보다 거품 물고 주장해도 I want는 안다. 해외 나가서 먹고 자고 비행기 타고 집에 오려면 'I want pizza.', 'I want to buy that.' 정도는 해야 하니까. 살아남기 위해서 자동적으로다가 알게 되는 영어다.

- 이 전 세계적으로 유명한 I want에 필적할만한 이디엄 한 분이 있다. 이름하여 feel like! 우리에게 친숙한 두 단어로 이루어져서 해석하기는 어려워 보이진 않지만, 쓰임새는 주의를 기울여야 한다.

- feel은 우선 fill과 발음이 구별되어야 한다. feel의 복모음 ee의 '이' 소리는 입꼬리가 귀에 걸칠 만큼 길게 가져가시길 아무리 강추해도 지나치지 않다. fill의 '이'는 그저 입 길이를 코 평수만큼만 벌이시라. 그러면 i 발음이 '이'라기보다는 '어'에 비슷하게 들린다. 그 발음은 그게 맞다.

- 'I feel like coffee.'가 이 단원의 대표 문장이다. 'I want coffee.'와 같은 의미로, 기분이나 몸 컨디션이 커피를 부른다 정도로 해석하면 되겠다. 예외적으로 'I feel like a jerk.' 처럼 내가 바보(된) 기분이 든다 의 용도도 있다. 이건 주의를 기울이시라.

- feel like의 like는 동사(좋아하다)가 아니라 전치사(…와 같은)다. like a virgin을 부른 지금도 무대를 펄펄 나는 가수 마돈나 할~아주머니가 생각난다. 전치사 like 다음에는 명사가 오는 것이 당연하므로 만일 동사가 와야 하는 상황에서는 ing를 넣어 동명사화 시켜야 한다.

I feel like walking outside (산책하고 싶다) ⇨ 좋은 날씨에 쓰기 좋은 말.
I feel like reading a lot. (많이 읽고 싶다) ⇨ 이 책을 그리하시라.
I feel like playing the game. (그 게임하고 싶다) ⇨ 지나친 컴질은 비추임돠.

Warming-Up

이 페이지는 이 단원에 훈련할 어휘와 단어를 미리 익히는 시간이다. 현대 사회의 일상에서 쓰는 단어를 모아 각 단원의 패턴들과 결합, 가장 사용도 높은 예문들을 구성하려고 한다. 다음 단/숙어들이 영어로 1초 내에 입으로 튀어나올 때까지 맹연습하고 다음 페이지로 넘어가자.

■ 자체점검!
☐ 아주조금!
☐ 반정도는!
☐ 기본이지!

머물다	stay
적절한 때가 언제인지 논하다	discuss when the proper time is
환호하다	shout with job
떠나다	leave
사람들이 읽고 싶어 하는 것을 제공하다	provide what people want to read
기름진	fatty
외식하다	eat out
이야기할 수 있는 어딘가로 운전하다	drive somewhere where we can talk
그만두다	quit
샤워하다	take a shower

발칙한 영어로 유창하게 말하자 **표현확장 편**

Jump-In

여러분을 동시통역의 첫 단계로 초대한다. 실력이 향상되려면, 답이 궁금하고 확신이 없어도 절대 다음 페이지의 정답을 기웃거리지 마시라. 눈으로 영문을 보는 순간 입 영어 실력은 급감한다. 다음 국어 문장을 더듬더듬 만들어보자. 한 문장당 쉼이 두 번 이상 일어나면 다시 시도해 보자.

- 자체점검!
- 아주조금!
- 반정도는!
- 기본이지!

1. 나는 지금 당장 샤워하고 싶다.

2. 나와 나의 남편은 오늘 외식하고 싶다.

3. 우리는 어제 파티에서 계속 머물고 싶지 않았다.

4. 그가 너무 버릇이 없었기 때문에 나는 즉시 그곳을 떠나고 싶었다.

5. 그는 때때로 참을 수 없는 스트레스 때문에 일을 그만두길 원했다.

6. 비가 오는 날엔 사람들은 무언가 맛있고 기름진 음식을 원한다.

7. 팬들은 그들이 연예인을 볼 때마다 환호하기를 원한다.

8. 나는 우리가 이야기할 수 있는 어딘가로 운전하길 원한다.

9. 우리는 언제가 적절한 때인지 논하길 원한다.

10. 대표자는 사람들이 읽고 싶어 하는 것을 제공하길 원한다.

Check-Up

전 페이지에서 연습한 답을 체크하며 공부하자. 영어에 박학다식해지는 페이지이다. 필자는 영어 발음을 한국어로 표기해 비난을 사기도 한다. 그러나 영어를 읽을 수 있는 우리는 그 발음 따라 읽는다 해도 영어 실력이 줄지 않는다. 외려 우리가 발음 개선을 위해 지향할 것은 정확한 소리지, 영어에 근접도 못 하는 일본식 발음이 아니잖은가? 같은 소리, 빠른 속도가 생성될 때까지 맹훈련하시라!

1. 나는 지금 당장 샤워하고 싶다.

I <u>feel like</u> taking a shower right now.

'아이f퓌을라익테이킹어샤월롸잇나우' Take a bath(목욕하다), Take a nap(낮잠 자다), Take a break(쉬다), Take a bite(한 입 베다), Take a sip(한 모금 마시다) … 셀 수 없이 많은 take와 명사의 조합으로 이뤄지는 구문들 외워두자!

2. 나와 나의 남편은 오늘 외식하고 싶다

My husband and I <u>feel like</u> eating out tonight.

'마이허스번앤아이f플라익이링아웃투나잇' '외식하다'는 eat out뿐 아니라 dine out도 묶어서 외워두자. 회식은 get-together, '회식하다'라는 have a get-together!

3. 우리는 어제 파티에서 계속 머물고 싶지 않았다.

We didn't <u>feel like</u> staying at the party last night.

'위디른f퓌을라익스때잉앳th더파뤼라쓰나잇'
'파티를 열다'라는 open대신 hold, have, throw, give a party 등의 동사를 사용한다.

 발칙한 영어로 유창하게 말하자 표현확장 편

4. 그가 너무 버릇이 없었기 때문에 나는 즉시 그곳을 떠나고 싶었다.

I <u>felt like</u> leaving the place immediately because he had no manners.

'아이f풰을라익리v빙th더플래이스임미디엍을리비커스히해스노매널ㅅ'
manner가 단수형으로 사용되면 일의 방식이나 사람의 태도를 지칭하는 반면, manners는 예의, 집단내의 관습 등을 의미한다.

5. 그는 때때로 참을 수 없는 스트레스 때문에 일을 그만두길 원했다.

He <u>felt like</u> quitting his job because of intolerable stress at times.

'히f풰을라익쿠리링히스잡비커스업f인토을러뤄뷔을스트뤠쓰앹타임스' intolerable의 반대말은 in을 뺀 tolerable로 '참을만한, 견딜만한', tolerate는 동사로 '견디다, 참다'이다.

6. 비가 오는 날엔 사람들은 무언가 맛있고 기름진 음식을 원한다.

People <u>feel like</u> something tasty and fatty on rainy days.

'피쁘을f피을라익썸th띵테이스티앤f패리온어뤠이니데이스'
음식의 맛이나 상태를 나타내는 형용사로는 fatty(기름진), fresh(신선한), sour(신), salty(짠), sweet(달콤한), juicy(즙이 많은), icy(얼음처럼 차가운) 등이 있다.

7. 팬들은 그들이 연예인을 볼 때마다 환호하기를 원한다.

Big fans <u>feel like</u> shouting with joy every time they see celebrities.

'빅f팬스f퓌을라익샤우링위th 조이에v브뤼타임th데이씨쎌러브뤼리스'

131

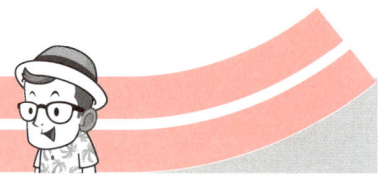

shout은 큰소리로 외치다, scream은 공포감으로 인해 '비명 지르다', yell은 '고함치다'로 차이가 있음을 알아두자.

8. 나는 우리가 이야기할 수 있는 어딘가로 운전하길 원한다.

I <u>feel like</u> driving somewhere where we can talk.

'아이 f퓌을라익드롸이v빙썸웨얼웨얼위큰톡'
somewhere은 긍정문에, 같은 의미의 anywhere은 의문문과 부정문에 쓰인다.

9. 우리는 언제가 적절한 때인지 논하길 원한다.

We <u>feel like</u> discussing when the proper time is.

'위f퓌을라익디스커씽웬th더프뤄펄타임이스' discuss는 타동사로 전치사가 없이 바로 목적어를 취합니다! discuss about이라고 사용하지 않도록 주의하자.

10. 대표자는 사람들이 읽고 싶어 하는 것을 제공하길 원한다.

A representative <u>feels like</u> providing what people want to read.

'어뤠프뤼젠터팁v f퓌을라익프뤄v바이링웥피쁘을원투뤼읻'
명사로서 representative는 '대표, 대리인', 형용사로서는 '대표하는, 전형적인'. 파생어로는 동사 represent(나타내다, 대표하다)가 자주 보인다.

발칙한 영어로 유창하게 말하자 **표현확장 편**

Pile-Up

누적훈련 없이 실력향상 없다!
선행학습 교재 『발칙한 영어로 진짜쉽게 말하자 - 기본패턴 편』 전체 분량과 본 권 『발칙한 영어로 유창하게 말하자 - 표현확장 편』의 누적 학습한 내용까지의 콜라보레이션 동시통역 트레이닝!
다음 문장을 영어로 바꾸시라. 문제당 쉼이 세 번 이상이면 다시! 될 때까지 노력!

1
수영

나는 뜨거운 여름에 수영하는 것을 즐긴다. 수영을 하도 나면 나는 언제나 단것이 먹고 싶다. 수영장 근처에는 좋은 식당들이 있다. 나는 그 장소들을 지나칠 수 없다.

I enjoy swimming in the hot summer. After I swim, I always <u>feel like</u> eating something sweet. There are a lot of nice restaurants near the swimming pool. I can't pass by those places.

2
휴식

주말에 나는 먹거나 혹은 어떤 것도 하고 싶지 않다. 나는 내가 거의 매일 하는 것을 하고 싶지 않다. 나는 아무것도 안 하고 싶다. 나는 하루 종일 계속 침대에 누워있다.

On weekends, I don't <u>feel like</u> eating or doing anything. I don't <u>feel like</u> doing what I do almost every day. I just want to do nothing. I keep on lying on my bed all day long.

3

기말고사

그는 그의 기말고사를 위한 발표에 집중할 예정이었다. 그는 그것을 할 수 없었다. 그는 집에 가서 휴식 취하기를 원했다. 도서관에 사람이 너무 많았다.

He was supposed to focus on the preparation for his finals. He couldn't do it. He <u>felt like</u> going home and taking a break. There were too many people in the library.

4

점심

너는 점심으로 무엇을 원하니? 나는 너희와 점심을 먹어서 행복해. 나는 중국 음식 먹는 것이 행복하다. 나는 기름진 것을 먹기를 원한다. 너도 기름진 것 먹고 싶니?

What do you want to have for lunch? Well, I am happy to have lunch with you! I enjoy eating Chinese food. I <u>feel like</u> having something fatty. Do you want to eat something heavy?

5

약점

나는 그 영화를 볼 때마다 울고 싶다. 그것은 감동적이고 감정적인 것이다. 나는 약해지는 것이 두렵다. 나는 내 약점을 보여주고 싶지 않다.

I <u>feel like</u> crying whenever I watch that movie. It is something touching and emotional. I am afraid of being vulnerable. I think I don't want to show my weaknesses.

발칙한 영어로 유창하게 말하자 표현확장 편

6

건강

그는 그의 건강을 위해 흡연과 음주를 포기했다. 그리고 그는 결심과 함께 다이어트 계획을 실행한다. 그는 조깅, 자전거, 웨이트 트레이닝 같은 운동을 계속한다. 그는 지금 마사지 받기를 원한다.

He gave up smoking and drinking for his health. And he carried out a diet planning with determination. He keeps on working out, doing such things as jogging, riding a bicycle and lifting weights. He now <u>feels like</u> getting a massage.

7

진정

나는 네가 제안하고 있는 것을 이해할 수 있다. 그러나 너는 이걸 완료하는 것을 포기하면 안 된다. 나는 네가 이것에 가장 적합한 사람이라는 것을 안다. 니는 주로 이떻게 진정하니? 네가 이야기히는 것과 휴식을 원한다면, 알려줘.

I can understand what you are suggesting. However, you should not give up completing this. I know you are the best person for this! How do you usually calm down? If you <u>feel like</u> talking and relaxing, let me know.

135

발칙한 영어로 유창하게 말하자 | 표현확장 편

Chapter 13

take a break

발칙한 영어로 유창하게 말하자 **표현확장 편**

책 속의 강의

'쉬'고 싶다'를 입에 달고 사는 현대인들이여, 일상이 피곤하고 힘들지 않은 방법이 뭔지 아시는가? 첫째, 돈을 많이 벌면 된다. 하루에도 여러 번 입금 문자 알람 소리가 끊이지 않는다면 피곤할 일 없다. 둘째, 사랑에 빠지시라. 첫사랑의 그 시절, 밤잠 설쳐가며 전화를 하고 아침부터 치장에 혼신의 힘을 다하던 그때에는 피곤하지 않았다. 전……혀.

■ '쉬다'라는 표현 중 한국에서 제일 많이 쓰이는 영어는 take a rest다. 그러나 놀라운 일은 이것은 좋은 영어가 아니라는 점이다. 영어를 모국어로 사용하는 사람들은 take a rest라는 말을 쓰지 않는다. 그런데 한국과 일본 영어 교과서에는 존재한다. 기가 막히고 코가 막힐 일이다. 필자도 고딩 때 맘 잡고 영어 공부할 때 take a rest를 교과서에서 목격한 적이 있다.

■ '쉬다'의 좋은 숙어는 한 사이다 회사가 한때 로고로 사용했던 take a break가 가장 좋다. 그냥 break만 동사로 써도 괜찮다. 'I want to take a break.'와 'I want to break.'가 다 좋다는 말씀이다. take a rest 배운 것이 너무나 억울하다 싶으시면 rest를 그냥 동사로 쓰거나 get some rest를 추천한다. '쉬다'를 배우고 싶어도 조심해야 할 게 많아 도통 쉴 수가 없어 죄송하다.

■ 일상의 한 대화를 보자.

A: I want to have a coffee break. (나 커피 휴식을 가지길 원해)
B: Hey, you break too often. (야, 너 너무 많이 쉰다)
A: What? I feel like resting. That's all. (뭐? 쉬고 싶어. 그게 다야)

■ 요즘 같은 불경기에 회사 잘리기 지름길을 걷고 있는 어느 한 분의 사례지만, take a break도 너무 자주 하다 보면 영원히 break 하게 되는 게 당연하다. 공항에 가보면 여행 가는 분들 많다. 부럽기도 하지만 요즘은 걱정도 많이 된다.

Warming-Up

이 페이지는 이 단원에 훈련할 어휘와 단어를 미리 익히는 시간이다. 현대 사회의 일상에서 쓰는 단어를 모아 각 단원의 패턴들과 결합, 가장 사용도 높은 예문들을 구성하려고 한다. 다음 단/숙어들이 영어로 1초 내에 입으로 튀어나올 때까지 맹연습하고 다음 페이지로 넘어가자.

■ 자체점검!
☐ 아주조금!
☑ 반정도는!
☐ 기본이지!

피드백을 받다	get feedback
돌보다	look after
그들이 유용하다고 생각하는 어떤 정보든	whatever information they find useful
인터뷰하다	do an interview
맑은 공기를 마시다	get some fresh air
간식 먹다	eat a snack
능률적인	efficient
스트레스를 받다	get stressed out
연기하다	perform
정확히 무슨 일이 일어났는지	what exactly happened

발칙한 영어로 유창하게 말하자 **표현확장 편**

Jump-In

여러분을 동시통역의 첫 단계로 초대한다. 실력이 향상되려면, 답이 궁금하고 확신이 없어도 절대 다음 페이지의 정답을 기웃거리지 마시라. 눈으로 영문을 보는 순간 입 영어 실력은 급감한다. 다음 국어 문장을 더듬더듬 만들어보자. 한 문장당 쉼이 두 번 이상 일어나면 다시 시도해 보자.

- 자체점검!
- 아주조금!
- 반정도는!
- 기본이지!

1. 사람들은 좀 더 능률을 올리기 위해 오후에 쉰다.
2. 그 영화배우는 더 좋은 연기를 위해 쉴 예정이다.
3. 그녀와 친구들은 간식을 먹기 위해 잠깐 쉬었다.
4. 그 선수는 인터뷰하기 위해 잠깐 쉰다.
5. 그 노부부는 종종 공원에서 맑은 공기를 마시기 위해 쉰다.
6. 발표자는 피드백을 받기 위해 잠시 쉬어야 한다.
7. 나의 상사는 아이들을 돌보기 위해서 잠시 일을 쉴 예정이다.
8. 나는 스트레스를 받지 않기 위해 정기적으로 쉰다.
9. 팀원들은 정확히 무슨 일이 일어났는지 알아내기 위해 쉰다.
10. 그 부서는 그들이 유용하다고 생각하는 어떤 정보든 모으기 위해 일을 쉰다.

Check-Up

전 페이지에서 연습한 답을 체크하며 공부하자. 영어에 박학다식해지는 페이지이다. 필자는 영어 발음을 한국어로 표기해 비난을 사기도 한다. 그러나 영어를 읽을 수 있는 우리는 그 발음 따라 읽는다 해도 영어 실력이 줄지 않는다. 외려 우리가 발음 개선을 위해 지향할 것은 정확한 소리지, 영어에 근접도 못 하는 일본식 발음이 아니잖은가? 같은 소리, 빠른 속도가 생성될 때까지 맹훈련하시라!

1. 사람들은 좀 더 능률을 올리기 위해 오후에 쉰다.

People take a break to be more efficient and productive in the afternoon.

'피쁘을테이꺼브뤠익투비모얼이f퍼션앤프뤄덕팁v인th디애f프털누운'

efficient 앞에 명사를 붙여 다양한 활용이 가능하다. fuel-efficient '연비가 좋은', time-efficient '시간 효율적인', energy-efficient '에너지 효율적인'

2. 그 영화배우는 더 좋은 연기를 위해 쉴 예정이다.

The movie star will take a break to perform better.

'th더무v비스떨위을테이꺼브뤠익투펄f폼베럴'

perform은 '연기하다, 공연하다'와 함께 '수행하다'라는 의미도 꼭 알아두자.

3. 그녀와 친구들은 간식을 먹기 위해 잠깐 쉬었다

Her friends and she took a short break to eat a snack.

'헐f프렌잰쉬툭꺼쑬브뤠익투이러스낵' 뿌리치기 힘든 '야식'은 late-night snack, '야식을 먹다'는 'Have a late-night snack.'이다.

발칙한 영어로 유창하게 말하자 **표현확장 편**

4. 그 선수는 인터뷰하기 위해 잠깐 쉰다.

The player takes a break to do an interview for a few minutes.

'th더플레이얼테익써브뤠익투두언인털v뷰f폴어f퓨미닛ㅊ'

a few, a little 둘 다 '조금의, 몇몇의'라는 같은 의미가 있지만, a few는 셀 수 있는 명사와 함께, a little은 셀 수 없는 명사와 함께 사용된다.

5. 그 노부부는 종종 공원에서 맑은 공기를 마시기 위해 쉰다.

The old couple often takes a break to get some fresh air in the park.

'th디올ㄷ커쁠오f픈테익써브뤠익투겟썸f프뤠쉬에얼인th더팔ㅋ' It is stuffy in here! (여기 답답해!) Let's go for a walk and get some fresh air. (산책하면서 맑은 공기 좀 마시자) 이 문장들을 줄줄 뱉으면서 밖으로 산책하러 나가보자. 하하하!

6. 발표자는 피드백을 받기 위해 잠시 쉬어야 한다.

A presenter should take a short break to get feedback.

'어프뤼젠털슛테이꺼쑐브뤠익투겟f핃백'

presenter(발표자)의 파생어 present는 품사에 따라 강세가 다르다. 명사 present(선물)는 앞 음절에 강세를, 동사 present(주다)는 뒤 음절에 강세가 온다.

7. 나의 상사는 아이들을 돌보기 위해서 잠시 일을 쉴 예정이다.

My boss will take a break from work to look after her children.

'마이보쓰위을테이껴브뤠익f프뤔월ㅋ투을룩애f프털헐췰드뤈'

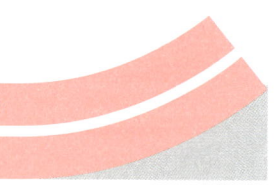

뒤에 어떤 전치사가 오느냐에 따라 look의 활용법은 다양해진다. look after(돌보다), look into(조사하다), look for(찾다), look over(훑어보다)

8. 나는 스트레스를 받지 않기 위해 정기적으로 쉰다.

I <u>take a break</u> on a regular basis not to get stressed out.

'아이테이꺼브뤠이꼰어뤠귤럴배이씨스낫투겟스트뤠스다웃'
내가 스트레스를 받을 경우엔 stressed out을, 무엇인가가 스트레스를 주는 경우엔 stressful이다. 지금 스트레스를 받고 있다? 그럼 'I get stressed out!'이라고 하면 된다.

9. 팀원들은 정확히 무슨 일이 일어났는지 알아내기 위해 쉰다.

The team members <u>take a break</u> to find out exactly what happened.

'th더팀멤벌스테이꺼브뤠익투f퐈인다웃윗익색올리해쁜ㄷ' exactly는 '정확히'라는 표현뿐 아니라 맞장구칠 때도 많이 사용되는 단어다. 발음은 '이그잭틀리' 아니죠! '이그재클리'!!

10. 그 부서는 그들이 유용하다고 생각하는 어떤 정보든 모으기 위해 일을 쉰다.

The department <u>takes a break</u> to collect whatever information they find useful.

'th더디팔먼테익써브뤠익투컬렉워레v벌인f폴메이션th데이f퐈인유스f플'
whatever은 문장에서 명사절과 부사절의 역할! whatever 부사절의 경우는 no matter what과 바꿔 사용할 수 있지만, 명사절일 경우에는 바꿔 쓸 수 없다.

Pile-Up

pileup_13.mp3

발칙한 영어로 유창하게 말하자 **표현확장 편**

누적훈련 없이 실력향상 없다!
선행학습 교재 『발칙한 영어로 진짜쉽게 말하자 – 기본패턴 편』 전체 분량과 본 권 『발칙한 영어로 유창하게 말하자 – 표현확장 편』의 누적 학습한 내용까지의 콜라보레이션 동시통역 트레이닝!
다음 문장을 영어로 바꾸시라. 문제당 쉼이 세 번 이상이면 다시! 될 때까지 노력!

1
앨범

그 밴드는 그들의 새로운 앨범을 준비하기 위해 휴식할 예정이다. 그들은 또한 다음 콘서트 준비에 집중한다. 그들은 언제나 모든 것에 열중한다. 그들의 다음 앨범의 성공은 얼마나 많은 노력을 그들이 하는지에 달려있다.

The band will <u>take a break</u> to produce their new album. They will focus on preparing for the next concert as well. They always work on everything. Their next album's success will depend on how much effort they put in.

2
간식

잠깐 쉬면서 요기 하는 게 어때? 간식을 먹을 좋은 장소를 찾아보자! 너는 지금 무엇을 먹길 원하니? 샌드위치는 어때? 알려줘.

Why don't you <u>take a break</u> to grab a quick bite? Let's look for a nice place to have some snacks. What do you want to have right now? How about sandwiches? Let me know.

3

피곤

너는 피곤하니? 너는 어제 뭐 했니? 나는 네가 마라톤에 참여했다고 들었어. 쉬는 것이 어때? 그것은 지금 너에게 필수적인 것이야.

Are you tired? What did you do yesterday? I heard you participated in a marathon. How about <u>taking a break</u>? It is something necessary for you right now.

4

회의

15분간 쉽시다! 나는 몇 자료를 다시 인쇄할 필요가 있어. 자료에 오타가 있어. 나는 우리가 최선을 다하는 것을 알아. 하지만 우리는 준비에 좀 더 집중할 필요가 있어.

Let's <u>take a break</u> for 15 minutes. I need to print out some materials once again. There are some typos in the materials. I know we are doing our best but we need to focus more on the preparation.

5

시험

이번 주에 중요한 시험이 있다. 나는 내가 그것에 열중해야 하는 것을 알아. 그러나 내가 하고 싶은 것은 단지 쉬는 것이야. 나는 방을 치울 예정이고 그리고선 시험을 위해 공부할 거야.

There is an important exam this week. I know that I should be working on it. But all I want to do is just <u>take a break</u>. I will clean up my room and then study for my test.

발칙한 영어로 유창하게 말하자 **표현확장 편**

6 유학

나는 내 미래에 대해 상담하려고 여기에 있어. 나는 유학 가기 위해 일을 잠시 쉴 예정이야. 자기 계발에 열중할 때다. 나는 이 경험이 나를 도울 거라고 확신해. 너는 나에게 어떤 학교를 추천하니?

I am here to consult about my future. I will <u>take a career break</u> to study overseas. It is time to work on self-development. I am sure that this experience will help me. Which school do you recommend for me?

7 수영

나는 여름에 수영하는 것을 즐겨. 나는 살을 뺄 수 있고 동시에 재미있는 시간도 보낼 수 있어. 그러나 나는 1시간 수영 후에는 적어도 15분을 쉬어야 해. 나는 수영에 관해서는 그것이 중요하다고 들었어.

I enjoy swimming in the summertime. I can lose weight and have fun at the same time. However, I should <u>take a break</u> for at least 15 minutes after swimming for an hour. I heard that it is essential when it comes to swimming.

145

발칙한 영어로 유창하게 말하자 | 표현확장 편

Chapter 14

make a decision

발칙한 영어로 유창하게 말하자 **표현확장 편**

책 속의 강의

필자에게 결정장애가 있다. 자장면과 짬뽕 사이에서, 영화 보기 전에도, 이 책 원고를 쓰느냐 좋아하는 야구를 보느냐… 조차도 결정을 금세 못한다. 인생은 선택의 연속이고, 어느 선택이고 크고 작은 후회가 따른다는 이치를 알기에 '그렇다…!'라고 자기 위로를 해 보지만, 결정을 남자답게 못 해 내는 나는… 바보다.

▬ Who is the decision maker? 결정권자가 누구인가?

▬ 이 말은 비즈니스상에서 듣는 말이다. 누구와 이야기하는 게 빠르냐는 의미이기도 하고 조직 내부에서 누가 최종 승인을 하고 또 얼마나 걸리냐는 질문과 관계 깊다. 상당히 딱딱하고 긴장되는 질문이다. 필자는 가족에 대해 외국 친구와 이야기하면서 이 질문을 받은 적이 있다. 그리고 대답했다. I haven't been the decision maker in my entire life. (나는 내 인생에 결정권자가 되어 본 적이 없어) 실로 내 주위엔 무시무시한 인물들이 너무 많다.

▬ make a decision은 간단한 동사 decide와 같다. 왜 머리 복잡하게시리 make a decision을 소개하냐고? 폼 나…잖아! 대신 신경 쓸 문법이 좀 있다. 폼 나려면 노력이 필요한 법이니까.

▬ make a decision, make decisions, make the decision 사이에서 우리는 살짝 고민해야 한다. 이건 무엇을 쓸지 결정을 잘해야 한다. 첫 번째는 '일반적인 결정', 두 번째는 '복수의 결정', 마지막은 '지정된 결정'이다. make a good decision, make the best decision, make many decisions…. decision 앞에 형용사를 사용하면 더 다양하게 쓸 수 있다.

▬ make a decision 다음에 to 부정사를 연결하면 '결정의 목적 또는 이유'를 알 수 있다. I should make a decision to finish it. 또, decision 다음에 on이나 about을 놓으면 '결정의 내용'을 이어갈 수 있다. I made a decision on the plan.

147

Warming-Up

이 페이지는 이 단원에 훈련할 어휘와 단어를 미리 익히는 시간이다. 현대 사회의 일상에서 쓰는 단어를 모아 각 단원의 패턴들과 결합, 가장 사용도 높은 예문들을 구성하려고 한다. 다음 단/숙어들이 영어로 1초 내에 입으로 튀어나올 때까지 맹연습하고 다음 페이지로 넘어가자.

■ 자체점검!
○ 아주조금!
○ 반정도는!
○ 기본이지!

• 그들이 어떻게 다른 이들과 경쟁할지	• how they compete with others
• 다이어트하다	• go on a diet
• 냉철한	• cool-headed
• 방문하다	• visit
• 그들이 어디를 가고 싶은지	• where they want to go
• 연기하다	• postpone
• 충동적인	• impulsive
• 후회하다	• regret
• 무엇을 공부할지	• what to study
• 해외 파병하다	• send troops overseas

발칙한 영어로 유창하게 말하자 **표현확장 편**

Jump-In

여러분을 동시통역의 첫 단계로 초대한다. 실력이 향상되려면, 답이 궁금하고 확신이 없어도 절대 다음 페이지의 정답을 기웃거리지 마시라. 눈으로 영문을 보는 순간 입 영어 실력은 급감한다. 다음 국어 문장을 더듬더듬 만들어보자. 한 문장당 쉼이 두 번 이상 일어나면 다시 시도해 보자.

- 자체점검!
- 아주조금!
- 반정도는!
- 기본이지!

1. 너는 때때로 충동적인 결정을 한다.
2. 심판은 냉철한 결정을 내려야 한다.
3. 그녀는 휴가가 시작하기 전 다이어트하기로 결정했다.
4. 대통령은 해외 파병을 하기로 결정했다.
5. 감독은 안전을 위해 그 공연을 연기하기로 결정한다.
6. 나와 친구들은 이번 주말에 도서관을 방문하기로 결정했다.
7. 지난주에 그녀는 나중에 그녀가 후회할지 모르는 결정을 내렸다.
8. 많은 구직자들은 미래를 위해 무엇을 공부해야 할지에 대해 결정을 내리지 못한다.
9. 관광객들은 그들이 한국에서 어디를 가고 싶은지 결정했다.
10. 리더는 그들이 어떻게 다른 이들과 경쟁할 것인지에 대해 결정을 내려야 한다.

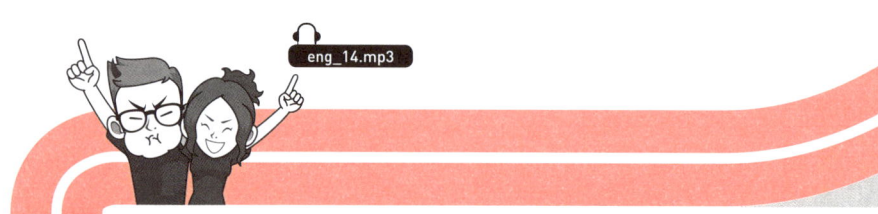

Check-Up

전 페이지에서 연습한 답을 체크하며 공부하자. 영어에 박학다식해지는 페이지이다. 필자는 영어 발음을 한국어로 표기해 비난을 사기도 한다. 그러나 영어를 읽을 수 있는 우리는 그 발음 따라 읽는다 해도 영어 실력이 줄지 않는다. 외려 우리가 발음 개선을 위해 지향할 것은 정확한 소리지, 영어에 근접도 못 하는 일본식 발음이 아니잖은가? 같은 소리, 빠른 속도가 생성될 때까지 맹훈련하시라!

1. 너는 때때로 충동적인 결정을 한다.

You make an impulsive decision from time to time.

'유메이껀임펄씁디씨젼f프뤔타임투타임' sometimes, occasionally, at times, now and then, once in a while 모두 from time to time의 동의어로 '때때로, 가끔'이다.

2. 심판은 냉철한 결정을 내려야 한다.

A referee should make a cool-headed decision.

'어뤠f퍼뤼슏매이꺼크울헤릳디씨젼'

다음은 headed를 이용한 표현들이다; clear-headed(명석한), big-headed(자만심이 강한), air-headed(멍청한), pig-headed(고집 센), hot-headed(성급한)

3. 그녀는 휴가가 시작하기 전 다이어트하기로 결정했다.

She made a decision to go on a diet before her vacation.

'쉬메이러디씨젼투고온어다이엇비f포올헐v붸케이션'

go on 명사를 이용한 다양한 표현을 익혀보자. go on a strike(파업을 시작하다), go on a vacation(휴가 가다), go on a business trip(출장 가다), go on a date(데이트하다)

4. 대통령은 해외 파병을 하기로 결정했다.

<u>The president made a decision to send troops overseas.</u>

'th더프뤠즈던매이러디씨젼투쎈트룹쓰오v벌씨이ㅅ' overseas, abroad(해외로), home(집에), upstairs(위층에), downstairs(아래층에) 등은 전치사 to가 없이 사용된다.

5. 감독은 안전을 위해 그 공연을 연기하기로 결정한다.

<u>The director makes a decision to postpone the show for safety.</u>

'th더디뤡털매익써디씨젼투포슽폰th더쇼우f폴쎄이f프티' postpone은 '연기하다'라는 뜻으로 delay나 put off가 동의어이다. 구어체인 put something off를 기억하자.

6. 나와 친구들은 이번 주말에 도서관을 방문하기로 결정했다.

<u>My friend and I made a decision to visit the library this weekend.</u>

'마이f프뤤앤아이메이꺼디씨젼투v비짓th더을라이브뤄뤼th디쓰위캔'
도서관에서 쓰이는 표현으로는 look for books(찾다), borrow, check out books(빌리다), return books(반납하다) 등이 있다.

7. 지난주에 그녀는 나중에 그녀가 후회할지 모르는 결정을 내렸다.

<u>Last week, she made a decision that she might regret later.</u>

'을라스뒤윅, 쉬메이러디씨젼th댓쉬마잇뤼그뤠틀레럴' regret에서 파생된 형용사에는 regretful과 regrettable이 있다. regretful은 사람이 주어일 경우 주어가 '후회하는'의 의미로, regrettable은 사물이 주어일 경우에 주로 사용됨으로 주의해야 한다.

8. 많은 구직자들은 미래를 위해 무엇을 공부해야 할지에 대해 결정을 내리지 못한다.

Many job seekers can't <u>make a decision</u> on what to study for their future.

'매니잡씨컬쓰캐앤매이꺼디씨젼온윗투스떠디f폴th데얼f퓨철' '구직자야'라는 'I am a job hunter.', 'I am a job seeker.' 표현과 함께 'I am in between jobs.'도 알아두자.

9. 관광객들은 그들이 한국에서 어디를 가고 싶은지 결정했다.

The tourists <u>made a decision</u> on where they want to go in Korea.

'th더츄얼위스츠매이러디씨젼온웨얼th데이원투고우인코뤼아' 관광지는 a tourist attraction, a tourist spot, the sights, a tourist mecca 등으로 다양하게 표현할 수 있다.

10. 리더는 그들이 어떻게 다른 이들과 경쟁할 것인지에 대해 결정을 내려야 한다.

A leader should <u>make a decision</u> about how they should compete with others.

'얼리럴슛매이꺼디씨젼어바웃하우th데이슏컴핏윗아th덜ㅅ'
compete(경쟁하다)의 파생어는 competition(경쟁), competitiveness(경쟁력), competitive(경쟁을 하는, 경쟁력 있는) 등이 있다.

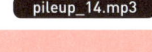

Pile-Up

발칙한 영어로 유창하게 말하자 **표현확장 편**

누적훈련 없이 실력향상 없다!
선행학습 교재 『발칙한 영어로 진짜쉽게 말하자 – 기본패턴 편』 전체 분량과 본 권 『발칙한 영어로 유창하게 말하자 – 표현확장 편』의 누적 학습한 내용까지의 콜라보레이션 동시통역 트레이닝!
다음 문장을 영어로 바꾸시라. 문제당 쉼이 세 번 이상이면 다시! 될 때까지 노력!

1
체중 감량

나는 살을 빼기로 결심했다. 나는 거의 매일 운동하고 싶었지만 나는 전혀 운동할 수 없었다. 모든 것은 나의 의지와 노력에 달려있다. 나는 지금 나 자신이 자랑스럽지 않다.

I <u>made a decision</u> to lose weight. I wanted to work out almost every day but I couldn't exercise at all. Everything depends on my will and efforts. I am not proud of myself right now.

2
구직

나는 그 결과를 기다릴 수 없다. 그 회사는 나의 인생에 영향을 주는 결정을 내릴 예정이다. 나는 내가 그 일을 잡으리라고 확신한다. 나는 정말 이 회사에 속하고 싶다.

I can't wait for the result. The company will <u>make a decision</u> that will influence my life. I am sure that I will get the job. I really want to belong to this company.

3

디자인

나는 내 디자인 개념을 설명하기 위해 이곳에 있다. 나는 고객들이 무엇을 원하는지에 집중한다. 나는 마침내 나의 고객을 만족시킬 방법을 파악했다. 그들은 그들이 가장 좋아하는 것을 결정할 것이다.

I am here to explain my design concepts. I focus on what the customers want. I finally figured out a way to satisfy my customers. They will make a decision on what they like the most.

4

취직 준비

구직자로서, 그는 가능한 한 많은 책을 읽기로 결심했다. 그는 그의 학교에서 독서 모임에 속해있다. 나는 그들이 모임에 가입할 새로운 회원을 찾고 있는 중이라 들었다. 이 모임에 가입하는 게 어때? 나는 네가 이 모임을 좋아할 것이라고 확신해!

As a job seeker, he made a decision to read as many books as possible. He belongs to a reading club in his school. I heard they are looking for a new member to join the club. How about joining this club? I am sure you will love this club.

5

가사

이 도시는 교육 이슈에 대해 몇 가지 정책을 실행했다. 우리는 이러한 이슈들에 대한 특집 기사를 쓰기로 결심했다. 너는 어느 부분을 전문으로 하니? 우리는 우선 누가 먼저 쓸지 결정해야 한다.

The city carried out several policies on educational issues. We made a decision to write a feature article on these issues. Which part do you specialize in? We should make a decision on who writes first.

6

인생

나는 이번 여름에 휴가 갈 예정이다. 내 삶에는 진행 중인 많은 것들이 있다. 생각하는 것을 멈추고 나의 인생을 위한 최고의 결정을 할 때다. 나는 내가 하고 싶은 것을 알아내야 한다.

I will go on a vacation this summer. There are a lot of things going on in my life. It is time to stop thinking and <u>make the</u> best <u>decision</u> for my future. I should find out what I'd like to do.

7

캐스팅

감독은 연기를 잘하는 영화배우들을 계속 생각했다. 그리고 그는 마침내 그들 중에서 그녀를 선택하기로 결정했다. 그것은 극도로 어려운 것이었다. 나는 그가 영화를 위해 옳은 결정을 했다고 생각한다.

The director kept on thinking about movie stars who are good at acting. And he finally <u>made a decision</u> to cast her among them. It was something extremely difficult. I think he made the right decision for the movie.

발칙한 영어로 유창하게 말하자 | 표현확장 편

Chapter 15
happen to

발칙한 영어로 유창하게 말하자  표현확장 편

책 속의 강의

혼자 외로이 사는 사람들을 위하여 즉석밥이 유행이다. 전자레인지 (정확한 영어는 마이크로웨이브다)에 3분만 돌리면 훌륭한 밥이 되어 나오는 돌아가신 우리 할머니가 뒤로 까무러칠 혁명의 시대에 우리는 살고 있다. 그중의 선두주자는 '햇반'이라는 친구다. 대부분 '즉석밥 주세요' 보다 '햇반 주세요'라 한다.

- 영어 happen이 '햇반'과 비스므레한 소리가 나야한다라 알려주면 다들 발음이 좋아진다. 모두 다 '헤픈' 정도로 살아오고 있었기 때문에 다들 의아해하다가 즐거이 받아들인다. a 의 '애'는 '에'와 다르다. 누차 말씀드리지만 영어의 '애'는 입 길이가 쭈악 찢어져 나는 소리다. pp의 발음 역시 'ㅍ' 소리라기엔 살짝 아쉽다. 마지막 e 소리도 우리가 흔히 아는 '으'라 하기엔 아쉽다. 정확히 '흐에쁜'으로 들린다.

- What happened? (과거형. 뭔 일 있었어?) 이란 말은 많이 들으셨으리라 예상한다. 시제를 변환시킨 브라더 문장들을 소개한다.

What happens? 현재형. what이 3인칭 단수라 happen 뒤에 s가 있다. 뭔 일 있지?
What's happened? 현재 완료형. has가 숨어있다. 뭔 일 있어왔어?
What's happening? 현재 진행형. is가 숨어있다. 뭔 일 있는 중이야?
*참고로, 'What's happen?'하고 'What happen?'은 문법상 말이 되지 않는다.

- happen to 다음에는 명사도, 동사도 올 수 있다. 그러나 두 경우의 의미는 다르다. 'It happened to Korea.'처럼 명사가 오면 '일어나다', '발생하다'이다. 우리가 더 열심히 연습할 것은 동사의 등장이다. I happened to meet my friend. '나는 우연히 내 친구를 만나게 되었다'. '우연히 …하게 되었다'에 대한 훈련이다.

- 비록 햇반투, happen to를 우연히 알게 되었을지라도 열심히 내 것으로 만들어 유창한 수준 높은 영어를 가졌음을 만방에 알려보잔 야그다.

Warming-Up

이 페이지는 이 단원에 훈련할 어휘와 단어를 미리 익히는 시간이다. 현대 사회의 일상에서 쓰는 단어를 모아 각 단원의 패턴들과 결합, 가장 사용도 높은 예문들을 구성하려고 한다. 다음 단/숙어들이 영어로 1초 내에 입으로 튀어나올 때까지 맹연습하고 다음 페이지로 넘어가자.

- 자체점검!
- 아주조금!
- 반정도는!
- 기본이지!

만나다	meet
다루다	deal with
우리가 시간을 관리하던 방법을 바꾸다	change how we manage our time
시작하다	start
잠이 들다	fall asleep
떠올리다	come up with
발견하다	find
실직상태이다	be unemployed
그가 어디에 가고 있었는지 언급하다	mention where he was going
누가 그녀를 고용했는지 알다	know who hired her

발칙한 영어로 유창하게 말하자 표현확장 편

Jump-In

여러분을 동시통역의 첫 단계로 초대한다. 실력이 향상되려면, 답이 궁금하고 확신이 없어도 절대 다음 페이지의 정답을 기웃거리지 마시라. 눈으로 영문을 보는 순간 입 영어 실력은 급감한다. 다음 국어 문장을 더듬더듬 만들어보자. 한 문장당 쉼이 두 번 이상 일어나면 다시 시도해 보자.

- 자체점검!
- 아주조금!
- 반정도는!
- 기본이지!

1. 나는 학교 가는 길에 우연히 그녀를 만났다.
2. 그들은 경기불황으로 우연히 실직상태가 되었다.
3. 그 소년은 우연히 소파에서 잠이 들었다.
4. 그 공격은 우연히 같은 날에 시작되었다.
5. 그 변호사는 우연히 중요한 파일들을 시스템에서 발견했다.
6. 우리는 월례 회의에서 우연히 기발한 아이디어들을 떠올렸다.
7. 그 TV 프로그램은 우연히 정치적인 이슈를 다루게 된다.
8. 이것은 우연히 우리가 시간을 관리하던 방법을 바꾼다.
9. 그들은 누가 그녀를 고용했는지 우연히 알고 있다.
10. 용의자는 그것이 사고 후에 그가 어디에 가고 있었는지 우연히 언급했다.

Check-Up

전 페이지에서 연습한 답을 체크하며 공부하자. 영어에 박학다식해지는 페이지이다. 필자는 영어 발음을 한국어로 표기해 비난을 사기도 한다. 그러나 영어를 읽을 수 있는 우리는 그 발음 따라 읽는다 해도 영어 실력이 줄지 않는다. 외려 우리가 발음 개선을 위해 지향할 것은 정확한 소리지, 영어에 근접도 못 하는 일본식 발음이 아니잖은가? 같은 소리, 빠른 속도가 생성될 때까지 맹훈련하시라!

1. 나는 학교 가는 길에 우연히 그녀를 만났다.

I happened to meet her on my way to school.

'아이해쁜투밑헐온마이웨이루스꿀' on my way to 장소 (~에 가는 길이다)는 표현 사용 시, home을 사용할 때는 부사이므로 전치사 to를 생략해야 한다.

2. 그들은 경기불황으로 우연히 실직상태가 되었다.

They happened to be unemployed due to the economic slowdown.

'th데이해쁜투비언임플로인듀투th디이코노믹슬로우다운'
economic slowdown에서 slowdown은 recession, depression, downturn으로 바꿔 사용해도 모두 동일하게 경기 침체를 지칭한다.

3. 그 소년은 우연히 소파에서 잠이 들었다.

The boy happened to fall asleep on the sofa.

'th더보이해쁜투f포올러슬리쁜th더쏘f파'
fall asleep은 자기도 모르는 사이에 잠이 드는 것을 의미한다. 잠과 관련한 표현은 doze off(깜빡 잠이 들다), take a nap(낮잠 자다), go to bed(자러 가다) 등이 있다.

발칙한 영어로 유창하게 말하자 **표현확장 편**

4. 그 공격은 우연히 같은 날에 시작되었다.

The attack happened to start on the same day.

'th디어택해쁜투스딸톤th더쎄임데이' 동사 attack의 반대말은 '방어하다'의 defend, 명사 attack의 반의어는 '방어'의 defence이다.

5. 그 변호사는 우연히 중요한 파일들을 시스템에서 발견했다.

The lawyer happened to find sensitive files on the system.

'th더을로이얼해쁜투f파인쎈써팁f파일쏜th더씩스템'

Sensitive와 sensible은 같은 어원이나 미묘한 의미 차이가 있다. sensitive는 (사람의 신경이) 예민한/ 민감한, sensible은 현명한/ 센스 있는의 의미이다.

6. 우리는 월례 회의에서 우연히 기발한 아이디어들을 떠올렸다.

We happened to come up with brilliant ideas in a monthly meeting.

'위해쁜투컴업윗th브뤼을리언아디어ㅆ 인어먼th쓸리미링'

아주 중요한 표현인 come up with! 1) 의견, 해답을 생각해내다 2) 돈, 월세를 구해오다 라는 2가지 의미로 자주 사용되니 꼭 연습하자.

7. 그 TV 프로그램은 우연히 정치적인 이슈를 다루게 된다.

The TV show happens to deal with political issues.

'th더티v뷔쑈우해쁜스투디을윗th 포을리티컬이쓔ㅅ'

issue는 다양한 형용사와 함께 쟁점이라는 명사로 사용되기도 하지만 '발표하다, 발행하다' 등의 동사로 사용되는 예문도 살펴봐야 한다.

161

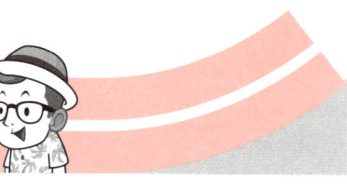

8. 이것은 우연히 우리가 시간을 관리하던 방법을 바꾼다.

This <u>happens to</u> change how we manage our time.

'th디쓰해쁜스투췌인쥐하우위매니쥐아월타임'

'관리하다'라는 의미 이외에도 '간신히 해내다'라는 의미의 'manage to 동사'의 쓰임도 알아두자. He managed to get there on time. (그는 간신히 시간 내에 그곳에 도착했다)

9. 그들은 누가 그녀를 고용했는지 우연히 알고 있다.

They <u>happen to</u> know who hired her.

'th데이해쁜투노우후하이얼덜'

일자리와 관련된 동사 표현을 정리해보자. hire, employ(채용하다, 고용하다), fire(해고하다), get fired(해고당하다), lay off(정리해고하다), get laid off(정리해고당하다)

10. 용의자는 그것이 사고 후에 그가 어디에 가고 있었는지 우연히 언급했다.

The suspect <u>happened to</u> mention where he was going after the accident.

'th더써스펙해쁜투멘션웨얼히워스고잉애f프털th디액씨던ㅌ'

suspect(의심하다, 용의자)의 파생어를 살펴보자. suspicion(의심, 혐의), suspicious(의심스러운), suspectless(의심 없는)

발칙한 영어로 유창하게 말하자 **표현확장 편**

pileup_15.mp3

Pile-Up

누적훈련 없이 실력향상 없다!
선행학습 교재 『발칙한 영어로 진짜쉽게 말하자 – 기본패턴 편』 전체 분량과 본 권 『발칙한 영어로 유창하게 말하자 – 표현확장 편』의 누적 학습한 내용까지의 콜라보레이션 동시통역 트레이닝!
다음 문장을 영어로 바꾸시라. 문제당 쉼이 세 번 이상이면 다시! 될 때까지 노력!

1
여분

나는 너를 방해해서 미안하지만 나는 너의 도움이 필요해. 나는 우리가 종이가 부족하다고 생각해. 나는 종이를 좀 더 얻고 싶어. 너는 혹시 여분을 가지고 있니?

I am sorry to bother you but I need your help. I think we are out of paper. I'd like to get some more paper. Do you <u>happen to</u> have any spare?

2
연기

며칠 전 우연히 연착이 발생했다. 경영진들은 무엇이 연기를 야기했는지 파악해야 한다. 그들은 조사를 실행할 예정이다. 나는 그들이 한동안 그것에 집중할 것이라고 확신한다.

A delay <u>happened to</u> occur the other day. The management level should figure out what causes the delay. They will carry out an investigation. I am sure that they will focus only on it for the time being.

3 놀라움

나는 공부 중에 짧게 휴식을 가지는 중에 우연히 친구로부터 온 메일을 확인했다. 그것은 충격적인 것이었다. 메일을 확인하고 난 후, 나는 계속해서 공부할 수 없었다.

I was taking a short break from studying and <u>happened to</u> check out an email from my friend. It was something shocking. After checking the email, I couldn't keep on studying.

4 교통사고

나는 우연히 차 사고를 봤다. 그 날 이후, 나는 운전하는 것이 두렵다. 나는 차를 안전하게 운전하기로 결심했다. 나는 장거리 운전을 할 때 언제나 휴식하려고 노력한다.

I <u>happened to</u> see a car accident. After that day, I am scared to drive a car. I've made a decision to drive safely. I always try to take a break when I drive a long distance.

5 상처

그 소녀는 우연히 그녀의 손가락을 베었다. 나는 그녀가 반창고를 붙일 필요가 있다고 생각한다. 왜냐면 계속해서 피가 나기 때문이다. 너는 반창고 가지고 있니? 이러한 상황에선 주로 너는 무엇을 하니?

The girl <u>happened to</u> cut her finger. I think she needs to put a Band-Aid because it keeps on bleeding. Do you have one? What do you usually do in this kind of situation?

발칙한 영어로 유창하게 말하자 **표현확장 편**

6

친구

편의점에는 많은 사람들이 있었다. 나는 내 친구를 우연히 만났다. 그와 나는 다시 연락하기로 결심했다. 나는 그가 약간도 변하지 않았다고 생각한다.

There were a lot of people in the convenience store. I <u>happened to</u> meet my friend there. He and I made a decision to keep in touch again. I think he hasn't changed a bit.

7

귀가

파티에서 언제 돌아왔니? 나는 어제 우연히 거실에서 잠들었어. 나는 어젯밤에 아무것도 하지 않았어. 거기에서 재미있었니?

When did you come back from the party? I <u>happened to</u> fall asleep in the living room. I didn't hear anything last night. Did you have a lot of fun there?

발칙한 영어로 유창하게 말하자 | 표현확장 편

Chapter 16

take place

발칙한 영어로 유창하게 말하자  표현확장 편

책 속의 강의

place가 자꾸 palace로 보여 걱정이다. 이제 슬슬 시력을 신경 쓸 나이가 되었다. 안경을 쓰고 원고를 쓰는 한이 있어도 이 책은 반드시 무지 좋은 영어 교과서로 만들겠다는 의지가 언제나 불끈불끈 솟는다.

- 전 단원에서 배운 happen과 이번의 take place는 의미가 유사하다. '일어나다', '발생하다'의 의미여서 그렇다. 그러나 차이점이 심오하다. happen은 전쟁, 사고처럼 우연히, 의도찮게 일어난 일, take place는 행사, 만남 등 주체가 계획한 일이 일어난 경우다. 그러므로 'Something terrible happened.'는 많이 쓰이지만, 'Something terrible took place.'라 하면 범죄자가 연상되어 뭔가 오싹하게 만드는 느낌이 있다.

- take place의 또 하나 중요한 포인트는 이가 자동사라는 데에 있다. 그간의 설명으로 감을 잡고 계시리라 (맛있겠다) 보지만, 뭐 아무리 설명해도 지나치지 않으니깐. 자동사는 뒤에 목적어가 오지 않아도 꿋꿋하게 먹고사는 들장미 소녀 캔디다. go, come, sit, get up… 이런 친구들이다. love나 eat저럼 뒤에 목적어가 나오지 않으면 의미기 없는 외타적인 타동사 애들하고는 비교 불가 자존심을 가지고 있다.

- take place도 그런 자동사다. 'A soccer game took place.'는 나무랄 데 없는 아주 좋은 문장이지만, 'We took place a soccer game.'은 나무랄 데 많은 아주 마추비추 문장이다. 자동사라서 뒤에 명사가 목적어로 오면 아니 아니 아니 되오다. 대신 전치사를 동반한 부사구들은 언제나 오케이다.

It takes place in the morning. (그것은 아침에 일어난다)
It took place at the park. (그것은 그 공원에서 개최되었다)

- 지금은 2016년 가을이라 리우올림픽이 막 끝난 즈음이다. The Olympic games took place in Brazil in 2016. 양궁이 제일 재미있었다.

Warming-Up

이 페이지는 이 단원에 훈련할 어휘와 단어를 미리 익히는 시간이다. 현대 사회의 일상에서 쓰는 단어를 모아 각 단원의 패턴들과 결합, 가장 사용도 높은 예문들을 구성하려고 한다. 다음 단/숙어들이 영어로 1초 내에 입으로 튀어나올 때까지 맹 연습하고 다음 페이지로 넘어가자.

■ 자체점검!
☐ 아주조금!
☑ 반정도는!
☐ 기본이지!

정전	blackout
계획	plan
홍보활동	promotion
결혼식	wedding
예행연습	rehearsal
아무것도	nothing
캠페인	campaign
사고	accident
협상	negotiation
협력	cooperation

발칙한 영어로 유창하게 말하자 **표현확장 편**

Jump-In

여러분을 동시통역의 첫 단계로 초대한다. 실력이 향상되려면, 답이 궁금하고 확신이 없어도 절대 다음 페이지의 정답을 기웃거리지 마시라. 눈으로 영문을 보는 순간 입 영어 실력은 급감한다. 다음 국어 문장을 더듬더듬 만들어보자. 한 문장당 쉼이 두 번 이상 일어나면 다시 시도해 보자.

- 자체점검!
- 아주조금!
- 반정도는!
- 기본이지!

1. 그 결혼식은 5월 말에 열릴 것이다.
2. 그 끔찍한 사고는 월요일 아침에 발생했다.
3. 안전을 확보하기 위해 다른 부서들과의 협력은 항상 발생한다.
4. 이 홍보활동은 모든 주요 도시에서 6월 20일부터 26일까지 열릴 것이다.
5. 예행연습은 실전을 대비하기 위해 아침에 열릴 것이다.
6. 협상은 회사 본사에서 11월 말에 발생할 예정이다.
7. 일회용품 사용을 줄이기 위해 친환경 캠페인이 열렸다.
8. 정전은 햇볕이 가장 강한 오후에 일어났다.
9. 그 도시의 교통 상황을 개선하기 위한 아무것도 발생하지 않았다.
10. 이 지원 계획들은 그것이 가장 필요한 곳에서 발생할 예정이다.

Check-Up

전 페이지에서 연습한 답을 체크하며 공부하자. 영어에 박학다식해지는 페이지이다. 필자는 영어 발음을 한국어로 표기해 비난을 사기도 한다. 그러나 영어를 읽을 수 있는 우리는 그 발음 따라 읽는다 해도 영어 실력이 줄지 않는다. 외려 우리가 발음 개선을 위해 지향할 것은 정확한 소리지, 영어에 근접도 못 하는 일본식 발음이 아니잖은가? 같은 소리, 빠른 속도가 생성될 때까지 맹훈련하시라!

1. 그 결혼식은 5월 말에 열릴 것이다.

The wedding will <u>take place</u> at the end of May.

'th더웨딩위을테익플레이쌧th디엔딥f 매이'

at the end of에서 end 대신 beginning을 사용하면 5월 초가 된다.

2. 그 끔찍한 사고는 월요일 아침에 발생했다.

The terrible accident <u>took place</u> on Monday morning.

'th더테러버을액씨던툭플레이쏜먼데이몰닝'

on은 요일과 날짜, in은 월과 년도 그리고 계절을 표현할 때 사용하는 전치사다.

3. 안전을 확보하기 위해 다른 부서들과의 협력은 항상 발생한다.

Cooperation with other departments always <u>takes place</u> to ensure safety.

'쿠어퍼뤠이션윗th 아th덜디팔먼츠어웨이스테익스플레이스투인슈얼쎄이f프티'

cooperation은 '쿠어퍼뤠이션', corporation(회사, 큰 기업)은 '코퍼뤠이션' 발음 차이에 유의하자.

발칙한 영어로 유창하게 말하자 표현확장 편

4. 이 홍보활동은 모든 주요 도시에서 6월 20일부터 26일까지 열릴 것이다.

This promotion will take place in every major city from June 20 to 26.

'th디쓰프로모션위을테익플레이쓴에v브뤼메이절씨리f프뤔준투웨니투트투웨니씩ㅅ'
from A to B는 A에서 B까지! 하나 이상 열거하고 싶다면 from A to B to C도 가능하다.

5. 예행연습은 실전을 대비하기 위해 아침에 열릴 것이다.

Rehearsals will take place in the morning to prepare for the actual event.

'뤼헐썰쉴테익플레이신th더몰닝투펄페이f폴th디액츄얼이v벤ㅌ'
prepare는 get ready for, make ready for 등과 바꿔 사용할 수 있다.

6. 협상은 회사 본사에서 11월 말에 발생할 예정이다.

The negotiation will take place at the company's headquarter in November.

'th더네고씨에이션위을테익플레이쌘th더컴뻐니쓰헨쿼럴인노v벰v벌' 회의에서 자주 보이는 negotiate의 명사형은 negotiation, 인물은 negotiator는 이제 상식이신가?

7. 일회용품 사용을 줄이기 위해 친환경 캠페인이 열렸다.

An eco-friendly campaign took place to reduce the use of disposable items.

'언이코f프뤤들리캠페인툭플레이쓰투뤼듀쓰th디유섭디쓰포저버을아이템ㅅ'
접미사 friendly 앞에 명사들을 붙이면 다음과 같이 다양한 형용사로 만들 수 있다.
user-friendly(사용하기 쉬운), reader-friendly(독자가 읽기 쉬운).

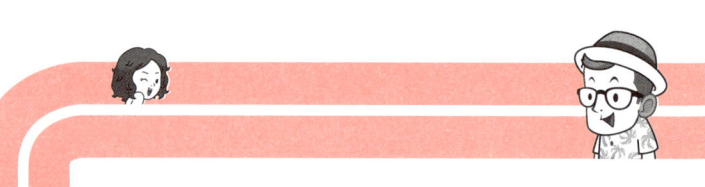
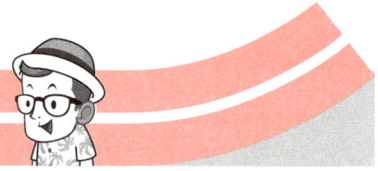

8. 정전은 햇볕이 가장 강한 오후에 일어났다.

A blackout <u>took place</u> in the afternoon when the sun in the hottest.

'어블랙까웃툭플레씬th디애f프털눈웬th더썬이스th하리스트' black out이라고 사용하면 동사로써 '술 먹고 필름이 끊기다'의 의미도 있다.

9. 그 도시의 교통 상황을 개선하기 위한 아무것도 발생하지 않았다.

Nothing <u>took place</u> to improve the traffic situation of the city.

'나th띵툭플레이쓰투임프룹th더트뤠f픽씨츄에이션업th더씨리' 교통 체증은 traffic jam, traffic congestion을 사용하는 것이 정확하나 traffic만으로도 표현하기도 한다.

10. 이 지원 계획들은 그것이 가장 필요한 곳에서 발생할 예정이다.

These support programs will <u>take place</u> where they are most needed.

'th디즈써폴프로그램스위을테익플레이쓰웨얼th데이얼모스트니릿'
동사 support 역시 '부양하다, 지지하다, 뒷받침하다, 응원하다' 등 많은 뜻이 있다.

Pile-Up

pileup_16.mp3

발칙한 영어로 유창하게 말하자 『표현확장 편』

누적훈련 없이 실력향상 없다!
선행학습 교재 『발칙한 영어로 진짜쉽게 말하자 – 기본패턴 편』 전체 분량과 본 권 『발칙한 영어로 유창하게 말하자 – 표현확장 편』의 누적 학습한 내용까지의 콜라보레이션 동시통역 트레이닝!
다음 문장을 영어로 바꾸시라. 문제당 쉼이 세 번 이상이면 다시! 될 때까지 노력!

1
지진

강한 지진이 3주 전에 발생했다. 뉴스에 따르면, 수천 명의 부상자가 있었다. 그것은 정말 심각하고 위험한 것이다. 많은 사람들을 계속 생존자들을 찾았다.

A strong earthquake <u>took place</u> three weeks ago. According to news reports, there were thousands of injuries. It was something really severe and dangerous. Many people kept on finding survivors.

2
축제

축제는 7월 1일부터 8월 20일까지 개최될 것이다. 나는 물론 그 축제를 준비해서 기쁘다. 나를 포함한 사람들은 우리가 준비해야 하는 것에 집중한다. 우리는 실수 없이 우리의 임무와 업무들을 실행할 것이다.

The festival will <u>take place</u> from July 1st to August 20th. I am pleased to prepare for this festival for sure. People including myself focus on what we have to get ready. We will carry out our missions and tasks without mistakes.

3 졸업식

나는 일자리 부족을 생각하며 토하고 싶다. 나는 또한 내가 다음 단계로 움직일 준비가 안 되었다고 생각한다. 그러나 내일 졸업식이 개최될 것이다. 너는 대학을 졸업할 때 기분이 어땠니?

I feel like throwing up at the thought of the current job shortage. I also think I am not ready to move onto the next level. But my graduation ceremony will <u>take place</u> tomorrow. How did you feel when you graduated from your college?

4 시식

나는 이 음식 시식회에 참여하게 되어 정말 행복했다. 그것은 신제품을 홍보하기 위해 개최되었다. 모든 나라로부터 많은 사람들이 있었다. 나는 총괄책임자가 이 행사를 위해 정말 열중했다고 들었다.

I was really happy to attend this food tasting event. It <u>took place</u> to promote brand-new products. There were tons of people from every country. I heard that the master planner worked really hard on this event.

5 학회

세계적으로 명성이 있는 학회가 내년에 서울에서 개최될 것이다. 너는 그것에 참여하고 싶니? 너는 이런 종류의 주제에 관심이 있니? 그러면, 미리 등록하는 게 어때? 그것은 참석할 만한 가치가 있는 것이다.

A World-renowned conference will <u>take place</u> in Seoul next year. Do you want to participate in it? Are you interested in this kind of topic? Then, how about registering for it in advance? It is something worth attending.

6 웨딩드레스

나는 요즘 아름다운 웨딩드레스 사진들을 보는 것을 즐긴다. 왜냐하면, 나는 6개월 후에 남자친구와 결혼할 예정이기 때문이다. 결혼식은 야외에서 개최될 것이다. 너는 어떤 스타일을 추천하니? 너는 내가 완벽한 드레스를 고르는 것을 도와줄 수 있니?

I enjoy looking at pictures of beautiful wedding dresses these days because I am planning to get married to my boyfriend in 6 months. The wedding ceremony will **take place** outdoors. Which style do you recommend? Can you help me choose the perfect dress?

7 콘서트

너는 콘서트 가는 것을 좋아하니? 나는 스트레스 받았기 때문에 콘서트에 가고 싶어. 내가 제일 좋아하는 가수의 콘서트가 우리 동네 근처 종합경기장에서 열릴 것이다. 이번 주말에 바쁘니? 나랑 거기에 가서 좋은 시간을 보낼 수 있니?

Do you like to go to concerts? I'd like to go to a concert because I am stressed out. My favorite singer's concert will **take place** at a sports stadium near my neighborhood. Are you busy this weekend? Can you go there and have a great time with me?

발칙한 영어로 유창하게 말하자 | 표현확장 편

Chapter 17

have fun

발칙한 영어로 유창하게 말하자  표현확장 편

책 속의 강의

fun은 한국에서 고생을 많이 하는 단어다. 미국에서는 애용 빈도 최고치를 유지함에도 불구하고 우린 잘 알고 사용하는 사람들이 별로 없다. 이게 다 fun과 브라더인 funny 때문이다.

■ 어제저녁 식사 잘하고 이야기도 잘 맞아 꽤나 만족스러운 데이트를 즐긴 커플이 있다 치자. 남자가 다음 날 전화를 걸어 말한다. We had a funny time last night. 그래서 화가 머리끝까지 난 여자는 전화를 끊고 잠수를 탄다. 삑사리 난 영어 때문에 여자는 날아갔다. 사랑이 무슨 죄냐? 짧은 영어가 죄다.

■ fun과 funny의 차이는 첫째, fun은 명사로도 형용사로도 쓰이고 funny는 단지 형용사일 뿐이다라는 점이다. 우리가 이 단원에서 배울 have fun은 명사다. 그러나 더 중요한 것은 앞에서 언급했듯이 두 단어의 미묘한 의미 차이다.

■ 둘째, 형용사로서의 fun은 '즐거운'이고 funny는 '웃긴'이다. 물론 즐거우면 웃음도 나오고 많이 웃으면 즐거운 거겠지. 그러나 funny의 '웃긴'은 조롱 섞인 뉘앙스가 있어 문제다. TV에서 웃긴 개그맨은 분명 funny 한 것이 맞다. 그렇지만, 실소를 금할 수 없는 비리 정치가의 변명도 funny 하고, 매너 없이 술 먹고 소리 지르는 옆집 집구석도 funny 하다. 헷갈림 방지책으로 문제를 내겠다.

■ 'The computer game was very funny.'라는 의미가 무엇이겠는가? '그 컴퓨터 게임은 재미있었다'이다. 그러나 그 게임을 하며 즐거운 시간을 가졌다는 의미가 전혀 아니다. '그 게임은 매우 이상했다(어이없었다)'의 뜻이다. 'This ice cream tastes funny.'도 마찬가지다. 아이스크림을 먹어서 즐겁고 재미있다가 아니라 맛이 드럽게 없다는 뉘앙스다.

■ have fun은 언제 어디서나 영어로 말할 때 좋은 결말을 내는 데 도움이 큰 이디엄이다. 즐거운 일만이 가득한 우리 인생이니까 말씀이다. ^^

177

Warming-Up

이 페이지는 이 단원에 훈련할 어휘와 단어를 미리 익히는 시간이다. 현대 사회의 일상에서 쓰는 단어를 모아 각 단원의 패턴들과 결합, 가장 사용도 높은 예문들을 구성하려고 한다. 다음 단/숙어들이 영어로 1초 내에 입으로 튀어나올 때까지 맹연습하고 다음 페이지로 넘어가자.

- 자체점검!
- 아주조금!
- 반정도는!
- 기본이지!

놀다	play
그들이 현재 하고 있는 일	what they are currently doing
교감하다	interact
줍다	pick
배우다	learn
보다	watch
네가 원하든 아니든	whether you want to or not
어울리다	hang out
눈싸움 하다	have a snowball fight
체육수업	physical education class

발칙한 영어로 유창하게 말하자 **표현확장 편**

Jump-In

여러분을 동시통역의 첫 단계로 초대한다. 실력이 향상되려면, 답이 궁금하고 확신이 없어도 절대 다음 페이지의 정답을 기웃거리지 마시라. 눈으로 영문을 보는 순간 입 영어 실력은 급감한다. 다음 국어 문장을 더듬더듬 만들어보자. 한 문장당 쉼이 두 번 이상 일어나면 다시 시도해 보자.

■ 자체점검!
◎ 아주조금!
◯ 반정도는!
◯ 기본이지!

1. 학창 시절에 나는 항상 체육수업에서 즐겁게 보냈다.
2. 아이들은 대개 놀이공원에서 퍼레이드를 보며 정말 재미있게 보낸다.
3. 너는 야구 경기장에서 네가 원하든 아니든 재미있을 것이다.
4. 나는 이번 주말에 해변에서 조개 껍데기를 주우며 재미있게 보낼 것이다.
5. 그녀는 무대에서 많은 사람들과 교감하며 재미있게 보낸다.
6. 많은 학생들은 컴퓨터를 이용함으로써 배움에 재미를 느낀다.
7. 그는 겨울에 그의 친구들과 눈싸움을 하며 재미있게 보낸다.
8. 그들은 어제 이 신제품을 가지고 놀면서 재미있게 시간을 보냈다.
9. 그는 그의 오랜 친구들과 파티에서 어울리면서 크게 재미있게 보냈다.
10. 그들은 다행히도 그들이 현재 하고 있는 일을 재미있게 하고 있다.

Check-Up

전 페이지에서 연습한 답을 체크하며 공부하자. 영어에 박학다식해지는 페이지이다. 필자는 영어 발음을 한국어로 표기해 비난을 사기도 한다. 그러나 영어를 읽을 수 있는 우리는 그 발음 따라 읽는다 해도 영어 실력이 줄지 않는다. 외려 우리가 발음 개선을 위해 지향할 것은 정확한 소리지, 영어에 근접도 못 하는 일본식 발음이 아니잖은가? 같은 소리, 빠른 속도가 생성될 때까지 맹훈련하시라!

1. 학창 시절에 나는 항상 체육수업에서 즐겁게 보냈다.

I always <u>had fun</u> in physical education class in my school days.

'아이어웨이스햅f펀앤f피지컬에쥬케이션클래쓴마이스꾸을데이스'

전치사 for와 during은 같은 의미이나 for은 주로 계수가 포함된 기간이, during은 시작과 종료가 명확한 기간이 온다.

2. 아이들은 대개 놀이공원에서 퍼레이드를 보며 정말 재미있게 보낸다.

Children usually <u>have</u> a lot of <u>fun</u> watching the parade in the amusement park.

'췰드뤈유쥬어을리해v버을랏업f펀윗췽th더퍼뤠읻인th디어뮤스먼팔ㅋ'

amusement park의 동의어는 theme park. theme은 'th띰'이라고 발음한다.

3. 너는 야구 경기장에서 네가 원하든 아니든 재미있을 것이다.

You will <u>have fun</u> at the baseball park whether you want to or not.

'유위을햅f펀앳th더베이쓰보을팔ㅋ웨th덜유원투오얼넛'

whether는 종종 뒤에 or not과 사용되며, ~인지 아닌지로 해석한다.

발칙한 영어로 유창하게 말하자 **표현확장 편**

4. 나는 이번 주말에 해변에서 조개 껍데기를 주우며 재미있게 보낼 것이다.

I will <u>have fun</u> picking up shells at the beach this weekend.

'아이위을햅f펀픽낑업쉘쌘th더비취th디쓰위켄' pick up 같은 이어동사들은 대명사가 목적어일 때 동사 + 목적어 + 부사 순서로 오는 이어동사라 한다.

5. 그녀는 무대에서 많은 사람들과 교감하며 재미있게 보낸다.

She <u>has fun</u> interacting with lots of people on the stage.

'쉬해스f펀인털액팅윗th 라츠업f 피쁘을온th더스테이쥐' international, interact 속 접두사 inter는 '~사이의'라는 의미를 가지며 international, intercontinental 등이 예다.

6. 많은 학생들은 컴퓨터를 이용함으로써 배움에 재미를 느낀다.

A lot of students <u>have fun</u> leaning by using computers.

'어을랏업스퓨던츠햅f펀러을닝바이유징th컴퓨럴스' by ~ing는 '~함으로써', on ~ing는 '~하자마자', in ~ing는 '~하면서, ~하는 동안에'로 해석한다.

7. 그는 겨울에 그의 친구들과 눈싸움을 하며 재미있게 보낸다.

He <u>has fun</u> having snowball fights with his friends in winter.

'히해스f펀해v빙어스노우보을f파잇칙th디스f프뤤진윈털' 한국인들이 응원할 때 쓰는 fighting은 콩글리시! 'Cheer up, way to go!'가 좋은 표현이다.

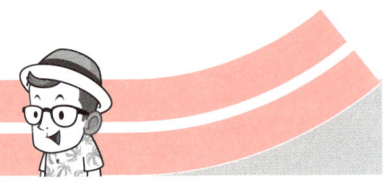

8. 그들은 어제 이 신제품을 가지고 놀면서 재미있게 시간을 보냈다.

They had a lot of fun playing with this brand-new item yesterday.

'th데이헤러을랏업f펀플레잉윗th th디쓰브뤤뉴아이템예스털데이'
old-fashioned, out of date는 brand-new의 반의어다.

9. 그는 그의 오랜 친구들과 파티에서 어울리면서 크게 재미있게 보냈다.

He had great fun hanging out with his old friends at the party.

'히핸그뤠잇f펀행잉아웃윗th 히스오을f프뤤스앳th더파뤼'
성인들끼리 '놀다'라는 말을 하고 싶으면 play가 아니라 hang out을 쓰자! play는 soccer, baseball 등의 구기종목이나 piano, violin같은 악기에만.

10. 그들은 다행히도 그들이 현재 하고 있는 일을 재미있게 하고 있다.

Luckily, they are having fun with what they are currently doing.

'럭끌리,th데이얼해v빙f펀윗th 왓th데이얼커뤤을리두잉'
luckily! 발음 연습이 필수적인 단어다. '러킬리' 아니고 '럭끌리'!

발칙한 영어로 유창하게 말하자 **표현확장 편**

Pile-Up

누적훈련 없이 실력향상 없다!
선행학습 교재 『발칙한 영어로 진짜쉽게 말하자 – 기본패턴 편』 전체 분량과 본 권 『발칙한 영어로 유창하게 말하자 – 표현확장 편』의 누적 학습한 내용까지의 콜라보레이션 동시통역 트레이닝!
다음 문장을 영어로 바꾸시라. 문제당 쉼이 세 번 이상이면 다시! 될 때까지 노력!

1
커피

나는 지난밤에 정말 재미있게 보냈다. 지금 나는 간절히 커피 마시기를 원한다. 커피가 없으면 나는 내가 지금 해야 하는 것에 집중할 수 없다. 커피 좀 사다 줄 수 있니?

I <u>had</u> so much <u>fun</u> last night. Right now, I feel like having coffee so badly. Without coffee, I can't focus on what I should do right now. Can you get me some coffee?

2
응원

그는 그 회의에서 즐거웠다. 나는 그가 이것에 정말 열중하고 있다는 것을 안다. 그는 이 연설을 성공적으로 실행할 것이다. 나는 이것에 그가 들인 모든 노력이 자랑스럽다.

He <u>had fun</u> at the meeting. I know that he is working really hard on this. He will carry out his speech successfully. I am proud of all the efforts he is putting into this.

3

기술

컴퓨터 덕분에, 학생들은 배우는 것을 재미있게 할 수 있다. 그들은 공부에 더 잘 집중할 수 있다. 나는 다양한 재료들을 가지고 학생들을 가르쳐서 행복하다. 그들은 더 이상 공부를 포기하지 않을 것이다.

Thanks to the computers, students can have fun learning things. They can focus better on their studies. I am happy to teach students with various materials. They will no longer give up studying.

4

수영

나는 여름에 수영하는 것을 즐겨. 나는 야외 수영장에서 수영하며 재미있게 보낸다. 언제나 그곳엔 많은 사람들이 있다. 너는 수영하는 것을 좋아하니? 이번 주에 그곳에 가는 게 어때?

I enjoy swimming in the summer. I have fun swimming at an outdoor swimming pool nearby. There are a lot of people there all the time. Do you like to swim? How about going there this week?

5

연애

그는 그의 여자친구와 이야기하느라 재미있게 보낸다. 그는 절대 다른 사람들의 말을 듣지 않는다. 나는 이것이 그에게 일어나는 것을 믿을 수 없다. 너는 그가 그녀와 결혼할 것이라고 생각하니?

He has so much fun talking to his girlfriend. He never listens to what others say. I can't believe this is happening to him. Do you think he will marry her?

6 재능

너는 나에게 무엇을 기대하니? 나는 내가 좋아하는 것을 하는데 재미있게 보낸다. 나는 내가 좋아하고 잘하는 것에 집중한다. 좋은 결과는 재능에 달려있는 것이 아니다. 그것들은 의지와 태도에 달려있다.

What do you expect from me? I <u>have fun</u> doing what I like. I focus on what I like and am good at. Good results don't depend on one's talent. They depend on one's will and attitude.

7 봉사

모두 어린이들을 돕느라 재미있게 보낸다. 사람들은 아이들을 위한 다양한 행사들에 열중한다. 나는 그들이 웃는 것을 봐서 행복하다. 그것은 정말 보람찬 것이다.

Everybody <u>has</u> so much <u>fun</u> helping children. People are working on various events for children. I am happy to see them smiling. It is something really fruitful.

발칙한 영어로 유창하게 말하자 | 표현확장 편

Chapter 18

make a call

책 속의 강의

■ 내 손에 들고 있는 스마트폰은 더 이상 통화만을 위한 기기가 아닌 지 오래되었다. 나이가 들어가는 필자는 아직도 이 기기를 전화를 하고(make calls), 전화를 받고(receive calls), 문자를 주고받는(text messages) 단순한 기능을 애호하는 인간이지만, 요즘 모든 사람들은 이 한 주먹만 한 물건으로 세상과 교류하고(talk to the world) 인생을 즐긴다(enjoy their lives).

■ 전화기라는 물건이 Bell이라는 분에 의해 발명되어 약 50년간 인간과 인간의 거리를 좁혀 놓았다. 전화 문화가 발전하다 보니 배워야 할 영어도 많아졌다. make a call(전화 걸다), pick up the phone(전화받다), hang up the phone(전화 끊다), 심지어는 put him through(그분 연결해 줘)이라는 비즈니스 영어도 암기해야 했다. 그러나 스마트폰이 불현듯 등장하사 이 영어문장들을 무용지물로 만들었다.

■ 그 와중에 하나 살아남은 그 기적의 문장 Make a call! 이 단원의 주인공이시다. make a call 다음에 to를 넣으면 명사도 나오고 동사도 나올 수 있다. 명사의 경우는 주로 대화 상대고, 동사인 경우는 전화 건 목적이나 이유가 온다.

■ 특히, make a call to 다음에 사람이 오는 경우에 혼돈이 일어난다. '슨상님, call me가 맞아요, call to me가 맞아요? call me baby라는 영어를 EXO(이분들 모르면 당신은 아재) 우리에게 가르쳐 주셨는데, 종교적인 혼란이 옵니다.'라 묻는 아이돌 여성 광팬들이 있기 때문이다.

■ Make a call에서의 call은 명사다. 다음에 대화 상대 또한 명사다. 명사와 명사 사이에는 전치사가 들어가야 한다. coffee of my friend. the road to Seoul. 반면에, call me의 call은 동사다. 그것도 타동사다. 그러니 다음에 전치사 도움 없이 목적어가 되는 명사가 오지.

■ 'Make a call to see her.', 'Make a call to ask a question.'처럼 to 다음에 동사가 오면 전화를 건 목적과 이유가 밝혀진다.

Warming-Up

이 페이지는 이 단원에 훈련할 어휘와 단어를 미리 익히는 시간이다. 현대 사회의 일상에서 쓰는 단어를 모아 각 단원의 패턴들과 결합, 가장 사용도 높은 예문들을 구성하려고 한다. 다음 단/숙어들이 영어로 1초 내에 입으로 튀어나올 때까지 맹연습하고 다음 페이지로 넘어가자.

자체점검!
아주조금!
반정도는!
기본이지!

그에게 프로젝트를 언제까지 해야 하는지 상기시키다	remind him when the project is due
빌리다	borrow
신속한	quick
의견을 구하다	seek the opinion
중요한	important
고객	customer
그들의 서비스가 얼마나 끔찍한지 불평하다	complain how horrible their service is
예약하다	make a reservation
부모님	parents
그녀가 목격한 것을 신고하다	report what she witnessed

발칙한 영어로 유창하게 말하자 **표현확장 편**

Jump-In

여러분을 동시통역의 첫 단계로 초대한다. 실력이 향상되려면, 답이 궁금하고 확신이 없어도 절대 다음 페이지의 정답을 기웃거리지 마시라. 눈으로 영문을 보는 순간 입 영어 실력은 급감한다. 다음 국어 문장을 더듬더듬 만들어보자. 한 문장당 쉼이 두 번 이상 일어나면 다시 시도해 보자.

■ 자체점검!
☑ 아주조금!
☐ 반정도는!
☐ 기본이지!

1. 그는 집에 안전하게 집에 도착하자마자 그의 부모님에게 전화했다.

2. 그녀는 매니저에게 신속하게 전화할 것이다.

3. 나는 회의와 관련해서 회사에 중요한 전화를 걸어야 한다.

4. 나는 책을 빌리기 위해 그녀에게 전화를 했다.

5. 영업사원이 할인 정책에 대해 고객들에게 전화할 예정이다.

6. 나는 경험이 많은 전문가의 의견을 구하기 위해 전화를 할 것이다.

7. 그녀는 호텔 방을 예약하기 위해 여러 호텔로 전화를 했다.

8. 그녀는 그들의 서비스가 얼마나 끔찍한지 불평하려고 전화를 건다.

9. 조수는 그에게 프로젝트를 언제까지 해야 하는지를 상기시키기 위해 전화를 걸 예정이다.

10. 그녀는 그녀가 목격한 것을 신고하기 위해 경찰에게 전화를 했다.

Check-Up

전 페이지에서 연습한 답을 체크하며 공부하자. 영어에 박학다식해지는 페이지이다. 필자는 영어 발음을 한국어로 표기해 비난을 사기도 한다. 그러나 영어를 읽을 수 있는 우리는 그 발음 따라 읽는다 해도 영어 실력이 줄지 않는다. 외려 우리가 발음 개선을 위해 지향할 것은 정확한 소리지, 영어에 근접도 못 하는 일본식 발음이 아니잖은가? 같은 소리, 빠른 속도가 생성될 때까지 맹훈련하시라!

1. 그는 집에 안전하게 집에 도착하자마자 그의 부모님에게 전화했다.

He <u>made a call</u> to his parents as soon as he got home safely.

'히매이러커올투히스패어뤈츠애쑨애즈히갓홈세이f프을리' 'As soon as 주어 동사' 구문은 'the moment 주어 동사', 'on 동명사' 형식으로 바꿔 사용할 수 있다.

2. 그녀는 매니저에게 신속하게 전화할 것이다.

She will <u>make a</u> quick <u>call</u> to her manager

'쉬위을매이꺼퀵커올투헐매니절'
quick 대신 urgent(긴급한)를 사용해도 좋다. quick은 짧게의 의미이기도 하다.

3. 나는 회의와 관련해서 회사에 중요한 전화를 걸어야 한다.

I should <u>make an</u> important <u>call</u> to my company regarding the meeting.

'아이슏매이껀임폴턴커올투마이컴뻐니뤼갈딩th더미링'
regarding, concerning, with respect to를 about 대신 사용하자.

4. 나는 책을 빌리기 위해 그녀에게 전화를 했다.

I <u>made a call</u> to her to borrow a book.

'아이메이러코올투헐투바로우어부윽' rent는 어떤 것을 사용하는 대신 돈을 지불하는 것을, borrow 돈을 내지 않고 다른 사람의 것을 사용하는 경우에 사용한다.

5. 영업사원이 할인 정책에 대해 고객들에게 전화할 예정이다.

Sales representatives will <u>make a call</u> to the customers to explain their discount policies.

'쎄일즈풰프리젠터듭v스윌메이꺼콜투커스터멀쓰투익쓰플레인th데얼디쓰카운펄러씨스' 'Explain me.'보다는 'Explain this situation to me.'가 좋은 표현이다.

6. 나는 경험이 많은 전문가의 의견을 구하기 위해 전화를 할 것이다.

I will <u>make a call</u> to seek the opinion of an experienced expert.

'아이윌메이꺼코올투씩th디오피니언업f 언익스피어륀스트엑스펄ㅌ' experienced는 experience의 과거형도 되지만 '능숙한, 경험이 풍부한'이라는 형용사형 분사다.

7. 그녀는 호텔 방을 예약하기 위해 여러 호텔로 전화를 했다.

She <u>made a call</u> to several hotels to make a reservation for a room.

'쉬메이러키올투쎄v브뤨호테울스투메이꺼뤠절v베이션f풀어룸'
'예약하다'는 make a reservation, reserve, book 3가지로 표현 가능하다.

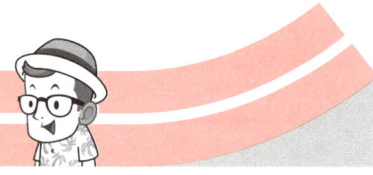

8. 그녀는 그들의 서비스가 얼마나 끔찍한지 불평하려고 전화를 건다.

She <u>makes a call</u> to complain how horrible their service is.

'쉬메익써코올투컴플레인하우호러블th데얼썰v비스이즈'

complain과 함께 grumble(투덜거리다), whine(칭얼대다)도 같이 외워두자.

9. 조수는 그에게 프로젝트를 언제까지 해야 하는지를 상기시키기 위해 전화를 걸 예정이다.

The assistant will <u>make a call</u> to remind him when the project is due.

'th디어씨스턴ㅌ위을매이꼬올투뤼마인힘웬th더프로젝이즈듀'

assistant는 비서, 보조. assistance는 도움. assist는 동사로 '돕다'의 의미.

10. 그녀는 그녀가 목격한 것을 신고하기 위해 경찰에게 전화를 했다.

She <u>made a call</u> to the police to report what she witnessed.

'쉬메이더코올투th더폴리쓰투뤼폴ㅌ왓쉬윗으니스ㄷ' 경찰관은 a policeman이고 경찰은 the police이다. 그리고 witness의 발음은 t 발음을 탈락한 '윗니ㅆ'이다.

Pile-Up

발칙한 영어로 유창하게 말하자 표현확장 편

piieup_18.mp3

누적훈련 없이 실력향상 없다!
선행학습 교재 『발칙한 영어로 진짜쉽게 말하자 – 기본패턴 편』 전체 분량과 본 권 『발칙한 영어로 유창하게 말하자 – 표현확장 편』의 누적 학습한 내용까지의 콜라보레이션 동시통역 트레이닝!
다음 문장을 영어로 바꾸시라. 문제당 쉼이 세 번 이상이면 다시! 될 때까지 노력!

1 호텔

나는 어딘가로 여행을 계획 중이다. 나는 나와 부모님을 위해 방을 예약할 필요가 있다. 그래서 나는 어제 호텔에 전화를 했다. 나는 많은 세미나들이 그 장소에서 열릴 예정이라 많은 방이 남아있지 않다고 들었다.

I am planning to travel somewhere. I need to book a room for my parents and me. So I <u>made a call</u> to a hotel yesterday. I heard that there are not many rooms left because many seminars will take place at the hotel.

2 전화 통화

나는 중요한 전화를 걸어야 한다. 그것은 오늘 오후 발표와 관련이 있는 것이다. 나는 다른 발표자와 협상해야 할 필요가 있다. 나는 전화상의 그 목소리를 귀를 기울여 들어야 한다. 너는 나를 위해 볼륨을 좀 낮춰 줄 수 있니?

I have to <u>make an</u> important <u>call</u>. It is something related to the presentation this afternoon. I need to negotiate with another presenter. I should listen carefully to the voice over the phone. Can you turn down the volume for me?

3
우연한 만남

그는 공원에서 조깅하다 우연히 그의 전 여자친구를 만났다. 그는 계속 그의 전 여자친구에 대한 생각을 했다. 그는 후회할 만한 결정을 했다. 오래 기다리다 그는 결국 그녀에게 전화를 걸었다.

He happened to meet his ex-girlfriend while jogging at the park. He kept on thinking about his ex-girlfriend. He made a regrettable decision. After a long wait, he finally <u>made a call</u> to her.

4
차 사고

끔찍한 차 사고가 있었다. 나는 일어난 일을 신고하기 위해 경찰서에 전화를 걸었다. 나는 그런 사고가 다시 일어날까 두려웠다. 나는 내가 운전할 때 조심해야 한다.

There was a terrible car accident. I <u>made a call</u> to the police to report what happened. I was afraid that this kind of accident would happen again. I should be careful when I drive.

5
동창회

2주 뒤에 동창회가 있을 예정이다. 그것은 학교에서 가장 큰 방에서 개최될 것이다. 담당자는 이 학교를 졸업한 모든 사람들에게 전화를 걸어야 한다. 나는 사람들이 거기에서 재미있게 보낼 것이라고 확신한다.

There will be a class reunion in two weeks. It will take place in the biggest room in the school. The person in charge should <u>make a call</u> to everyone who graduated from this school. I am sure that people will have fun there.

발칙한 영어로 유창하게 말하자 표현확장 편

6

바이러스

문제를 보고하기 위해 전화를 거는 중이다. 디자인은 모두 이 소프트웨어에 달려있다. 하지만, 나는 이 컴퓨터 속 몇 개의 프로그램이 바이러스에 감염되었다고 생각한다. 나는 이 사안을 가능한 한 빨리 해결하고 싶다. 여기 와서 살펴봐 줄 수 있니?

I am <u>making a call</u> to report a problem. The design all depends on this software. However, I think that some programs on this computer are infected by viruses. I'd like to address this issue as soon as possible. Can you come here and take a look at it?

7

불만

나는 내 옆 방이 얼마나 시끄러운지 불평하기 위해 프런트 데스크에 전화를 걸 것이다. 나는 오래 자고 싶지만 나는 전혀 잘 수 없다. 직원은 그곳에 왜 그렇게 시끄러운지 파악해야 한다.

I will <u>make a call</u> to the front desk to complain how noisy the room next door is. I want to sleep in but I can't sleep at all. The staff should figure out why it is so noisy in there.

발칙한 영어로 유창하게 말하자 | 표현확장 편

Chapter 19

take part in

책 속의 강의

내일 제주도에서 세미나(Seminar)가 있어서 서둘러 골프채를 챙기는 아버님들은 뭔가 단어 선택을 잘못했다 지적하고 싶다. 전문가들의 회의나 연구 모임은 워크숍(Workshop)이라 칭하고 거기에 골프 치고 문화생활을 즐기는 행사까지 곁들인다면 이것은 콘퍼런스(Conference)인 거다. 이 아버님은 '나 내일 제주도에 컨퍼런스가 있어서…'라 해야 옳았다.

■ Seminar는 주로 선생과 학생들 사이의 학회, 비즈니스에서는 전문 강사와 수강인들의 모습이 그려지고, 이와 비슷한 Forum의 경우에는 손석희의 100분 토론처럼 사회자가 존재하는 토론 모임이 되시겠다. 정리해서 회사나 학교에서 사용하면 더 좋겠다.

■ 위에서 말한 모임 외에도, 우리 사회인은 참여해야 할 시공간이 참 많다. 크고 작은 event(행사), group(모임), community(동아리), activity(활동), project(프로젝트)… 그러고 보면 참 우리들은 바쁘게도 산다.

■ 공동체에 열심히 참여해서 교류하고 경쟁하지 않으면 도태되는 사회다. 그래서 take part in (참여하다)이라는 이디엄을 중요하게 생각하고 사용하도록 하자. 비슷한 말로는 participate in이 있지만, 발음이 쪼까 어렵다. 더 쉽게 attend라는 뒤에 전치사 걱정 프리한 타동사도 좋겠…지만 너무 쉬워 좀 읊어보인다.

■ 다소 기계적인 해석이겠으나, 한 그룹에서 한 part를 take 했다는 것은 '한 역할을 했다'는 의미다. 단순히 출석했다는 의미만은 아니다. 대부분의 한국인은 영어 모임에서 적극적으로 part를 take 하지 않는다. 뒷자리에 앉아 듣는 것을 위주로 하고 의사표시하는 것을 주저한다. 언어 문제네, 교육 문제네…. 심오하게 들어가기도 싫다.

■ 영어를 잘하면 적극적으로 임하겠다고? 많은 경우가 적극적이지 않기 때문에 영어가 안 온다.

Warming-Up

이 페이지는 이 단원에 훈련할 어휘와 단어를 미리 익히는 시간이다. 현대 사회의 일상에서 쓰는 단어를 모아 각 단원의 패턴들과 결합, 가장 사용도 높은 예문들을 구성하려고 한다. 다음 단/숙어들이 영어로 1초 내에 입으로 튀어나올 때까지 맹 연습하고 다음 페이지로 넘어가자.

- 자체점검!
- 아주조금!
- 반정도는!
- 기본이지!

철인 3종 경기	triathlon
과정	process
그가 관심을 가지는 토론	debate that interests him
임상 실험	clinical trial
다양한 분야에 대해 다루는 오리엔테이션	Orientation that covers various fields
선거	election
질의응답 세션	question and answer session
쇼	show
그들이 소중한 것을 배울 수 있는 자원봉사 프로그램	volunteer programs where they can learn valuable things
경쟁	competition

발칙한 영어로 유창하게 말하자 표현확장 편

Jump-In

여러분을 동시통역의 첫 단계로 초대한다. 실력이 향상되려면, 답이 궁금하고 확신이 없어도 절대 다음 페이지의 정답을 기웃거리지 마시라. 눈으로 영문을 보는 순간 입 영어 실력은 급감한다. 다음 국어 문장을 더듬더듬 만들어보자. 한 문장당 쉼이 두 번 이상 일어나면 다시 시도해 보자.

- 자체점검!
- 아주조금!
- 반정도는!
- 기본이지!

1. 그는 그 쇼에 참가자들의 멘토로서 참여한다.

2. 그녀는 오랜 준비 끝에 철인 3종 경기에 참여했다.

3. 서울시의 전임 시장은 앞으로 대통령 선거에 참여할 것이다.

4. 그들은 몇 년 전에 임상 실험에 참여했다.

5. 놀랍게도 300명 이상의 사람들이 이 경쟁에 참여했다.

6. 다양한 분야에서의 교수들은 검토와 편집 과정에 참여할 것이다.

7. 모든 발표자는 발표가 끝난 후 질의응답 세션에 참여해야 한다.

8. 신입사원들은 다양한 분야에 대해 다루는 오리엔테이션에 참여할 것이다.

9. 그는 그가 관심을 가지는 토론에 적극적으로 참여하는 중이다.

10. 많은 젊은이들은 그들이 소중한 것을 배울 수 있는 자원봉사 프로그램에 참여한다.

Check-Up

전 페이지에서 연습한 답을 체크하며 공부하자. 영어에 박학다식해지는 페이지이다. 필자는 영어 발음을 한국어로 표기해 비난을 사기도 한다. 그러나 영어를 읽을 수 있는 우리는 그 발음 따라 읽는다 해도 영어 실력이 줄지 않는다. 외려 우리가 발음 개선을 위해 지향할 것은 정확한 소리지, 영어에 근접도 못 하는 일본식 발음이 아니잖은가? 같은 소리, 빠른 속도가 생성될 때까지 맹훈련하시라!

1. 그는 그 쇼에 참가자들의 멘토로서 참여한다.

He takes part in the show as a mentor of the contestants.

'히테익스팔인th더쇼우애서멘토올업th더컨테스텐ㅌ' mentor는 도움과 조언을 주는 사람을, mentee는 mentor에게서 도움과 조언을 받는 사람이다.

2. 그녀는 오랜 준비 끝에 철인 3종 경기에 참여했다.

She took part in a triathlon after a long time of preparation.

'쉬툭팔이너트라이애th쓸런애f터얼롱타임업f 펄퍼래이션' 철인 3종 경기 선수는 triathlete이라 하고, triangle처럼 tri로 시작되는 3개 의미를 담은 단어가 많다.

3. 서울시의 전임 시장은 앞으로 대통령 선거에 참여할 것이다.

The former mayor of Seoul will take part in a presidential election in years to come.

'th더f뤼멀메얼옵써울위을테익팔이너프레지덴셜일렉션인이얼스투컴'
in years to come에서 years 대신 days, weeks, months를 사용해도 동일한 의미이다.

4. 그들은 몇 년 전에 임상 실험에 참여했다.

They <u>took part in</u> a clinical trial a couple of years ago.

'th데이툭팔ㅌ이너클리니컬트롸이얼어커플업이얼스어고우'

couple은 집합 명사로 단수와 복수 동사 둘 다 사용이 가능하나, a couple of 명사에서는 동사를 복수형으로 이용해야 한다.

5. 놀랍게도 300명 이상의 사람들이 이 경쟁에 참여했다.

Surprisingly, more than 300 people <u>took part in</u> the competition.

'써프라이징리, 모얼th댄th쓰뤼헌드뤠ㄷ피쁘을툭팔ㅌ인th더컴퍼티션' more than은 ~이상, ~이하는 less than이라고 표현한다. 동의어로 over가 많이 사용된다.

6. 다양한 분야에서의 교수들은 검토와 편집 과정에 참여할 것이다.

Professors from various fields will <u>take part in</u> editing and reviewing process.

'프로f풰썰스f프롬v붸뤼우스f퓔즈위을테익팔ㅌ인에디팅앤뤼v뷰잉프뤄쎄스'

various는 a variety of와 같은 뜻을 가진다. many kinds of도 좋다.

7. 모든 발표자는 발표가 끝난 후 질의응답 세션에 참여해야 한다.

All speakers should <u>take part in</u> a question and answer session after their presentations.

'어을스뻭컬ㅅ슏테익팔ㅌ이너퀘스천앤썰쎄션애f털th데얼프레줸테이션스'

Q&A session은 Question and Answer session, FAQ는 Frequently Asked Questions (자주 묻는 질문들)의 약어이다.

8. 신입사원들은 다양한 분야에 대해 다루는 오리엔테이션에 참여할 것이다.

New employees will <u>take part in</u> an orientation that covers various fields.

'뉴임플로이스위을테익팔ㅌ이년오뤼엔테이션th댓커v벼ㄹ스v붸리어스f필즈' cover는 다양한 뜻을 가진 동사다. 여기서는 deal with, handle과 같은 '다루다'의 의미로 사용되었다.

9. 그는 그가 관심을 가지는 토론에 적극적으로 참여하는 중이다.

He is actively <u>taking part in</u> a debate that interests him.

'히이즈액티v블리테이킹팔ㅌ이너디배잇th맷인터뤠스츠힘' discussion은 자유롭게 하나의 결정을 위해 논의를 하는 것, debate는 일정한 규칙 내에 다른 의견 간의 논의다.

10. 많은 젊은이들은 그들이 소중한 것을 배울 수 있는 자원봉사 프로그램에 참여한다.

Many young people <u>take part in</u> volunteer programs where they can learn valuable things.

'매니영피쁘을테익팔ㅌ인v벌런티얼프뤄그램스웨얼th데이캔을런v벨류어버을th띵스' invaluable은 valuable의 반의어가 아니라 값을 매길 수 없을 정도로 '귀중한'이라는 의미를 지니므로 유의해야 한다.

발칙한 영어로 유창하게 말하자 **표현확장 편**

Pile-Up

pileup_19.mp3

누적훈련 없이 실력향상 없다!
선행학습 교재 『발칙한 영어로 진짜쉽게 말하자 – 기본패턴 편』 전체 분량과 본 권 『발칙한 영어로 유창하게 말하자 – 표현확장 편』의 누적 학습한 내용까지의 콜라보레이션 동시통역 트레이닝!
다음 문장을 영어로 바꾸시라. 문제당 쉼이 세 번 이상이면 다시! 될 때까지 노력!

1 면접

구직자로서, 나는 이 면접에 참여할 것이다. 나는 내가 해 온 것들이 자랑스럽다. 나는 내가 준비되었다고 생각한다. 나는 그곳에 시간을 맞춰 도착하는 것을 확실히 한다.

As a job seeker, I will <u>take part in</u> this interview. I am proud of what I have done. I think I am ready. I will be sure to be there on time.

2 공연

나는 다양한 공연들로 가득 찬 축제에 참여했다. 그 장소에는 거의 수천 명의 사람들이 있었다. 나는 그곳에서 우연히 친구를 만났다. 나는 그녀와 이야기하고 축제를 즐기며 재미있게 보냈다.

I <u>took part in</u> a festival that was full of various performances. There were thousands of people at the venue. I happened to meet my friend there. I had fun talking with her and enjoying the festival.

3

설문조사

너는 시간이 있니? 이 설문조사에 참여할 수 있니? 이것은 제품 품질을 향상시키는 데 중요한 것이다. 그것은 너의 답변이 얼마나 세부적인지에 달려있다.

Do you have some time? Can you <u>take part in</u> this survey? It is something important for improving the product quality. It depends on how specific your answers are.

4

결근

너는 어제 미팅에 참석하지 않았다. 너는 바빴니? 나는 네가 요즘 할 일이 많은 것을 안다. 하지만 너는 네가 해야 하는 것에 좀 더 집중할 필요가 있다.

You didn't <u>take part in</u> the meeting yesterday. Were you busy? I know you have a lot to do these days. But you need to focus more on what you have to do.

5

개업

우리는 개업식에 참석할 예정이다. 그는 그의 가게를 여는 준비에 열중했다. 이제 그는 아르바이트할 사람을 찾고 있는 중이다. 너는 거기서 일하길 원하니? 내가 도와줄 수 있어! 알려줘.

We will <u>take part in</u> an opening ceremony. He worked on preparing for opening his own store. Now he is looking for someone who needs a part time job. Do you want to work there? I can help you! Let me know.

발칙한 영어로 유창하게 말하자 **표현확장 편**

6

봉사

나는 많은 동아리에 속해있다. 나는 내일 봉사활동에 참여할 것이다. 나와 모두를 위한 흥미로운 것들이 많이 있다. 나는 언제나 그것을 하면서 재미있게 보낸다.

I belong to a lot of clubs. I will <u>take part in</u> a volunteering program tomorrow. There are a lot of interesting things for me and everyone else. I always have fun doing it.

7

협상

나는 그들을 도울 준비가 되었다. 그들은 지금 현재 협상에 참석하고 있는 중이다. 사업 이익은 협상의 결과에 달려있을 것이다. 그들은 회사를 위해 무엇이 가장 최고인지 파악할 것이다.

I am ready to help them. They are <u>taking part in</u> a negotiation right now. The business profits will depend on the results of the negotiation. They will figure out what is the best for the company.

발칙한 영어로 유창하게 말하자 | 표현확장 편

Chapter 20

make use of

발칙한 영어로 유창하게 말하자 **표현확장 편**

책 속의 강의

슬프지만, 한국인은 영어 발음에 대해서 다른 나라 사람들 발음이 어떠네 말할 자격은 없어 보인다. 서아시아 사람들의 영어 발음을 흉내 내며 깔깔대는 대학생들을 보았다. 또 슬프지만, 영어 원어민들은 그쪽 사람들과 영어 소통에 크게 문제가 없다. 알파벳 발음 기본구조가 상동하기 때문이다. 오히려, 우리가 원어민과의 대화에서 Pardon? 폭탄을 더 많이 맞는 쪽이지.

- 우리 발음 중 최악 중 하나가 z 발음이다. 앞서 언급했듯이, 우리 민족은 영어를 맨 처음 일본인들에게 배웠다. 일본어는 받침이 없고 자음이 한정되어 다른 언어의 소리를 정확히 표기해내지 못한다. 그리고 일본인들은 축소 지향적이고 자기식으로 해석해 소화하는 데에 남다른 특기를 가지고 있다. 그래서 영어의 원음을 그대로 따라 하지 못하고 자신들의 언어 도구로 해석해서 소리 낸다. 그 큰 햄버거 가게를 마꼬도나루도 라 하니까.

- z는 'ㅈ'이 아니라 'ㅅ'이다. 동물원을 '주우'가 아닌 '쑤우'라고 가르치는 필자가 좀 이상한 사람 아니냐는 소리를 듣는 이유다. Amazinger Z는 '마싱가 세또'가 아니라 '어메이싱얼 씨'다. 도대체 누구 영어를 배울 건가? 브라운 씨 영어인가? 아니면 나까무라 상의 영어인가? 소리대로 영어 발음을 할 용기가 없어서 일본인들 발음을 흉내 내는 것이 애국애족의 길인가? 제발 좀 벗어나자.

- use는 '유즈'가 아니라 '유스'다. user는 '유저'가 아니라 '유설'이다. 그리고 make use of는 '메이크유즈오브'가 아니라 '메이큐섭'이다. use를 동사를 쓰는 것이 우리 대부분이 하는 영어라 좀 더 폼나게 쓰는 이디엄을 소개했다. 문명이 이기의 발전이 이제 눈에 보일 정도다. make use of computers, make use of my smartphone, make use of the internet… 우리 곁엔 참으로 퍽이나 이용하고 사용할 것이 많아졌다. 이 복잡해진 세상이 모두 다 도구를 첨으로다가 사용했다는 네안데르탈인 원숭이 할아버지들 때문이다.

- 생각이 복잡해지니 술을 make use of 하여 스트레스를 풀고 싶다.

Warming-Up

이 페이지는 이 단원에 훈련할 어휘와 단어를 미리 익히는 시간이다. 현대 사회의 일상에서 쓰는 단어를 모아 각 단원의 패턴들과 결합, 가장 사용도 높은 예문들을 구성하려고 한다. 다음 단/숙어들이 영어로 1초 내에 입으로 튀어나올 때까지 맹연습하고 다음 페이지로 넘어가자.

■ 자체점검!
☐ 아주조금!
☑ 반정도는!
☐ 기본이지!

재료	material
도구	tool
그가 제공한 정보	information that he provided
기회	opportunity
여가 시간	spare time
여권 위조하는 것을 어렵게 하는 홀로그램	holograms that make it difficult to forge a passport
저장 공간	storage space
모으다	earn
현재 이용 가능한 것	what is available right now
발견하다	detect

Jump-In

여러분을 동시통역의 첫 단계로 초대한다. 실력이 향상되려면, 답이 궁금하고 확신이 없어도 절대 다음 페이지의 정답을 기웃거리지 마시라. 눈으로 영문을 보는 순간 입 영어 실력은 급감한다. 다음 국어 문장을 더듬더듬 만들어보자. 한 문장당 쉼이 두 번 이상 일어나면 다시 시도해 보자.

- 자체점검!
- 아주조금!
- 반정도는!
- 기본이지!

1. 나는 언제나 나의 여가 시간을 최대한 사용한다.
2. 우리는 리모컨 같은 편리한 도구들을 사용한다.
3. 우리는 그 프로젝트를 위해 추가적인 저장 공간을 사용할 것이다.
4. 그녀는 그녀에게 주어진 모든 기회를 사용하는 중이다.
5. 우리는 이번에 한 번도 본 적이 없었던 특별한 재료를 사용할 것이다.
6. 모든 사람들은 항공 마일리지를 모으기 위해 신용카드를 사용한다.
7. 기술자들은 네트워크 시스템의 오류를 발견하기 위해 가장 최신의 기술을 사용한다.
8. 정부는 여권을 위조하는 것을 어렵게 하는 홀로그램을 사용한다.
9. 참가자들은 현재 이용 가능한 것을 사용해야 한다.
10. 나는 그가 제공한 정보를 사용할 수 없다.

Check-Up

전 페이지에서 연습한 답을 체크하며 공부하자. 영어에 박학다식해지는 페이지이다. 필자는 영어 발음을 한국어로 표기해 비난을 사기도 한다. 그러나 영어를 읽을 수 있는 우리는 그 발음 따라 읽는다 해도 영어 실력이 줄지 않는다. 외려 우리가 발음 개선을 위해 지향할 것은 정확한 소리지, 영어에 근접도 못 하는 일본식 발음이 아니잖은가? 같은 소리, 빠른 속도가 생성될 때까지 맹훈련하시라!

1. 나는 언제나 나의 여가 시간을 최대한 사용한다.

I always <u>make</u> the best <u>use of</u> my spare time.

'아이어웨이즈메익th더베스트유섭f 마이스페얼타임'

spare time, free time, leisure time 모두 여가 시간을 일컫는다.

2. 우리는 리모컨 같은 편리한 도구들을 사용한다.

We <u>make use of</u> the convenient tools like a remote controller.

'위메익유섭f th더컴v뷔니언툴스라익꺼뤼못컨트롤러'

리모컨은 remote controller, remote control 혹은 줄여서 remote라고 한다.

3. 우리는 그 프로젝트를 위해 추가적인 저장 공간을 사용할 것이다.

We will <u>make use of</u> the extra storage space for the project.

'위위을메익유섭f th더엑스트롸스토뤼지스페이스f폴th더프로젝트' store는 '가게'뿐 아니라 '저장하다'란 의미의 동사로도 사용되며, storage는 그의 명사형이다.

발칙한 영어로 유창하게 말하자 **표현확장 편**

4. 그녀는 그녀에게 주어진 모든 기회를 사용하는 중이다.

She is <u>making use of</u> every opportunity given to her.

'쉬이즈메이킹유섭f에v브뤼오펄츄니리기v븐투헐'
opportunity와 chance 둘 다 '기회'로 해석하나 opportunity는 노력으로 만든 기회, chance는 운으로 얻어진 기회로 뉘앙스 차이가 있다.

5. 우리는 이번에 한 번도 본 적이 없었던 특별한 재료를 사용할 것이다.

This time, we will <u>make use of</u> special material which has never seen.

'th디스타임,위위을메익유섭f 스페셜머티뤼얼위치해즈네v벌썬' 재료의 material은 식재료를 지칭할 때 쓰이는 것은 드물다. 대신 식재료는 ingredient를 기억하자.

6. 모든 사람들은 항공 마일리지를 모으기 위해 신용카드를 사용한다.

Everybody <u>makes use of</u> credit cards to earn airline mileage.

'에v브뤼바디메익스유즈업f크뤠딧칼즈투얼언에얼라인마일리쥐' mileage는 자동차의 주행거리나 연료 소비를 나타내기도 한다. '마일에이지' 발음은 컨추리스럽다.

7. 기술자들은 네트워크 시스템의 오류를 발견하기 위해 가장 최신의 기술을 사용한다.

Engineers <u>make use of</u> the newest technology to detect errors in the network system.

'엔지니얼스메익유섭th더뉴이스ㅌ텍널러지투디테컨에뤨신th더넥워ㅋ씨스템' 다음의 형용사는 newest 대신 최신 기술을 표현할 수 있다. high, the latest, state-of-the-art

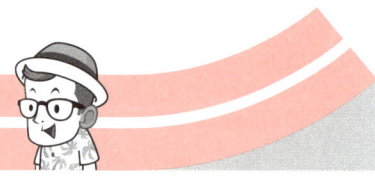

8. 정부는 여권을 위조하는 것을 어렵게 하는 홀로그램을 사용한다.

The government makes use of holograms that make it difficult to forge passports.

'th더거v빌먼ㅌ메익스유섭홀로그램스th댓메이킷디f피컬투f포올지어패쓰폴츠'
'~을 위조하다'라는 동사 forge나 counterfeit과 명사를 이용하여 표현한다.

9. 참가자들은 현재 이용 가능한 것을 사용해야 한다.

Participants should make use of what is available right now.

'팔티쓰펀츠슏메익유섭f 워리스어v베일러버을롸잇나우' I am available now. (지금 시간 돼) 문장처럼 available은 '시간이 있는'의 의미로도 자주 사용된다.

10. 나는 그가 제공한 정보를 사용할 수 없다.

I can't make use of the information that he provided.

'아이캔ㅌ메익유섭f th디인f폴메이션th댓히프로바이디ㄷ' news, equipment, furniture, advice와 같이 information도 불가산 명사이다. many informations 이런 말 못 쓴다.

Pile-Up

누적훈련 없이 실력향상 없다!
선행학습 교재 『발칙한 영어로 진짜쉽게 말하자 – 기본패턴 편』 전체 분량과 본 권 『발칙한 영어로 유창하게 말하자 – 표현확장 편』의 누적 학습한 내용까지의 콜라보레이션 동시통역 트레이닝!
다음 문장을 영어로 바꾸시라. 문제당 쉼이 세 번 이상이면 다시! 될 때까지 노력!

1
에어컨

나는 열대야에 에어컨을 활용한다. 나는 여름에 그것 없이는 살 수 없다. 그것은 정말 필수적인 것이다. 나는 그것을 사용하기 전에 에어컨을 치워야 한다.

I <u>make use of</u> the air conditioner on hot summer nights. I cannot live without it in summer. It is something really necessary. I should clean up the air conditioner before I use it.

2
도움

나는 네가 제공한 정보를 활용했다. 그것은 나의 전공에 유용한 것이다. 네 덕분에 나는 이 이슈를 해결할 방법을 파악했다. 나는 언젠가 너에게 저녁을 대접하고 싶다. 언제 시간이 있니?

I <u>made use of</u> information that you provided. It was something useful for my major. Thanks to you, I figured out the way to address this issue. I want to treat you to dinner sometime. When do you have time?

3 계단

그녀는 살을 빼기 위해 계단을 활용한다. 그것은 때때로 피곤한 것이다. 그녀는 그녀의 건강을 위해 그것을 하기로 결심했다. 그녀는 지난달부터 그 계획을 실행해왔다.

She makes use of stairs to lose weight. It is something tiring from time to time. She made a decision to do it for her health. She has carried out this plan since last month.

4 스트레스

사람들은 스트레스를 해소하기 위해 그들의 자유 시간을 활용한다. 그들은 더 좋은 결과를 만들기 위해 휴식을 취한다. 너는 주로 어떻게 스트레스에 대처하니? 좋은 아이디어를 가지고 있니?

People make use of their free time to relieve stress. They take breaks to get better results. How do you usually handle stress? Do you have any good ideas?

5 예매

콘서트는 우리 동네 근처에서 다음 주에 개최될 예정이다. 물론, 나는 그곳에 참여할 계획이다. 그곳엔 많은 팬들이 있을 것이다. 나는 미리 티켓을 구매해야 한다. 나는 주로 티켓 구매를 위해 온라인 사이트를 이용한다.

The concert will take place next week near my neighborhood. Of course, I am planning to take part in it. There will be a lot of fans. I should buy tickets in advance. I usually make use of an website to make a purchase for tickets.

발칙한 영어로 유창하게 말하자 표현확장 편

6

대중교통

나는 학교에 가기 위해 매일 지하철을 활용한다. 비나 눈이 오는 날에는 심각한 교통체증이 있다. 나는 가끔 나의 차를 사기를 원한다. 그러나 나는 여러 이유로 계속해서 지하철을 탈 것이다.

I <u>make use of</u> the subway to go to school every day. There are traffic jams on rainy or snowy days. I feel like buying my own car from time to time but I will keep on taking the subway for some reasons.

7

세미나

그 부서는 작년에 세미나에 참석했다. 팀은 오랫동안 그것에 열중했었다. 그들은 최고의 발표를 하기 위해 많은 데이터와 정보를 활용했다. 나는 발표 후 그들이 자랑스러웠다.

The department took part in a seminar last year. The whole team worked on it for a long time. They <u>made use of</u> a lot of data and information to give the best presentation. I was proud of them after the presentation.

발칙한 영어로 유창하게 말하자 | 표현확장 편

Check 02

중간점검

중/간/점/검/

열 단원 진도가 흐를 때 마다 지금껏 훈련해 온 누적분을 싸그리 몰아서 시험해본다.
옥구슬도 꿰어야 보배, 굴비도 엮어야 명절세트 되듯이,
그저 진도만 나간다고 실력 늘 것이다 속단하지 마시라. 한글보고 영작하시라.
안 되면 될 때까지! 안 하고 다음 단원 넘어가지 말기!

1
음식 배달 주문

나는 요즘에 주 중에 해야 하는 일이 많다. 주말엔 아무것도 안 하고 싶다. 그래서 나는 다양한 스마트 폰 앱을 이용하거나 음식을 위해 식당에 전화를 한다. 이 방법들을 통해서 나는 배달 음식을 주문할 수 있다. 내가 해야 하는 모든 것은 먹고 치우는 것이다.

There are many things to do on weekdays. I <u>feel like</u> doing nothing on weekends. So I <u>make use of</u> a variety of smartphone apps or <u>make calls</u> to restaurants for food. I can order in some food via these ways. All I have to do is <u>clean up</u> after eating.

2
예약

나는 5일을 묵을 방을 예약하기 위해 호텔에 전화를 걸 예정이야. 지금이 성수기라는 것을 나도 알아. 너는 그들이 남은 방이 있을 거라고 생각하니? 우리 가족은 휴가 가는 것을 급하게 결정했어.

I will <u>make a call</u> to the hotel to book a room for 5 nights. I know it's the peak season now. Do you think that they will have any rooms left? My family <u>made a decision</u> to go on a vacation in a hurry.

3 회의

어제 직원들과 함께한 중요한 회의가 강당에서 개최되었다. 우리는 내년에 세계적인 박람회에 참가할 예정이다. 박람회 출품을 위해 우리는 제품의 품질 개선에 열중해야 한다. 우리는 또한 제품을 제조하기 위하여 더 효율적인 방안을 밝혀낼 필요가 있다. 수출에 있어서는, 모든 것이 가격과 제품 품질에 달려 있기 때문이다.

An important meeting with workers took place at the auditorium yesterday. We will take part in an international exhibition. To do so, we should work on increasing the product quality. We need to figure out more effective ways to manufacture our products as well. When it comes to exporting, everything depends on the price and product quality.

4 지각

나는 항상 늦는 것을 두려워한다. 그것은 그러나 내가 수업에 늦었던 적이 있다. 나는 그때 친구들과 함께 독서모임에 속해있었다. 나는 버스에서 내가 읽고 있던 것에 너무 열중했다. 결국, 나는 우연히 내가 내려야 할 정류장을 지나쳤다.

I am always afraid of being late. However, there was a time when I was late for a class. At that time, I belonged to a reading club with my friends. I focused too much on what I was reading on the bus. I happened to miss the stop where I should have gotten off.

발칙한 영어로 유창하게 말하자 **표현확장 편**

5

자연 재해

최근에 세계 곳곳에서 자연재해가 발생했다. 그것은 아무도 예측하지 못한 것이었다. 전문가들은 자연재해를 예측하기 위해 다양한 기술을 사용한다. 그리고 계속 원인을 밝히기 위해 노력한다. 그러한 상황에서 무엇을 해야 하는지 알고 있니?

A lot of natural disasters have <u>taken place</u> throughout the world recently. It was something that no one could expect. Experts <u>make use of</u> new technology to predict natural disasters. And they <u>keep on</u> trying to <u>figure out</u> their causes. Do you know what we have to do in that situation?

발칙한 영어로 유창하게 말하자 | 표현확장 편

Chapter 21
pay attention to

발칙한 영어로 유창하게 말하자 표현확장 편

책 속의 강의

미국에서의 일이다. 어느 수업시간에 맨 뒷자리에서 한 시간 내내 꼼지락대는 어느 한 녀석에게 교수가 묻는다. "Are you with me?" (잘 따라오고 있어?) 그 학생 대답하는 말, "What? Try again. I wasn't paying attention." (뭐요? 다시 말해 보삼. 나 신경 안 쓰고 있었어) 한국에서라면 천인공노할 답이다. 거의 학교를 포기할 태도로 인지되어 이 학생은 교수로부터 미운털이 아주 깊숙하게 콕 박히게 되겠지.

- 필자가 여기에서 말하고 싶은 것은 어른 앞에서의 버릇없는 이 학생의 태도가 아니라 우리에게 이 장면이 어떻게 보이느냐다. 한국에서는 나이가 한 살이라도 더 먹었으면 인생의 선배로서 상대방에게 가르침의 주체가 된다. 나이 어린 쪽은 매 한마디 존대해야 하고 술도 두 손으로 받아야 한다. 안 그러면 감옥까진 아니더라도 지탄은 받는다.

- 우리나라는 세계에서 유일하게도 공자 왈 맹자 왈 유교 사상이 생활에 녹아있는 신기한 나라다. 자연, 과학, 물질에 눈을 떠가던 19세기 말, 이웃 나라들은 자의든 타의든 합리와 실존에 집중하기 시작하는 동안 우리는 아직도 '에헴 양반은 말이야….'라 말하는 사람들이 권력을 쥐고 있었다. 여성은 남성을, 연하는 연상을 섬긴다. 나이 많은 남자는 갑중의 갑이고, 권위를 위해 점잖은 모습이 미덕이었나 보다.

- 필자는 우리나라 사람들의 영어 실패율이 높은 이유 중 하나가 전통적인 권위의식이라 생각한다. 상대방 앞에서 망가지는 게 쪽 팔리다. 영어는 어릴 때 꽤 했는데 도통 입을 떼기가 힘들다. 내가 틀린 영어를 하면 옆 사람들 다 웃을 거고, 그간 쌓은 나의 소셜 페이스(이건 콩글리쉬다!)는 일그러질 것이다…라고 생각하기 때문이다.

- 나이가 어려도 친구가 될 수 있고 도움받을 수도 있고, 배울 점이 많을 수 있다. 성인이 되었으면 나이에 의한 상하관계는 이제 지양하는 것이 어떤가? 중년이 되면 영어의 필요성이 더 커진다. 영어가 우리 특유의 꼰대 기질 때문에 잘 다가오지 않는 것이 사실이라면, 우리 권위의식 따위 벗어던지자. 부모가 자식에게, 선배가 후배에게, 교수가 학생에게 나이 많다고 찍어 누르는 사회에서 '영어는 그저 애들이나 하는 거지, 난 머리가 굳었어.'라는 넋두리들만 들릴 뿐이다.

Warming-Up

이 페이지는 이 단원에 훈련할 어휘와 단어를 미리 익히는 시간이다. 현대 사회의 일상에서 쓰는 단어를 모아 각 단원의 패턴들과 결합, 가장 사용도 높은 예문들을 구성하려고 한다. 다음 단/숙어들이 영어로 1초 내에 입으로 튀어나올 때까지 맹연습하고 다음 페이지로 넘어가자.

- 자체점검!
- 아주조금!
- 반정도는!
- 기본이지!

학생들이 어떻게 행동하는지	how students act
외모 가꾸기	grooming
결과	result
그들이 먹는 것	what they eat
세부사항	detail
이 사건이 왜 일어났는지	why this accident happened
아이들	children
그녀가 말하는 것	what she says
소문	rumor
측면	aspect

발칙한 영어로 유창하게 말하자 **표현확장 편**

Jump-In

여러분을 동시통역의 첫 단계로 초대한다. 실력이 향상되려면, 답이 궁금하고 확신이 없어도 절대 다음 페이지의 정답을 기웃거리지 마시라. 눈으로 영문을 보는 순간 입 영어 실력은 급감한다. 다음 국어 문장을 더듬더듬 만들어보자. 한 문장당 쉼이 두 번 이상 일어나면 다시 시도해 보자.

- 자체점검!
- 아주조금!
- 반정도는!
- 기본이지!

1 나는 그 믿을 수 없는 소문에 주목한다.

2 그녀는 언제나 개인적인 외모 가꾸기에 주목한다.

3 팀원들은 그 연구의 결과에 주목한다.

4 학자들은 프로젝트를 위해 역사적인 측면에 주목한다.

5 디자이너는 재킷의 세부 사항에 주목했다.

6 특히 수영장에서 부모들은 그들의 아이들에게 주목해야 한다.

7 그들은 그들이 먹는 것에 주목한다.

8 선생님들은 교실에서 학생들이 어떻게 행동하는지에 주목했다.

9 솔직히 말하면 나는 그녀가 말하는 것에 주목하지 않았다.

10 그들은 이 사건이 왜 일어났는지에 주목한다.

Check-Up

전 페이지에서 연습한 답을 체크하며 공부하자. 영어에 박학다식해지는 페이지이다. 필자는 영어 발음을 한국어로 표기해 비난을 사기도 한다. 그러나 영어를 읽을 수 있는 우리는 그 발음 따라 읽는다 해도 영어 실력이 줄지 않는다. 외려 우리가 발음 개선을 위해 지향할 것은 정확한 소리지, 영어에 근접도 못 하는 일본식 발음이 아니잖은가? 같은 소리, 빠른 속도가 생성될 때까지 맹훈련하시라!

1. 나는 그 믿을 수 없는 소문에 주목한다.

I pay attention to unbelievable rumors.

'아이페이어텐션투언블리v버블루우멀ㅅ' unbelievable의 반의어는 believable(믿을 수 있는)이고 동의어는 incredible이다. 영화 헐크 원제가 Incredible Hulk.

2. 그녀는 언제나 개인적인 외모 가꾸기에 주목한다.

She always pays attention to personal grooming.

'쉬어웨이스페이스어텐션투펄스널그루밍'
pay attention to의 유의어는 draw one's attention, attract one's attention이 있다.

3. 팀원들은 그 연구의 결과에 주목한다.

Team members pay attention to the results of the research.

'팀멤벌스페이어텐션투th더뤼결ㅊ업f th더뤼설취'
'연구를 수행하다, 맡다'는 conduct research, undertake research로 쓰인다.

발칙한 영어로 유창하게 말하자 표현확장 편

4. 학자들은 프로젝트를 위해 역사적인 측면에 주목한다.

Scholars <u>pay attention to</u> historical aspects for the project.

'스껄럴 ㅅ페이어텐션투히스토뤼컬애스펙츠f폴th더프로젝트'

aspects의 동의어로 terms, views, respects가 있다. historical(역사적인), political(정치적인), 경제적인(economic), 문화적인(cultural)

5. 디자이너는 재킷의 세부 사항에 주목했다.

A designer <u>paid attention to</u> the details of the jacket.

'어디사이널페이드어텐션투th더디테일스업th떠쫴킷' pay의 동사변화는 pay-paid-paid 이다. jacket의 발음은 '주애킷' 매번 강조한다. market도 '말킷', ticket도 '티킷'.

6. 특히 수영장에서 부모들은 그들의 아이들에게 주목해야 한다.

Parents should <u>pay attention to</u> their children particularly in the swimming pool.

'패어런츠슏페이어텐션투th데얼췰드뤈팔티큐럴뤼인th더스위밍푸울'

particularly '특히'의 유의어로는 especially, notably, unusually, exceptionally가 있다.

7. 그들은 그들이 먹는 것에 주목한다.

They <u>pay attention to</u> what they eat.

'th데이페어텐션투왓th데이잇' '~것'으로 해석되는 what은 관계대명사로 뒤에 불완전 문장이 오고, what은 the thing that으로 교체할 수 있다.

225

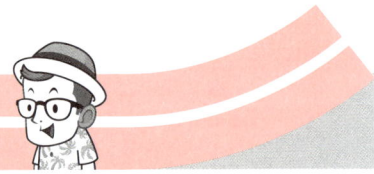

8. 선생님들은 교실에서 학생들이 어떻게 행동하는지에 주목했다.

Teachers paid attention to how students act in the classroom.

'티철스페이드어텐션투하우스튜던ㅅ액ㅌ인th더클래스루움'

How I go there, How I talk to people, How I use a computer, How I handle my work. 이 문장들 평소 연습 많이 해두시라.

9. 솔직히 말하면 나는 그녀가 말하는 것에 주목하지 않았다.

Frankly speaking I didn't pay attention to what she said.

'f프랭클리스삐킹아이디든페이어텐션투왓쉬센'

frankly speaking과 actually는 비슷한 의미를 지니지만, frankly speaking은 심각한 경우에 '솔직히 말하자면', actually는 일반적인 상황에서 '사실은'으로 쓰인다.

10. 그들은 이 사건이 왜 일어났는지에 주목한다.

They pay attention to why this accident took place.

'th데이페이어텐션투와이th디쓰액쓰덛해픈ㄷ'

happen은 자동사로, take place, occur, arise, come about, result와 같은 의미를 가진다. happen 다음에 절대로 목적어 오지 않는다.

발칙한 영어로 유창하게 말하자 표현확장 편

누적훈련 없이 실력향상 없다!
선행학습 교재 『발칙한 영어로 진짜쉽게 말하자 – 기본패턴 편』 전체 분량과 본 권 『발칙한 영어로 유창하게 말하자 – 표현확장 편』의 누적 학습한 내용까지의 콜라보레이션 동시통역 트레이닝!
다음 문장을 영어로 바꾸시라. 문제당 쉼이 세 번 이상이면 다시! 될 때까지 노력!

1 안전

우리는 안전수칙을 항상 고려해야 한다. 안전은 중요하다. 특히 수영장에서 부모들은 그들의 아이들에게 주목해야 한다. 수영장에서 익사 사고가 발생할 수 있다. 나는 모두가 언제나 조심해야 한다고 생각한다.

We should always pay attention to safety rules. Safety is important. Parents should <u>pay attention to</u> their children, particularly in swimming pools. Drowning can take place in swimming pools. I think everybody should be careful all the time.

2 환경

이것은 심각하고, 복잡한 것이다. 이것은 우리의 미래와 관련했고, 그래서 매우 중요하다. 우리는 이것에 주목해야 한다. 재활용은 좋은 영향을 미칠 것이다.

It is something serious and complicated. It has something to do with our future, so it is very important. We need to <u>pay attention to</u> it. Recycling can have a good effect on it.

3
팀 프로젝트

이 팀 프로젝트는 내 졸업에 있어 중요하다. 그래서 나는 종종 밤을 샌다. 나는 좋은 결과를 만들기 원한다. 팀원들은 그 연구의 결과에 주목한다.

This team project is important for my graduation. Sometimes I have to stay up all night. I want to get better results. My team members <u>pay attention to</u> the results of the research.

4
취업

구직자로서, 나는 삼성처럼 큰 기업에 들어가고 싶다. 우리는 구직시장에 신경 쓸 필요가 있다. 나는 내 인생을 위해 정말로 일자리를 잡고 싶다. 모든 것은 나의 의지와 노력에 달렸다. 나는 계속해서 열심히 할 것이다.

As a job seeker, I want to enter a big company like Samsung. We need to <u>pay attention to</u> the job market. I really need to get a job. Everything depends on my will and efforts. I will keep on working hard.

5
기술

우리는 첨단 기술에 주목해야 한다. 내 생각에 스마트폰은 그중 하나다. 나는 스마트폰으로 수만 가지를 할 수 있다. 나는 스마트 폰으로 노래를 들을 수 있다. 나는 또한 스마트 폰으로 프로젝트를 할 수도 있다.

We should <u>pay attention to</u> advanced technologies. I think that the smartphone is one of those things. I can do millions of things with the smartphone. I can listen to music with it. I can carry out a project with it as well.

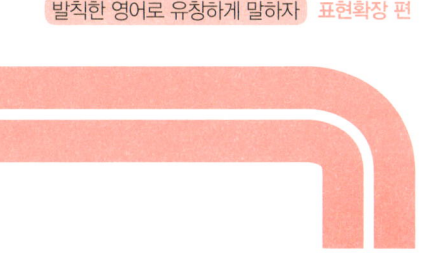

6
치과

나는 치과에 가는 것이 언제나 두렵다. 하지만 나는 오늘 치과에 가야 한다. 나는 오늘의 계획을 포기하고 싶다. 치과 생각에 나는 오늘 일에 주목할 수 없다.

I am always afraid of going to the dental clinic. However, I have to go there today. I want to give up today's plans. At the thought of the dental clinic, I can't pay attention to my work today.

7
수강신청

나는 수강신청에 주목해야 한다. 나는 절차가 어렵지 않다는 것을 안다. 하지만 그것은 약간 복잡한 것이다. 나는 우선 무엇을 들을지 결정해야 한다. 그리고 수강신청을 위해 컴퓨터를 사용할 것이다.

I need to pay attention to registering for classes. I know the process is not difficult but it is something a little bit complicated. First, I have to make a decision on what to take. And I will make use of the computer for the registration.

발칙한 영어로 유창하게 말하자 | 표현확장 편

Chapter 22

spend a lot of time

책 속의 강의

■ 요즘 여러분이 가장 신경 써서 열심으로다 매진하고 계신 것이 무엇인지 궁금하다. 영어였으면 하는 마음도 있으나 서울대 영문학과 가려고 영어 공부하는 것은 아니기에, 100세 장수 돌파를 위한 운동에, 회사나 학교에서 주어진 프로젝트에, 혹은 요즘 유행하는 컴퓨터 게임 등등등에 열정을 쏟을 수 있을 것 같다.

■ 노력하다, 열중하다, 열심이다, 최선을 다하다…류의 말은 우리가 언제나 입에 달고 사는 말이다. 언제 어디서나 누구에게나 영어를 시켜봐도 결론은 'I will do my best.'로 끝나는 경우가 많다.

■ 열심히 노력해야 하는 것이 현대 사회인들의 각오요 다짐이니 try, make efforts, devote myself to… 등이 면접에서나 발표 시에 우리 귀에 쏙쏙 박히는 한국인들의 애용 이디엄이다. 필자는 여러분이 spend a lot of time을 사용했으면 한다. 외국인들이 많이 쓰는 '노력하다'의 좀 있어 뵈는 숙어니까 말이다.

■ spend a lot of time의 과거형은 spent a lot of time이다. 이를 발음으로 구분해내려는 노력은 바보짓이다. spend의 d와 spent의 t는 전혀 귀에 들리지 않는다. 그저 다 같이 '스뻰덜라옵타임'이다. 또 s 다음에 p, k, t 등의 자음이 오면 강한 소리가 나서, spend는 '스펜'이 아니라 '스뻰'임을 강조한다.

■ spend a lot of time 다음에 동사를 쓰려면 동명사 ing를 쓰시라 권장한다.
I spent a lot of time talking to him. 나는 그와 얘기하는 것을 노력했다.
I spent a lot of time to talk to him. 나는 그와 얘기하기 위해 노력했다.

■ 1g 정도 미묘하게 다른 의미를 감지하시라! 그리고 앞으로 ing 애용하시라. 틀리지 않는다. 그리고 time이 다음 ing 동명사 사이에 크게 쉬지 않는 것이 유창하게 들리는 데에 도움이 된다. 자연스럽게 이어가시라.

Warming-Up

이 페이지는 이 단원에 훈련할 어휘와 단어를 미리 익히는 시간이다. 현대 사회의 일상에서 쓰는 단어를 모아 각 단원의 패턴들과 결합, 가장 사용도 높은 예문들을 구성하려고 한다. 다음 단/숙어들이 영어로 1초 내에 입으로 튀어나올 때까지 맹연습하고 다음 페이지로 넘어가자.

자체점검!
아주조금!
반정도는!
기본이지!

과제	assignment
야외에서	outdoors
연습하다	practice
집안일	house chores
입력하다	type
서류를 만들다	make documents
끝내다	complete
훈련시키다	train
가족들	family members
치우다	clean

발칙한 영어로 유창하게 말하자 표현확장 편

Jump-In

여러분을 동시통역의 첫 단계로 초대한다. 실력이 향상되려면, 답이 궁금하고 확신이 없어도 절대 다음 페이지의 정답을 기웃거리지 마시라. 눈으로 영문을 보는 순간 입 영어 실력은 급감한다. 다음 국어 문장을 더듬더듬 만들어보자. 한 문장당 쉼이 두 번 이상 일어나면 다시 시도해 보자.

- 자체점검!
- 아주조금!
- 반정도는!
- 기본이지!

1 나는 주말엔 가족들과 많은 시간을 보낸다.

2 봄에 많은 사람들은 야외에서 많은 시간을 보낸다.

3 그들은 빨래와 설거지 같은 집안일에 많은 시간을 보낸다.

4 내 동생은 졸업을 위한 그의 과제에 많은 시간을 보낸다.

5 우리는 컴퓨터에 고객 정보를 입력하는 데 많은 시간을 보낼 필요가 있다.

6 그들은 회의 전에 서류들을 만드는 데 많은 시간을 보내야 한다.

7 그 매니저는 프로젝트를 끝마치는데 많은 시간을 보냈다.

8 인사과는 새로운 직원들을 훈련시키는 데 많은 시간을 보낸다.

9 그녀는 더 좋아지기 위해 새로운 기술들을 연습하는데 많은 시간을 보낸다

10 우리는 어젯밤 몇몇의 친구들을 초대하기 위해 그 방을 치우는데 많은 시간을 보냈다.

Check-Up

전 페이지에서 연습한 답을 체크하며 공부하자. 영어에 박학다식해지는 페이지이다. 필자는 영어 발음을 한국어로 표기해 비난을 사기도 한다. 그러나 영어를 읽을 수 있는 우리는 그 발음 따라 읽는다 해도 영어 실력이 줄지 않는다. 외려 우리가 발음 개선을 위해 지향할 것은 정확한 소리지, 영어에 근접도 못 하는 일본식 발음이 아니잖은가? 같은 소리, 빠른 속도가 생성될 때까지 맹훈련하시라!

1. 나는 주말엔 가족들과 많은 시간을 보낸다.

   I spend a lot of time with my family members on the weekend.

   '아이스뻰더라럽f 타임윗th 마이f패믈리멤벌스온th더위캔'
   spend가 '스뻰'에 가까이 소리가 나는가? with my 사이에 '드'가 나오지 않도록 단순화!

2. 봄에 많은 사람들은 야외에서 많은 시간을 보낸다.

   In spring, many people spend a lot of time outdoors.

   '인스쁘륑, 매니피쁘을스뺀더라럽f 타임아웃도얼스'
   전치사 in은 계절, 년도, 월과 같은 큰 범위의 시간을 나타낼 때 쓴다. 전치사 on은 날짜, 요일, 특별한 날에 쓰고, 전치사 at은 시간 앞에 쓰인다.

3. 그들은 빨래와 설거지 같은 집안일에 많은 시간을 보낸다.

   They spend a lot of time on house chores like doing laundry and the dishes.

   'th데이스펜어랏업타인온하우스쵸얼스라익두잉뤈더뤼앤더디쉬ㅅ'
   like와 such as은 모두 '~와 같은'이라는 의미를 가진다. such as는 뒤에 나열하는 것과 동격을 나타내는 의미이고, like는 뒤에 나열하는 것과 유사한 것을 의미한다.

4. 내 동생은 졸업을 위한 그의 과제에 많은 시간을 보낸다.

My brother spends a lot of time on his assignment for his graduation.

'마이브라th덜스펜저라럽f 타임온히스어싸인먼ㅌf폴히스그뤠쥬에이션'
assignment와 homework는 모두 '숙제', '과제'의 의미이지만, assignment는 셀 수 있는 명사로 취급, homework는 셀 수 없는 명사로 취급한다.

5. 우리는 컴퓨터에 고객 정보를 입력하는 데 많은 시간을 보낼 필요가 있다.

We need to spend a lot of time typing customer information into a computer.

'위닛투스뺀더라럽f 타임타이삥커스터멀인f폴메이션인투어컴퓨럴' customer은 '반복해서 물건을 구입하는 사람', consumer은 '물건을 사서 소비하는 사람'을 의미한다.

6. 그들은 회의 전에 서류들을 만드는 데 많은 시간을 보내야 한다.

They have to spend a lot of time making documents before the meeting.

'th데이햅v투스뺀더라럽f 타임메이킹다큐먼츠비f포올th더미링'
have to는 '~해야 한다'라는 의미로, must와 should, ought to, be obliged to와 같이와 같이 의무적인 느낌을 가진다.

7. 그 매니저는 프로젝트를 끝마치는데 많은 시간을 보냈다.

The manager spent a lot of time completing the project.

'th더매니결스펜ㅌ 어랏업타임컴플리링th더프뤄젝'
complete와 같은 의미를 가진 단어로는 finish, conclude, end, finalize가 있다.

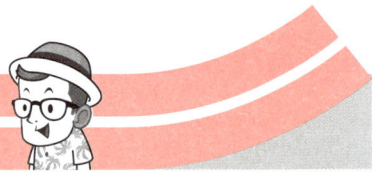

8. 인사과는 새로운 직원들을 훈련시키는 데 많은 시간을 보낸다.

The HR department spends a lot of time training new employees.

'th디에이치알디팔먼츠스펜즈어랏업타임트뤠이닝뉴임플로이ㅈ'

employee는 '고용되는 사람', employer는 '고용인'이다. employment rate (고용률), employment status (고용현황) 등이 중요하다.

9. 그녀는 더 좋아지기 위해 새로운 기술들을 연습하는데 많은 시간을 보낸다.

She spends a lot of time practicing new skills to get better.

'쉬스뺀저라럽f 타임프랙티썽뉴스낄ㅅ투겟베럴'

get no better은 '진전이 없다', '변화가 없다'라는 의미이다. do(es) not get better을 그리 쓴다. 일상에서 I am getting better. (난 좋아지고 있어)를 많이 쓴다.

10. 우리는 어젯밤 몇몇의 친구들을 초대하기 위해 그 방을 치우는데 많은 시간을 보냈다.

We spent a lot of time cleaning the room to invite some friends last night.

'위스펜터라럽f 타임클리닝th더루움투인v바잇썸f프렌즈라스나잇' some + 불가산 명사일 때는 항상 단수 취급, some + 가산 명사일 때는 단수, 복수 모두 가능하다.

Pile-Up

발칙한 영어로 유창하게 말하자 **표현확장 편**

pileup_22.mp3

누적훈련 없이 실력향상 없다!
선행학습 교재 『발칙한 영어로 진짜쉽게 말하자 – 기본패턴 편』 전체 분량과 본 권 『발칙한 영어로 유창하게 말하자 – 표현확장 편』의 누적 학습한 내용까지의 콜라보레이션 동시통역 트레이닝!
다음 문장을 영어로 바꾸시라. 문제당 쉼이 세 번 이상이면 다시! 될 때까지 노력!

1
여가

나는 주말엔 가족들과 많은 시간을 보낸다. 특히, 나는 가족들과 영화 보는 것을 좋아한다. 아파트 단지 앞에 영화관이 있다. 영화 보는 것은 가족과 재밌게 보내는 좋은 방법이라고 생각한다.

I <u>spend a lot of time</u> with my family on weekends. Especially, I like to watch movies with my family. There is a movie theater in front of my apartment complex. I think watching movies is a great way to have fun with my family.

2
집안일

우리는 더 이상 빨래와 설거지 같은 집안일에 많은 시간을 보내지 않는다. 첨단 기술 덕분에 우리는 더 빠르게 집안일을 할 수 있다. 나는 요즘 로봇청소기를 자주 사용한다. 이 기기 덕분에 나는 집안일을 재미있게 할 수 있다.

We don't <u>spend a lot of time</u> on house chores like doing laundry and the dishes. Thanks to advanced technology, we can carry out house chores much faster. I often make use of a robot cleaner these days. Due to this device, I can have fun doing house chores.

3 여행

너의 여행은 어땠니? 너는 시차 때문에 피곤했니? 나는 요즘 여행에 대한 정보를 찾는데 시간을 많이 보내. 무엇이 가장 좋은 방법이니? 나에게 모든 걸 말해 줄 수 있니?

How did you feel after the trip? Were you tired because of the time difference? I spend a lot of time looking for information regarding trips. Which is the best way? Can you tell me everything?

4 공부

내 전공은 쉽지 않아서 도서관에서 많은 시간을 보낸다. 내가 포기하고 싶었던 경우도 있지만 나는 나의 선택이 자랑스럽다. 나는 앞으로도 재미있게 내 전공을 공부할 것이다.

I spend a lot of time studying in the library because my major is not easy. There are times when I want to give up my major but I am proud of my decision. I will have fun studying in the future.

5 쇼핑

나는 쇼핑하는 것을 좋아한다. 나는 나의 친구들과 쇼핑하는데 많은 시간을 보낸다. 쇼핑은 스트레스를 푸는 최고의 방법이다. 나는 언제나 최저 가격을 찾는다.

I like to go shopping. I spend a lot of time shopping with my friends. I think shopping is the best way to get rid of stress. I always look for products at the lowest prices.

발칙한 영어로 유창하게 말하자 **표현확장 편**

6

직업훈련

인사과는 새로운 직원들을 훈련시키는 데 많은 시간을 보낸다. 새로운 직원들은 오리엔테이션에 참석해야 한다. 나는 인사과가 더 많은 프로그램을 만들어야 한다고 믿는다. 프로그램을 통해서, 신입사원들은 그들의 일에 열중할 수 있다.

The HR department <u>spends a lot of time</u> training new employees. New employees should take part in the training sessions. I believe that the department should make more programs for job training. Through the programs, new employees can work on their new jobs.

7

수영

나는 네가 수영을 잘한다고 들었다. 너는 어릴 때 물을 두려워했니? 나는 요즘 수영을 연습하는데 많은 시간을 보내. 그것은 쉬운 것은 아니야. 하지만 나는 절대 포기하지 않을 거야.

I heard you are good at swimming. Were you afraid of water when you were little? I <u>spend a lot of time</u> practicing swimming these days. It is not something easy but I will never give up.

발칙한 영어로 유창하게 말하자 | 표현확장 편

Chapter 23

go through

책 속의 강의

우리나라 말이 외국인들에게 아랍어 다음으로 배우기 어렵다는 말이 있다. 특히, 노란, 샛노란, 노르스름한, 노르죽죽한… 등 형용사가 대규모 세포분열을 해대서 그렇다고 한다. 우리는 아무 어려움 없이 습득했는데 괜히 난리다. 우리말처럼 쉬운 게 어딨나................. 싶다가도 거꾸로 생각해보면 영어도 마찬가지리라. 절실하고 꾸준하면 영어도 그리 어렵지 않을 텐데 우리가 지레 겁먹고 과대평가하고 있는 게 아닐까?

— 영어가 어렵게만 보이는 이유는 어휘일 수도, 문법일 수도, 청취일 수도 그리고 필자가 누누이 말하는 외국인 앞에서의 후들거림 때문일 수도 있다. 그리고 이 단원에서 다루려는 go through처럼 많은 의미를 가진 이디엄도 또 이유가 되는 것 같다. 사실, get이나 take 같은 동사를 사전에서 찾아보면 약 두 페이지는 넘게 설명이 나와 있다. 끝까지 읽어보기도 힘들다.

— go through는 뜻이 크게 세 가지가 있다. 헷갈리게 만드는 유사한 숙어들까지 나열해 보리니 잘 비교하시고 필요한 것들 골라 잘 쇼핑해 가시기 바란다.

I will go through the document. 내가 그 문서를 살펴볼게.
I will go through the process. 나는 그 절차를 거칠 것이다.
I will go through a bad time. 나는 나쁜 시절을 겪을 것이다.
I will go through with the difficulty. 나는 그 어려움을 헤쳐나갈 것이다.
I will get through the period. 나는 그 기간을 겪을 것이다.
I will go over the difficult time. 나는 그 어려운 시기를 겪을 것이다.

— go through와 get through은 동사의 적극성의 차이다. '겪어내다'와 '겪다'의 차이 말이다. go through에 with를 붙이면 더 어려운 일을 겪는 어감이다. go through는 긴 물체를 통과하는 뉘앙스라면 go over는 그 물체를 뛰어넘는 내포 의미가 있다. 영어 어렵다.

Warming-Up

이 페이지는 이 단원에 훈련할 어휘와 단어를 미리 익히는 시간이다. 현대 사회의 일상에서 쓰는 단어를 모아 각 단원의 패턴들과 결합, 가장 사용도 높은 예문들을 구성하려고 한다. 다음 단/숙어들이 영어로 1초 내에 입으로 튀어나올 때까지 맹연습하고 다음 페이지로 넘어가자.

- 자체점검!
- 아주조금!
- 반정도는!
- 기본이지!

어려움	difficulty
경기 침체	economic recession
기획 과정	planning process
혼돈	chaos
삶	life
문화 충격	culture shock
다른 사람들이 경험하는 것	what other people go through
감정의 변화	mood swing
힘든 시간	rough time
변화	change

발칙한 영어로 유창하게 말하자 **표현확장 편**

Jump-In

여러분을 동시통역의 첫 단계로 초대한다. 실력이 향상되려면, 답이 궁금하고 확신이 없어도 절대 다음 페이지의 정답을 기웃거리지 마시라. 눈으로 영문을 보는 순간 입 영어 실력은 급감한다. 다음 국어 문장을 더듬더듬 만들어보자. 한 문장당 쉼이 두 번 이상 일어나면 다시 시도해 보자.

■ 자체점검!
☑ 아주조금!
☐ 반정도는!
☐ 기본이지!

1 내가 가장 좋아하는 야구팀은 지난해에 어려움을 경험했다.

2 사춘기에 10대들은 많은 변화를 경험한다.

3 나는 20대 초반에 힘든 시간을 경험했다.

4 그녀는 그녀의 결혼식을 준비하는 동안 혼돈을 경험했다.

5 그녀는 과거에 절망적인 삶을 경험했다.

6 논리적으로 말하자면 모든 제안은 기획 과정을 경험한다.

7 많은 관광객들은 다른 나라들에서 문화 충격을 경험할지도 모른다.

8 그 나라는 다른 나라와 마찬가지로 경기 침체를 경험하고 있는 중이다.

9 임산부들은 호르몬의 변화 때문에 종종 감정의 변화를 경험한다.

10 나는 다른 사람들이 경험하는 것을 경험하고 있는 중이다.

Check-Up

전 페이지에서 연습한 답을 체크하며 공부하자. 영어에 박학다식해지는 페이지이다. 필자는 영어 발음을 한국어로 표기해 비난을 사기도 한다. 그러나 영어를 읽을 수 있는 우리는 그 발음 따라 읽는다 해도 영어 실력이 줄지 않는다. 외려 우리가 발음 개선을 위해 지향할 것은 정확한 소리지, 영어에 근접도 못 하는 일본식 발음이 아니잖은가? 같은 소리, 빠른 속도가 생성될 때까지 맹훈련하시라!

1. 내가 가장 좋아하는 야구팀은 지난해에 어려움을 경험했다.

My favorite baseball team <u>went through</u> difficulties last year.

'마이f패이v버릿베이스볼팀웬th쓰루디f피컬티스라스이얼'
'어려움'을 뜻하는 단어로는 difficulty, trouble, problem, hardship이 있다.

2. 사춘기에 10대들은 많은 변화를 경험한다.

Teenagers <u>go through</u> a lot of changes at puberty.

'틴애이결스고우th쓰루어러랍f췌인지스앳퓨버뤼' much는 셀 수 없는 불가산명사, many는 셀 수 있는 가산명사에 쓰는데 a lot of는 두 군데 다 쓰니 얼마나 편리한가?

3. 나는 20대 초반에 힘든 시간을 경험했다.

I <u>went through</u> a rough time in my early 20s.

'아이웬th쓰루어뤄f프타임인마이얼리투웨니스' '초기'는 early, '중반'은 mid, '후반'은 late를 붙이며, rough를 대신할 말은 tough, difficult가 있다.

발칙한 영어로 유창하게 말하자 표현확장 편

4. 그녀는 그녀의 결혼식을 준비하는 동안 혼돈을 경험했다.

She went through chaos while preparing for her wedding.

'쉬웬th쓰루캐이오스와이을 펄페어링f폴헐웨딩'
while과 during 모두 '~동안'을 의미하지만, while은 주어와 동사가 오고, during은 명사나 명사구가 온다. 이 문장의 경우 she is가 생략된 경우이다.

5. 그녀는 과거에 절망적인 삶을 경험했다.

She went through a miserable life in the past.

'쉬웬th쓰루어미져러버을라이f프인더패스ㅌ' miserable은 '불쌍한', '애처로운'의 의미가 있고, 유의어로는 pathetic, sorry, shameful, despicable, deplorable이 있다.

6. 논리적으로 말하지면 모든 제안은 기획 과정을 경험한다.

Logically speaking, all proposals go through the planning process.

'을러지컬리스삐킹, 올프로포졀스고우th쓰루th더플래닝프로쎄ㅅ' all이 단독으로 쓰일 경우, 문장에서 사람을 의미하면 복수 취급, 문장에서 사물을 의미하면 단수 취급한다.

7. 많은 관광객들은 다른 나라들에서 문화 충격을 경험할지도 모른다.

Many tourists might go through culture shock in different countries.

'매니투어뤼스츠마잇고우th쓰루컬쳐쇽인디f풔런컨츄뤼스' might은 may의 과거로 둘 다 추측을 의미하지만, might은 보다 더 약한 추측을 나타낸다.

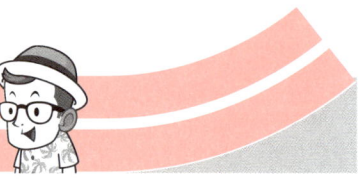

8. 그 나라는 다른 나라와 마찬가지로 경기 침체를 경험하고 있는 중이다.

The country is going through an economic recession like many countries.

'th더 컨츄리 이스 고잉 th쓰루 어 이코노믹 뤼쎄션 라익 매니 컨츄뤼스' '경기 불황'을 뜻하는 recession의 유의어로는 depression, slump가 있다. 우리나라는 수십 년 recession인가?

9. 임산부들은 호르몬의 변화 때문에 종종 감정의 변화를 경험한다.

Pregnant women often go through mood swings because of hormonal changes.

'프뢔그넌 위민 옾f쁜 고우즈 th쓰루 무ㄷ 스윙스 비커즈업 허르먼얼 췌인지스'
빈도부사는 횟수를 나타내는 부사로, always (항상), usually (보통), often (자주), sometimes (때때로), seldom (좀처럼 ~않는), rarely (드물게), never (절대)가 있다.

10. 나는 다른 사람들이 경험하는 것을 경험하고 있는 중이다.

I am going through what other people go through.

'아임 고잉 th쓰루 왓 아덜 피쁠을 고우 th쓰루' other은 복수명사가 오고, another은 단수명사가 온다. another cups (X), other shoe (X)

발칙한 영어로 유창하게 말하자 표현확장 편

pileup_23.mp3

Pile-Up

누적훈련 없이 실력향상 없다!
선행학습 교재 『발칙한 영어로 진짜쉽게 말하자 – 기본패턴 편』 전체 분량과 본 권 『발칙한 영어로 유창하게 말하자 – 표현확장 편』의 누적 학습한 내용까지의 콜라보레이션 동시통역 트레이닝!
다음 문장을 영어로 바꾸시라. 문제당 쉼이 세 번 이상이면 다시! 될 때까지 노력!

1 여행

많은 관광객들은 다른 나라들에서 문화 충격을 경험할지도 모른다. 관광객들은 낯선 음식을 먹어야 하고, 다른 언어를 말해야 한다. 나는 많은 사람들이 패키지 여행을 선호한다고 생각한다. 그것이 더 쉽고 더 편리하기 때문이다.

Many tourists might <u>go through</u> culture shock in different countries. They may have unfamiliar food and talk in different languages. I think many prefer taking packaged tours because they are easier and more convenient.

2 경기불황

한국은 경기불황의 시기를 겪고 있다. 많은 젊은 사람들이 일자리 구하는 것에 집중한다. 회사들은 이 경기 침체를 위한 최선의 해결책을 찾고 있는 중이다. 나는 우리가 이 상황을 극복할 것이라고 확신한다.

South Korea is <u>going through</u> a period of economic recession. Many young people focus on getting jobs. Companies are looking for the best solutions for this economic slump. I am sure we can overcome this situation.

3 외식

나는 과거에 외식하는 것을 좋아했었다. 하지만 지금은 외식을 즐기지 않는다. 지난달 나는 식중독 때문에 힘든 시기를 겪었기 때문이다. 너는 외식을 좋아하니? 여름에 외식할 때는 항상 조심해야 한다고 생각한다.

I liked to eat out in the past but I don't enjoy dining out now. I <u>went through</u> a difficult time last month. Do you like eating out? I think we need to be attentive when we dine out in summer.

4 외모

너는 너의 가족 중에서 누구를 닮았니? 나는 내가 아빠를 닮았다고 생각한다. 내가 어릴 때 나는 힘든 시기를 겪었다. 왜냐하면, 내가 부모님을 닮지 않았다고 확신했기 때문이다.

Who do you resemble in your family? I think I take after my father. However, I <u>went through</u> a rough time when I was young. I was sure that I didn't resemble my parents.

5 야구

작년 나는 우연히 야구 경기를 관람했다. 나는 이제 야구 보기는 내 취미 중 하나라고 말할 수 있다. 내가 가장 좋아하는 야구팀은 지난달 어려움을 경험했다. 그러나, 나는 야구장 가는 것을 멈추지 않았다.

I happened to watch a baseball game last year. Now I can say that watching baseball is one of my hobbies. My favorite baseball team <u>went through</u> difficulties last month. However, I didn't stop going to the baseball stadium.

발칙한 영어로 유창하게 말하자 **표현확장 편**

6

교통사고

나는 교통사고를 다시 겪고 싶지 않다. 내가 8살 때, 교통사고가 있었다. 이것은 끔찍한 사고였다. 다친 사람들이 많았다. 사람들은 운전할 때 더 교통신호에 더 신경 써야 한다.

I don't want to <u>go through</u> a car accident again. There was a car accident when I was 8 years old. It was something really terrible. There were many people injured. People should pay more attention to traffic lights when they drive.

7

결혼

나는 결혼이 인생에서 중요한 이벤트라 생각한다. 하지만 내 친구 중 하나는 그녀의 결혼식을 준비하는 동안 혼돈을 경험했다. 그녀는 그녀의 결혼식을 준비하는데 많은 시간을 보냈다. 그러나, 절차가 매우 복잡하고 시간이 걸리는 것이었다.

I think that wedding is an important event in life. One of my friends <u>went through</u> chaos while preparing for her wedding. She spent a lot of time preparing for her wedding. However, it was something complicated and time-consuming.

발칙한 영어로 유창하게 말하자 | 표현확장 편

Chapter 24

deal with

책 속의 강의

우리에게 알파벳 'l'로 끝나는 영어단어들을 발음하기란 그리 녹록하지 않다. '월요일'을 발음해 보고 우리 혀들의 움직임을 감지해 보자. 혀끝이 두 번 천정을 찬다. 우리말을 배우는 외국인들은 '월요일'을 '워요이우'로 소리 낸다. 왜 그럴까? 왜 혀끝이 천정에 닿지 않는 소리가 날까? ㄹ과 유사한 발음은 영어에 r도 있고, l도 있어 훨씬 쉬울 것 같은데.

■ 영화 등에서 보면 두 사람 사이에 동의나 합의가 이뤄졌을 때 한쪽에서 "디이우!"라는 소리의 말을 짧게 한다. 무슨 말인지 알아보면 'Deal!'이었다. '딜'이라는 말은 우리 생활 속에서도 심심찮게 나오는 것인데 왜 이리 다른 소리가 나는 것일까?

■ 어린아이들이 영어를 읽을 수 있게 되기 전 외국인들과 어울릴 수 있게 하면 '사과를 주시오'라는 말을 '기미어느애쁘오'라고 소리 낸다. 영어를 쓰고 읽기 시작하고, 시험을 보고, 자신의 영어가 틀린다는 것을 알게 되어 목소리가 기어들어가기 시작하는 순간 그 문장은 '깁미언애플'이라고 발음되기 시작한다.

■ 'l'로 끝나는 단어의 소리는 '오오'에 가깝다. "씸뽀(simple)한 더사인(design)"이라 말했던 앙드레 김 선생도 살아생전 이 때문에 조롱을 받았다. 그러나 실제 영어 발음은 그가 절대적으로 옳다. simple을 '심플'로 double을 '더블'로, 우리 글자 그대로 읽어대면 외국인들은 그저……. 못 알아듣는다.

■ 이 단원에서 이디엄 deal with를 deal with 한다. 특히 비즈니스 영어에서 회사 소개나 프로젝트에서 참 많이 사용하는 표현이다. 'My company is dealing with IT products.' (우리 회사는 IT 제품을 다룹니다) 등. 사물뿐만 아니라 사람도 마찬가지다. 'Who are you dealing with?' (너 누구를 상대하고 있어?)처럼 사람도 온다.

■ 발음은 최대한 원음에 가까이 오시라. 천천히 하면 '디이우윌th'다.

Warming-Up

이 페이지는 이 단원에 훈련할 어휘와 단어를 미리 익히는 시간이다. 현대 사회의 일상에서 쓰는 단어를 모아 각 단원의 패턴들과 결합, 가장 사용도 높은 예문들을 구성하려고 한다. 다음 단/숙어들이 영어로 1초 내에 입으로 튀어나올 때까지 맹연습하고 다음 페이지로 넘어가자.

- 자체점검!
- 아주조금!
- 반정도는!
- 기본이지!

문제	problem
불만	complaint
어떻게 그 문제가 발생했는지	how the problem arouse
불안정한	unstable
차이	difference
가능한 것	what's possible
이슈	issue
불법 이민자	illegal immigrant
기본적인	underlying
학교 폭력	school violence

발칙한 영어로 유창하게 말하자 | 표현확장 편

Jump-In

여러분을 동시통역의 첫 단계로 초대한다. 실력이 향상되려면, 답이 궁금하고 확신이 없어도 절대 다음 페이지의 정답을 기웃거리지 마시라. 눈으로 영문을 보는 순간 입 영어 실력은 급감한다. 다음 국어 문장을 더듬더듬 만들어보자. 한 문장당 쉼이 두 번 이상 일어나면 다시 시도해 보자.

- 자체점검!
- 아주조금!
- 반정도는!
- 기본이지!

1. 그녀는 고객들의 불만을 처리한다.
2. 나는 내 앞에 놓인 불안정한 상황을 처리한다.
3. 우리는 이 이슈를 많은 다양한 방법으로 처리한다.
4. 교장은 이번 주 회의에서 증가하는 학교 폭력을 처리할 예정이다.
5. 이 시스템은 실내와 실외의 온도 차이를 처리한다.
6. 이 보고서는 교육과 건강 문제 같은 기본적인 문제들을 처리한다.
7. 그 논의는 빈민층을 위한 사회복지 문제를 처리하지 않았다.
8. 요즘 그 국가는 불법 이민자들을 집중적으로 처리한다.
9. 이번 특별 호에서 기자들은 이번에 어떻게 그 문제가 발생했는지를 처리한다.
10. 학생들은 실험에서 가능한 것을 처리할 예정이다.

Check-Up

전 페이지에서 연습한 답을 체크하며 공부하자. 영어에 박학다식해지는 페이지이다. 필자는 영어 발음을 한국어로 표기해 비난을 사기도 한다. 그러나 영어를 읽을 수 있는 우리는 그 발음 따라 읽는다 해도 영어 실력이 줄지 않는다. 외려 우리가 발음 개선을 위해 지향할 것은 정확한 소리지, 영어에 근접도 못 하는 일본식 발음이 아니잖은가? 같은 소리, 빠른 속도가 생성될 때까지 맹훈련하시라!

1. 그녀는 고객들의 불만을 처리한다.

She deals with complaints from the customers.

'쉬딜즈윗th ㅆ컴플레인츠f프롬더커스터멀'
'불평 사항'을 의미하는 단어로는 grumble, grievance, grouse가 있다.

2. 나는 내 앞에 놓인 불안정한 상황을 처리한다.

I deal with the unstable situation ahead of me.

'아이딜윗th ㅆ더언스테이보썰츄에이션어헿업미' instead of는 of가 전치사이기 때문에 뒤에 명사(절), 대명사, 동명사가 위치하고, instead는 뒤에 완전한 문장이 위치한다.

3. 우리는 이 이슈를 많은 다양한 방법으로 처리한다.

We deal with this issue in many different methods.

'위디을윗th th디쓰이쓔인매니디f퍼런ㅌ메th쏟'
셀 수 있는 복수명사에는 many, 셀 수 없는 단수명사에는 much를 사용한다.

발칙한 영어로 유창하게 말하자 표현확장 편

4. 교장은 이번 주 회의에서 증가하는 학교 폭력을 처리할 예정이다.

<u>The principal will deal with growing school violence in the meeting this week.</u>

'th더프린써플위을디을윗th 그로잉스꿀v바이얼런스인th더미링 th디쓰윅'
grow의 명사형은 growth, 형용사형은 growable이다. grown ~up은 성인 이라는 뜻

5. 이 시스템은 실내와 실외의 온도 차이를 처리한다.

This system deals with differences between indoors and outdoors.

'th디쓰씨스템디을스윗th 디퍼런씨스비트윈인도얼스앤아웃도얼스'
between과 among은 모두 '~사이에'라는 의미를 가지지만, between A and B는 둘 사이에를 의미하고, among은 셋 이상 사이에를 의미한다.

6. 이 보고서는 교육과 건강 문제 같은 기본적인 문제들을 처리한다.

This report deals with underlying issues such as education and health problems.

'th디쓰뤼폴딜즈윗th ㅆ언덜라잉이슈스써치애즈에듀케이션앤헬th쓰프롸블럼스'
underlying은 '근본적인'이라는 형용사로 유의어로는 fundamental, basic, prime, elementary가 있다.

7. 그 논의는 빈민층을 위한 사회복지를 처리하지 않았다.

The discussion didn't deal with social services for the poor.

'th더디스커션디든디을윗th 쏘셜썰v비시스f폴th더푸얼' the + 형용사는 '~하는 사람들'로 해석하고 대부분 복수 취급한다. 예를 들면, the lazy는 '게으른 사람들'이다.

8. 요즘 그 국가는 불법 이민자들을 집중적으로 처리한다.

The nation intensively deals with illegal immigrants.

'th더내이션인텐씩v블리디을스윗th일리걸이미그뤈츠' illegal의 동사형은 illegalize, 명사형은 illegality, 부사형은 illegall이다. illegal과 legal은 거의 똑같이 들리니 주의!

9. 이번 특별 호에서 기자들은 이번에 어떻게 그 문제가 발생했는지를 처리한다.

In a special issue, the reporter deals with how the problem arose.

'인어스빼셜이슈,th더뤼포럴디을스윗th 하우th더프라블럼어로우즈'
rise는 '뜨다', '올라가다', raise는 '일으키다', '키우다', arise는 '발생하다', '일어나다'로 구분해서 외울 필요가 있다. rise와 arise의 공통점은 목적어가 안 따르는 자동사다.

10. 학생들은 실험에서 가능한 것을 처리할 예정이다.

Students will deal with what's possible in an experiment.

'스튜던ㅅ위을디을윗th 왓츠파써버을인언익스피뤼먼'
possible은 형용사로 '가능한'이고, possibility는 명사, possibly는 부사이다. impossible이 I'm possible로 변한다는 말은 헛소리다. possible은 사람이 주어로 못 온다.

발칙한 영어로 유창하게 말하자 표현확장 편

Pile-Up

pileup_24.mp3

누적훈련 없이 실력향상 없다!
선행학습 교재 『발칙한 영어로 진짜쉽게 말하자 – 기본패턴 편』 전체 분량과 본 권 『발칙한 영어로 유창하게 말하자 – 표현확장 편』의 누적 학습한 내용까지의 콜라보레이션 동시통역 트레이닝!
다음 문장을 영어로 바꾸시라. 문제당 쉼이 세 번 이상이면 다시! 될 때까지 노력!

1
학교폭력

교장은 이번 주 회의에서 증가하는 학교 폭력을 처리할 예정이다. 학교폭력은 우리 사회에서 매우 심각한 것이다. 학교의 선생님들은 모든 학생들을 신경 쓸 필요가 있다. 더 나은 것을 위해 바뀔 때다.

The principal will <u>deal with</u> growing school violence in the meeting this week. It is something serious in our society. Teachers in schools need to pay attention to every student. It is time to change for the better.

2
이민자

요즘 그 국가는 불법 이민자들을 집중적으로 처리한다. 그들 중 몇몇은 언어 장벽들로 인해 힘든 시기를 겪을지도 모른다. 그들은 그들이 아무 곳에도 속하지 않는다고 느낄 수도 있다. 정부는 이를 위한 최선의 정책을 만드는 것을 계속해야 한다.

The nation intensively <u>deals with</u> illegal immigrants. Some of them might go through a difficult time due to the language barrier. They might think they belong nowhere. The government should keep on making the best policy for this.

3 협상

그 협상은 우리의 근로자들의 임금에 대해 다룬다. 모두가 이 협상에 참여하는 중이다. 우리는 협상을 위해 다양한 방법을 사용한다. 나는 그들이 합의에 도달하기를 원한다.

The negotiation **deals with** worker's wages. Everyone is taking part in this negotiation. We make use of various ways for this. I hope that they reach an agreement.

4 연락

파티를 준비할 때다. 내가 초대하고 싶은 많은 사람들이 있다. 모든 것은 파티 장소에 달려있다. 나는 이 계획을 완벽하게 이행하고 싶다. 나는 목록을 작성함으로써 파티준비를 처리할 것이다.

It's time to prepare a party. There are a lot of people who I want to invite. Everything depends on the party venue. I want to carry out a plan perfectly. I will **deal with** the preparation by making a list.

5 향수병

다른 나라에 살고 있는 몇몇의 사람은 향수병으로 고통을 겪는다. 향수병에 걸리면, 너는 울거나 우울해질 수 있다. 너는 어떻게 향수병을 달래니? 좋은 방법을 알고 있니? 너는 언제 그런 기분을 느끼니? 네가 알려준다면 나는 너를 도울 수 있다.

Some people who live in other countries are going through homesickness. When you get homesick, you can cry or feel down. How do you **deal with** homesickness? When do you feel like that? I can help you if you let me know.

발칙한 영어로 유창하게 말하자 **표현확장 편**

6

장마

한국에는 4계절이 있다. 나는 습기 때문에 여름을 좋아하지 않는다. 나는 언제나 장마철에 우산을 가지고 다니는 것을 확실히 한다. 나는 또한 이번 주에 제습기를 살 계획이다. 나는 제습기를 이용하여 습기 문제를 처리할 것이다.

There are four seasons in Korea. I don't like summer because of humidity. I am sure to bring an umbrella during the rainy season. Also I am planning to buy a dehumidifier this week. I will <u>deal with</u> the humidity problem with the dehumidifier.

7

잡지

나는 신문을 읽는데 시간을 많이 보낸다. 최근에 전 세계에서 테러공격이 있었다. 많은 신문들이 그것들에 집중한다. 이번 특별 호에서 많은 신문사들이 어떻게 그 문제가 발생했는지를 처리한다고 들었다.

I spend a lot of time reading newspaper. There were a lot of terrorist attacks all over the world. A lot of publishing companies focus on them. I heard that many newspapers will <u>deal with</u> how the problem arose in a special issue.

발칙한 영어로 유창하게 말하자 | 표현확장 편

Chapter 25

get along with

발칙한 영어로 유창하게 말하자 **표현확장 편**

책 속의 강의

■ '나는 친구들하고 놀았다'라는 말을 'I played with my friends.'라고 하면 듣는 사람들은 고개를 갸우뚱한다. play는 그다음에 구기 종목이나 악기가 따라오지 않으면 좀 불건전한 의미로 들린다. 'I hung out with my friends.'로 쓰는 것이 좋다. hang out with는 '~와 어울려 놀다'의 뜻이다.

■ 영어로든 한국어로든 자기를 소개할 때 대인관계에 대한 자랑을 늘어놓는 것도 좋은 무기가 된다. '숫기가 좋아 새로 만난 어떤 사람들과도 잘 어울린다', '서비스 경력이 많아 어떤 연령층 고객들과도 잘 어울릴 수 있다' 등 듣는 사람이 귀가 솔깃해질 자기소개 문구에 영양가를 듬뿍 줄 표현 이디엄이 바로 get along with다.

■ '다 같이 노래 불러요'를 외치던 기타를 둘러맨 레크리에이션 강사와 함께 하는 시간을 sing along이라 일컬었다. go along, come along뿐만 아니라 have a good time along 이런 말에도 누군가와 함께 뭔가를 한다면 along을 쓴다.

■ get along with는 '~와 같이 잘 어울려 시간을 보낸다'의 뜻이다. 그다음 낱근 사람이나 사람들이 나온다. 'I get along with many people.'은 자기소개에서 좋은 문구로 들린다. 'I got along with people there.'은 과거 어느 시절을 회상할 때 유용한 문장이다. 또, 'I want to get along with everybody here.'은 좋은 첫인사가 되기도 하겠다.

■ along의 a는 미리 소리 내시기 바란다. 단순히 along의 강세가 o에 있다고 인식하면 알맞은 억양에 실패하는 경우가 많다. 차라리 along을 long으로 연습하시기 바란다. a는 어디 있냐고? get에 붙어있다. get-a가 한 토막, long-with가 다음 토막. 게러-을롱윌. 붙이면 게럴롱윌.

■ 발음 설명하기가 늘 쉽지가 않다. 동영상 강의에서도 열심히 설명드릴 테니 병행하시라. 얼굴이 좀 원빈이었으면 동영상 보시라 하기 좋았을 텐데 매우 죄송하다.

Warming-Up

이 페이지는 이 단원에 훈련할 어휘와 단어를 미리 익히는 시간이다. 현대 사회의 일상에서 쓰는 단어를 모아 각 단원의 패턴들과 결합, 가장 사용도 높은 예문들을 구성하려고 한다. 다음 단/숙어들이 영어로 1초 내에 입으로 튀어나올 때까지 맹연습하고 다음 페이지로 넘어가자.

■ 자체점검!
☐ 아주조금!
☐ 반정도는!
☐ 기본이지!

그들과 비슷한 사람	people who are similar to them
청년들	young generation
시어머니	mother in law
모든 사람	everybody
아이들	children
상사	boss
또래	peers
이웃들	neighbors
비밀을 공유하는 내 반 친구들	my classmates who share my secrets
형제들	brothers

발칙한 영어로 유창하게 말하자 | 표현확장 편

Jump-In

여러분을 동시통역의 첫 단계로 초대한다. 실력이 향상되려면, 답이 궁금하고 확신이 없어도 절대 다음 페이지의 정답을 기웃거리지 마시라. 눈으로 영문을 보는 순간 입 영어 실력은 급감한다. 다음 국어 문장을 더듬더듬 만들어보자. 한 문장당 쉼이 두 번 이상 일어나면 다시 시도해 보자.

- 자체점검!
- 아주조금!
- 반정도는!
- 기본이지!

1. 나는 나의 형제들과 잘 어울린다.
2. 나는 그 팀의 모든 사람들과 어울린다.
3. 그녀는 그녀의 성격 덕분에 그녀의 시어머니와 잘 어울린다.
4. 이 인공지능 로봇은 심지어 아이들과도 잘 어울릴 수 있다.
5. 그녀는 다행히 그녀의 상사와 잘 어울린다.
6. 그녀는 우리가 예측한 대로 또래와 거의 잘 어울리지 않는다.
7. 나는 여기로 최근에 이사왔지만, 나의 이웃들과 잘 어울린다.
8. 나이 차에 관계없이 그 교수는 청년들과 잘 어울린다.
9. 대개 사람들은 그들과 비슷한 사람과 더 잘 어울린다.
10. 나는 나의 비밀을 공유하는 내 반 친구들과 잘 어울린다.

Check-Up

전 페이지에서 연습한 답을 체크하며 공부하자. 영어에 박학다식해지는 페이지이다. 필자는 영어 발음을 한국어로 표기해 비난을 사기도 한다. 그러나 영어를 읽을 수 있는 우리는 그 발음 따라 읽는다 해도 영어 실력이 줄지 않는다. 외려 우리가 발음 개선을 위해 지향할 것은 정확한 소리지, 영어에 근접도 못 하는 일본식 발음이 아니잖은가? 같은 소리, 빠른 속도가 생성될 때까지 맹훈련하시라!

1. 나는 나의 형제들과 잘 어울린다.

I get along well with my brothers.

'아이게릴롱웨을윗th마이브라th덜스' well은 부사로는 '잘', '좋게'라는 의미이고, 형용사로는 '건강한', '좋은'이라는 의미를 가진다. I am well. (나 건강히 잘 있다)

2. 나는 그 팀의 모든 사람들과 어울린다.

I get along with everybody in the team.

'아이게릴롱윗th 쓰에v브리바디인th더팀'

everybody는 '모두가 참여하는 것'을 의미하고, everyone은 '한두 사람 예외가 발생할 수 있다'는 차이가 있다는 어느 영문학자의 구분이 있다.

3. 그녀는 그녀의 성격 덕분에 그녀의 시어머니와 잘 어울린다.

She gets along with her mother in law thanks to her personality.

'쉬겟츠얼롱윗th 쓰헐머덜인로우th땡쓰투헐펄쓰널러리'

thanks to는 '~덕분에', thanks for은 '~에 대해 감사하다'라는 의미이다. 음반이나 영화에 나오는 Thanks to의 thanks는 명사고 to는 방향 전치사다.

4. 이 인공지능 로봇은 심지어 아이들과도 잘 어울릴 수 있다.

<u>This AI robot can get along even with children.</u>

'th디쓰에이아이뤄벗캔겟얼롱이븐윗th칠드뤈' AI는 Artificial Intelligence의 약자이고 조류 독감 AI는 avian influenza다. child의 복수형은 childs가 아닌 children이다.

5. 그녀는 다행히 그녀의 상사와 잘 어울린다.

<u>Fortunately she gets along with her boss.</u>

'f폴츄넡을리쉬겟츠얼롱윗th 헐보쓰' fortunately는 luckily와 happily와 유의어이며, 가운데 t 소리가 나지 않도록 'f폴츄넡을리'라고 하자.

6. 그녀는 우리가 예측한 대로 또래와 거의 잘 어울리지 않는다.

<u>She hardly gets along with her peers as we expected.</u>

'쉬할들리겟츠얼롱윗th헐피얼스애즈위익스펙티ㄷ' hard는 '어려운', '어렵게'라는 의미고, hardly는 '거의 ~하지 않는'이라는 전혀 다른 의미이다.

7. 나는 여기로 최근에 이사왔지만, 나의 이웃들과 잘 어울린다.

<u>Even though I moved here recently, I get along with my neighbors.</u>

'이v븐th도우아이뭅v디얼뤼쓴리, 아이겟어롱윗th쓰마이네이볼스' even though는 사실에 근거에 '~일지라도'이고, even if는 상상에 근거해 '~이라도'라는 다른 의미를 가진다.

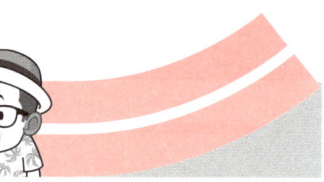

8. 나이 차에 관계없이 그 교수는 청년들과 잘 어울린다.

The professor gets along well with young people regardless of the age gap.

'th더프로f풰썰겟썰롱웰윗th영피쁘을뤼갈드리스업th디에이쥐갭'

regardless of는 전치사구로 뒤에 명사(절)가 위치한다. regardless, countless, sugarless 등 명사에 less가 붙으면? '~없는'

9. 대개 사람들은 그들과 비슷한 사람과 더 잘 어울린다.

People generally get along better with people who are similar to them.

'피쁘을제너럴리게럴롱베럴윗th피쁘을후얼씨밀럴투th뎀'

generally의 유의어로는 usually, commonly, typically, normally가 있다. people 다음의 who는 관계대명사 주격이다. who 다음에 동사가 왔으므로.

10. 나는 나의 비밀을 공유하는 내 반 친구들과 잘 어울린다.

I get along with my classmates who share my secrets.

'아이게럴롱윗th마이클래스매이츠후쉐얼마이씨크륏ㅊ' my는 i의 소유격으로, 소유격 뒤에는 항상 명사가 와야 한다. 대신 소유대명사(mine, yours, his, hers, ours, yours, theirs)의 경우 이미 '것'이라는 의미가 포함되어 있으므로 명사가 나오지 않는다.

Pile-Up

🎧 pileup_25.mp3

발칙한 영어로 유창하게 말하자 **표현확장 편**

누적훈련 없이 실력향상 없다!
선행학습 교재 『발칙한 영어로 진짜쉽게 말하자 – 기본패턴 편』 전체 분량과 본 권 『발칙한 영어로 유창하게 말하자 – 표현확장 편』의 누적 학습한 내용까지의 콜라보레이션 동시통역 트레이닝!
다음 문장을 영어로 바꾸시라. 문제당 쉼이 세 번 이상이면 다시! 될 때까지 노력!

1
인기

우리 부서엔 인기 있는 팀장이 있다. 그는 나이와 상관없이 모두와 잘 어울린다. 그는 계속 다른 사람들을 돕는다. 나는 우연히 그와 같은 세미나에 참석했었다. 그때 나는 그가 인기 많은 이유를 알아낼 수 있었다.

There is a popular manager in my department. He <u>gets along with</u> everyone regardless of age. He keeps on helping others. I happened to attend a seminar with him. At that time, I could figure out why he is so popular.

2
인공지능

유용한 기술들이 많다. 우리는 이것들을 교육, 보안과 같은 다양한 산업에 사용할 수 있다. 난 많은 로봇들은 스스로 결정할 수 있다고 들었다. 그들은 또한 사람들과도 잘 어울릴 수 있다. 너는 어떻게 생각하니? 나는 한편으로는 두렵기도 하고 설레기도 한다.

There are a lot of useful technologies. We can make use of them in various industries like education and security. I heard that many robots can make decisions by themselves. They can <u>get along</u> well <u>with</u> humans. What do you say? I am afraid and excited at the same time.

3 졸업

나는 이번 겨울에 졸업할 계획이다. 모두에게 작별 인사를 할 때다. 나는 이 학교에서 많은 사람들과 어울렸다. 나는 학교에서 정말 재미있는 시간을 보냈다. 나는 이 학교에 속해서 기쁘다.

I am planning to graduate from my school this winter. It's time to say goodbye to everyone. I <u>got along with</u> many people in this school. I had a lot of fun at my school. I am glad to belong to this school.

4 조깅

나는 조깅이 훌륭한 운동임을 안다. 나는 조깅을 정말 즐긴다. 나는 조깅을 하며 많은 사람과 어울릴 수 있다. 나는 또한 거기서 친구를 만들 수 있다. 이것이 내 체력을 향상시키는데 도움을 준다고 확신한다.

I know jogging is a great exercise. I really enjoy jogging. I can <u>get along with</u> many people while doing it. I can make friends there as well. I am sure it helps me to improve my stamina.

5 성격

내가 너에게 내 친구에 대해 이야기해 줄게. 그녀는 그녀 주변의 모두와 잘 지낸다. 그녀의 성격 덕분에 모두가 그녀와 시간을 보내고 싶어 한다. 나도 그녀와 항상 이야기하고 싶다.

I will tell you about my friend. She <u>gets along with</u> everyone around her. Thanks to her personality, everybody wants to spend a lot of time with her. I feel like talking to her all the time.

발칙한 영어로 유창하게 말하자 　표현확장 편

6
팀 프로젝트

팀 멤버와 잘 어울리는 것은 좋은 결과를 만드는 한 방법이 될 수 있다. 왜냐하면, 의견을 효과적으로 나눌 수 있다. 나는 그 팀의 모든 사람들과 어울리기 위해 노력해야 한다. 나는 함께 일하는 것이 생산력을 향상할 수 있다고 믿는다.

<u>Getting along with</u> team members can be one way to get better results. We can share opinions effectively. I should try to get along with everybody in the team. I believe that working together can improve productivity.

7
면접

저는 학창시절에 다양한 그룹에 속해있었습니다. 이 경험들을 통해 저는 다른 사람들의 의견을 경청할 수 있고 모두와 잘 어울립니다. 또한, 어려운 상황을 잘 처리합니다. 저는 제가 해 온 것들이 자랑스럽습니다.

I belonged to various clubs in my college days. Through these experiences, I can listen to others' opinions and <u>get along with</u> everybody. Also I can deal with difficult situations. I am proud of what I have done.

발칙한 영어로 유창하게 말하자 | 표현확장 편

Chapter 26

make a difference

책 속의 강의

우리는 '다르다'라는 말과 '틀리다'라는 말을 같은 뜻으로 쓴다. '내 경우와 네 경우는 틀려' 라 한다. 잘못된 말이라고 지적은 받겠지만, 우리 모두 이 말을 잘 알아듣고 이해한다는 데에 우려가 생긴다.

■ 젓가락을 사용하는 한국인과 포크를 애용하는 미국인이 있다 치자. 우리가 "너희의 식사하는 방법은 틀리다."라 생각하여 만일 'Your way to eat is wrong.'이라 외쳤다면? 상대방 놀라서 동공 확장되어 우리를 적대시하며 "그럼 뭐가 맞는데?" (Then, what is the right way?)라 받아칠 공산 100퍼.

■ 영어로 '틀리다'라는 wrong, not right, not appropriate 등으로 '다르다'의 different와 아무런 공통분모 없는 단어다. 그러니 우리도 정확히 쓰기로 하고 실수 없이 번역하기로 하자. 이 different의 명사형은 difference고, 그리고 이것이 바로 이 단원의 열쇠가 되는 어휘다.

■ make a difference의 글자 그대로의 해석은 '차이를 만들다'라는 어느 광고 로고에서 늘 들어 봄 직한 어귀다. 그러나 '차이를 만들다'로 기억하면 이 중하디중한 이디엄을 평생 사용할 확률은 별로 높지가 않다. 대신 "중요하다"라고 인식하시라.

■ '중요하다'는 important라는 형용사가 눈이 시퍼렇게 살아있는데 어찌 그를 배신할 수 있겠는가 라고 조강지처 두려워하는 마음이 드실 것이다. 이래서 우리 영어가 잘 늘지 않는다. '비싸다'라는 말을 단지 'It is expensive.'하고 나서 '이번엔 틀리지 않고 잘 했지'라 만족하지 말고 더 욕심을 내시라. It is expensive. It is not cheap. I need more money⋯ 보시라. 벌써 세 문장 줄줄줄 하고 있다. 같은 말 한다고 누가 시비 걸 것 같은가?

■ It is important. It makes a difference. 참 좋은 조합이다. 사랑, 돈, 건강⋯ 뭐든지 이 문장 조합에 주어가 될 수 있다. Quality is important. It makes a big difference. 필자는 회사에서 제품 소개할 때 이 문구를 므흣하게 날렸었다.

Warming-Up

이 페이지는 이 단원에 훈련할 어휘와 단어를 미리 익히는 시간이다. 현대 사회의 일상에서 쓰는 단어를 모아 각 단원의 패턴들과 결합, 가장 사용도 높은 예문들을 구성하려고 한다. 다음 단/숙어들이 영어로 1초 내에 입으로 튀어나올 때까지 맹연습하고 다음 페이지로 넘어가자.

자체점검!
아주조금!
반정도는!
기본이지!

· 네가 다른 사람들을 어떻게 대하는지	· how you treat other people
· 작은	· little
· 그들이 스스로에 대해 생각하는 방식	· the way they feel about themselves
· 자원봉사	· volunteering work
· 네가 동의하건 그렇지 않건	· whether you agree or not
· 날씨	· weather
· 네가 요즘 우려하는 것	· what you are concerned about
· 취직하다	· get a job
· 투표하다	· cast a vote
· 모양	· shape

Jump-In

여러분을 동시통역의 첫 단계로 초대한다. 실력이 향상되려면, 답이 궁금하고 확신이 없어도 절대 다음 페이지의 정답을 기웃거리지 마시라. 눈으로 영문을 보는 순간 입 영어 실력은 급감한다. 다음 국어 문장을 더듬더듬 만들어보자. 한 문장당 쉼이 두 번 이상 일어나면 다시 시도해 보자.

■ 자체점검!
☑ 아주조금!
☐ 반정도는!
☐ 기본이지!

1. 취직은 나의 인생에 현저한 차이를 만든다.
2. 여행에 관해 이야기하자면 날씨가 현저한 차이를 만든다.
3. 투표를 하는 것은 우리 사회에 언제나 큰 차이를 만든다.
4. 그들의 자원봉사는 다양한 분야에서 약간의 차이를 만들었다.
5. 제품의 모양은 판매에 큰 차이를 만들 것이다.
6. 작은 것들도 어떤 상황에서는 큰 차이를 만들 수 있었다.
7. 강연은 그들이 스스로에 대해 생각하는 방식에 차이를 만들었다.
8. 네가 요즘 우려하는 것은 차이를 만들지 않는다.
9. 네가 동의하건 그렇지 않건 차이를 만들지 않는다.
10. 네가 다른 사람들을 어떻게 대하는지는 차이를 만든다.

Check-Up

전 페이지에서 연습한 답을 체크하며 공부하자. 영어에 박학다식해지는 페이지이다. 필자는 영어 발음을 한국어로 표기해 비난을 사기도 한다. 그러나 영어를 읽을 수 있는 우리는 그 발음 따라 읽는다 해도 영어 실력이 줄지 않는다. 외려 우리가 발음 개선을 위해 지향할 것은 정확한 소리지, 영어에 근접도 못 하는 일본식 발음이 아니잖은가? 같은 소리, 빠른 속도가 생성될 때까지 맹훈련하시라!

1. 취직은 나의 인생에 현저한 차이를 만든다.

Getting a job makes a significant difference in life.

'게링어잡메익서시그니f피컨디f퍼런스인라f잎' significant는 형용사로 '중요한'의 의미이고, 명사형은 significance, 부사형은 significantly이다.

2. 여행에 관해 이야기하자면 날씨가 현저한 차이를 만든다.

The weather makes a significant difference speaking of a trip.

'th더웨th덜매익서식니피컨f퍼런스스피낑옵어트립' trip은 목적이 있는 '짧은 여행', tour는 관광목적의 '여행', travel은 해외나 장기간의 '여행'을 의미한다.

3. 투표를 하는 것은 우리 사회에 언제나 큰 차이를 만든다.

Casting a vote always makes a big difference to our society.

'캐스팅어v보트어웨이즈매익스어빅디퍼런스투아월쏘싸이어리' vote는 명사로는 '투표', 동사로는 '투표하다'의 의미가 있고, 형용사형으로는 votable, voteless가 있다.

4. 그들의 자원봉사는 다양한 분야에서 약간의 차이를 만들었다.

Their volunteering work <u>made some difference</u> in various fields.

'th데얼v발런티어링월ㅋ매이드썸디f퍼런쓴v붸뤼어스f필즈'
volunteer는 명사로 '자원봉사자', 동사로 '자원하다', '자원봉사하다'를 의미하다.

5. 제품의 모양은 판매에 큰 차이를 만들 것이다.

The shape of the product will <u>make a huge difference</u> to sales.

'th더쉐입빱f th더프뤄덕위을매이꺼휴즈디f퍼런스투세일ㅅ' big, huge, gigantic은 모두 '큰'의 의미이지만, big보다는 huge, huge보다는 gigantic이 더 큰 느낌이다.

6. 작은 것들도 어떤 상황에서는 큰 차이를 만들 수 있었다.

Little things could <u>make a great difference</u> in some circumstances.

'리를th띵스쿳매이꺼그뤠잇디f퍼런스인썸썰쿰스턴씌스' circumstance의 유의어로는 situation, condition, contingency가 있다. circumstance는 가산명사!

7. 강연은 그들이 스스로에 대해 생각하는 방식에 차이를 만들었다.

A lecture <u>made a difference</u> on the way they feel about themselves.

'얼렉쳐매이드어디f퍼런스언th더웨이th데이f필러바웃th뎀쎌v브스'
인칭대명사의 소유격 또는 목적격에 ~self(selves)가 붙은 것을 '재귀대명사'라고 칭하고, '~자신'이라는 의미를 가진다.

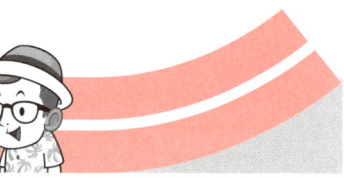

8. 네가 요즘 우려하는 것은 차이를 만들지 않는다.

It <u>makes no difference</u> what you are concerned about these days.

'잇매익스노디f퍼런ㅅ워츄알컨썬ㄷ어봐웃th디즈데이ㅅ'
recently, lately, these days는 모두 '최근', '요즘'의 의미지만, recently는 주로 현재 완료와 과거에 사용, lately는 현재 완료에, these days는 현재에 쓰인다.

9. 네가 동의하건 그렇지 않건 차이를 만들지 않는다.

It <u>makes no difference</u> whether you agree or not.

'잇매익스노디f퍼런스웨th털유어그뤼오얼낫' whether + 주어 + 동사 + or not의 순서로 쓰이고, or not을 생략할 수도 있다. agree를 발음할 때 a는 크게 하지 말 것!

10. 네가 다른 사람들을 어떻게 대하는지는 차이를 만든다.

It <u>makes a difference</u> how you treat other people.

'잇매익스어디f퍼런스하우유츄릿아th털피쁘을' treat은 동사형으로 '대하다'의 의미이고, 명사형으로는 treater, treatment, 형용사형으로는 treatable이 있다.

Pile-Up

pileup_26.mp3

발칙한 영어로 유창하게 말하자 표현확장 편

누적훈련 없이 실력향상 없다!
선행학습 교재 『발칙한 영어로 진짜쉽게 말하자 – 기본패턴 편』 전체 분량과 본 권 『발칙한 영어로 유창하게 말하자 – 표현확장 편』의 누적 학습한 내용까지의 콜라보레이션 동시통역 트레이닝!
다음 문장을 영어로 바꾸시라. 문제당 쉼이 세 번 이상이면 다시! 될 때까지 노력!

1 취업

많은 사람들은 취직하는데 시간을 많이 보낸다. 그것은 내 인생에 지대한 차이를 만들었다. 나는 경기침체 때문에 그것이 전보다 더 힘들다는 것을 안다. 많은 구직자들이 힘겹다고 들었다.

Many people spend a lot of time getting a job. It <u>made a</u> significant <u>difference</u> in my life. I know it is more difficult than before due to the economic slump. I heard that many jobseekers are struggling.

2 날씨

여행에 있어서라면, 날씨가 큰 차이를 만든다. 요즘은 지구온난화 때문에 날씨가 매우 예측 불가능하다고 생각한다. 우리는 환경에 신경을 써야 한다. 그렇지 않으면 우리는 역경을 경험할지도 모른다.

The weather <u>makes a</u> big <u>difference</u> speaking of a trip. I think the weather nowadays is very unpredictable because of global warming. We need to pay attention to the environment. Otherwise, we might go through a hardship.

3 자원봉사

내가 사람들을 돕기 위해 봉사활동을 갔던 때가 있었다. 나는 빨래와 설거지처럼 많은 것을 할 수 있었다. 나는 거기서 많은 사람들과 어울릴 수 있었다. 이 활동은 우리 사회에 큰 차이를 만들 수 있다.

There were times when I visited community centers to help people. I could do many things such as doing laundry and washing dishes. I could get along with many people there. This activity can <u>make a</u> big <u>difference</u> to our society.

4 수영

나는 더 건강해지고 싶다. 나는 수영을 하기로 결정했다. 이 결정은 내 인생에 큰 차이를 만들 것이다. 나는 절대 포기하지 않고 계속 노력할 것이다.

I want to become healthier. I made a decision to swim. This decision will <u>make a</u> big <u>difference</u> to my life. I will never give up and keep trying.

5 투표

투표는 중요한 것이라 확신한다. 그것은 언제나 많은 측면에서 큰 차이를 만든다. 사람들은 이 문제를 처리하는데 시간을 많이 보낸다. 우리는 세부 사항도 신경 써야 한다.

I am sure that casting a vote is important. It always <u>makes a</u> big <u>difference</u> in many aspects. People spend a lot of time dealing with this problem. We should pay attention to details.

6

계획

네가 여행할 땐 계획을 세우는 것이 중요하다. 나는 짐 싸는 것이 가장 첫 단계라고 생각한다. 나는 준비할 때 주의해야 한다. 따라서 나는 계획을 세우기 위해 컴퓨터를 이용한다.

Having a plan <u>makes a difference</u> when you travel. I would say that packing is the first step. I should be careful when I prepare. So I make use of a computer to make plans.

7

비즈니스

우리는 이번 달에 새로운 상품을 출시할 예정이다. 우리는 준비하는데 많은 시간을 보내는 중이다. 나는 제품의 디자인이 정말 자랑스럽다. 그것은 판매에 큰 변화를 만들 것이다. 이것은 가지고 다니기 쉬운 것이다.

We are planning to launch our new product this month. We are spending a lot of time preparing it. I am so proud of the design of the product. It will <u>make a huge difference</u> to sales. It is something easy to carry.

발칙한 영어로 유창하게 말하자 | 표현확장 편

Chapter 27

take care of

발칙한 영어로 유창하게 말하자 | 표현확장 편

책 속의 강의

아름다운 외모를 가진 사람이 지적 능력이 떨어진다는 사실을 비꼬는 농담이 유쾌한 필자는 확실히 외모가 좋은 사람은 아닌가 보다. 압구정동에서 남친이 가져온 외국 시사잡지 Time을 보며 '티메'라고 읽었다든지, 연이어 남친의 스포츠카 엉덩이에 쓰여 있던 Turbo를 '털보'라 말했다든지 하는 말들이 우습다. care를 '카레'라고 읽은 분이 계셔서 말해 봤다.

- 외국인들이 많이 사용하는 love는 사용하기 부담스럽다. 사랑에는 책임이 따르기 때문에, 또 사랑한다는 말을 잘 안 하고 사는 남자라서 그럴 수도 있다. 대신, care을 사용하여 'I love you.'가 필요한 경우 'I care about you.'가 훨씬 내 고리타분한 이미지에 알맞은 느낌이 든다.

- 'care란 성공의 열쇠다'라 말하는 도서, 강연들이 꽤 많다. 나도 완전 공감이다. 동사로서는, 주의하다, 신경 쓰다, 걱정하다 등의 여러 의미가 있는 이 어휘는 인간적인 소통이 점점 줄고, 자신이 우선인 인식이 가득한 현대 사회에 지표가 될만한 키워드임이 틀림없다.

- 비즈니스 영어를 가르쳐 달라는 학생들이 오면 필자가 가장 먼저 가르치는 이디엄이 바로 이 단원의 주인공 take care of다. 회사에서 가장 많이 사용하는 '업무를 처리하다'라는 말을 take care of it으로 모두 다 설명해 낼 수 있으면, 비단 회사 업무뿐 아니라 일상에서도 take care of my children, take care of my health 등 돌보다 의 의미로도 많이 많이 사용한다.

- 'Take care of yourself.' (너 자신을 잘 돌봐라)라는 누군가를 만나 헤어지는 상황에서 하는 인사다. 좀 길어서 숨이 차서 그러는지 'Take care.'라고 줄여서들 말한다. 'I will take care of myself.' (나는 내 몸뚱어리 잘 건사할 수 있어)는 끝없는 간섭을 방출하는 모친과 배우자에게 저항할 수 있게 만드는 문장이니 호신용으로 잘 지니고 다니시라.

Warming-Up

이 페이지는 이 단원에 훈련할 어휘와 단어를 미리 익히는 시간이다. 현대 사회의 일상에서 쓰는 단어를 모아 각 단원의 패턴들과 결합, 가장 사용도 높은 예문들을 구성하려고 한다. 다음 단/숙어들이 영어로 1초 내에 입으로 튀어나올 때까지 맹연습하고 다음 페이지로 넘어가자.

자체점검!
아주조금!
반정도는!
기본이지!

그들이 먹고 마시는 것	what they eat and drink
아이들	children
문제	problem
가게에 전시된 물품	products displayed at the store
그들 스스로	themselves
애완동물	pet
공공시설	public facilities
집안일	house chores
오늘 끝내야 되는 일	what needs to be done
조카	nephew

Jump-In

여러분을 동시통역의 첫 단계로 초대한다. 실력이 향상되려면, 답이 궁금하고 확신이 없어도 절대 다음 페이지의 정답을 기웃거리지 마시라. 눈으로 영문을 보는 순간 입 영어 실력은 급감한다. 다음 국어 문장을 더듬더듬 만들어보자. 한 문장당 쉼이 두 번 이상 일어나면 다시 시도해 보자.

- 자체점검!
- 아주조금!
- 반정도는!
- 기본이지!

1. 나는 부모님이 없는 동안 조카들을 돌보는 중이다.
2. 우리는 언제나 급한 문제들을 먼저 돌본다.
3. 그 수의사는 학대당한 애완동물들을 잘 돌보았다.
4. 그들은 규칙적으로 운동하면서 그들 스스로를 돌봐야 한다.
5. 그는 매주 일요일에 재활용과 빨래 등의 집안일을 돌본다.
6. 시간이 지나면서 그는 그의 아이들을 잘 돌본다.
7. 정부는 오래된 공공시설을 돌본다.
8. 그 매니저는 매일 가게에 전시된 물품들을 돌본다.
9. 나는 오늘 끝내야 되는 일을 돌보는 중이다.
10. 많은 사람들은 그들이 매일 먹고 마시는 것을 잘 돌본다.

Check-Up

전 페이지에서 연습한 답을 체크하며 공부하자. 영어에 박학다식해지는 페이지이다. 필자는 영어 발음을 한국어로 표기해 비난을 사기도 한다. 그러나 영어를 읽을 수 있는 우리는 그 발음 따라 읽는다 해도 영어 실력이 줄지 않는다. 외려 우리가 발음 개선을 위해 지향할 것은 정확한 소리지, 영어에 근접도 못 하는 일본식 발음이 아니잖은가? 같은 소리, 빠른 속도가 생성될 때까지 맹훈련하시라!

1. 나는 부모님이 없는 동안 조카들을 돌보는 중이다.

I am <u>taking care of</u> my nephews while their parents are away.

'아임테이킹케얼옵f마이네f퓨ㅅ와이을th데얼패어뤈츠얼어웨이'
nephew는 '남자 조카', niece는 '여자 조카', cousin은 '사촌', aunt는 '아버지나 어머니의 여자 형제', uncle은 '아버지나 어머니의 형제', father-in-law는 '시아버지, 장인', mother-in-law는 '시어머니, 장모'를 의미한다.

2. 우리는 언제나 급한 문제들을 먼저 돌본다.

We always <u>take care of</u> the urgent problems first.

'위어웨이즈테익케얼옵f th디얼젼프라블럼스f펄스트'
urgent는 형용사로 '긴급한', urge는 동사형, urgency는 명사형, urgently는 부사형이다.

3. 그 수의사는 학대당한 애완동물들을 잘 돌보았다.

The vet <u>took</u> good <u>care of</u> mistreated pets.

'th더v벳툭근케얼업f미스트릿팃ㄷ펫ㅊ' mistreat는 '사람, 동물을 학대하다', '사람을 지지고 볶다'의 의미로 사람과 동물 모두에게 사용 가능하다.

발칙한 영어로 유창하게 말하자 **표현확장 편**

4. 그들은 규칙적으로 운동하면서 그들 스스로를 돌봐야 한다.

They should take care of themselves by working out regularly.

'th데이슏테익케얼업f th뎀셀v브즈바이월낑아웃뤠귤러뤼' work out과 exercise는 모두 '운동하다'를 의미하지만, work out은 흔히 몸매나 건강관리를 위해 하는 운동 '헬스'를 나타내고, exercise는 수영, 조깅과 같은 모든 '운동'을 의미한다.

5. 그는 매주 일요일에 재활용과 빨래 등의 집안일을 돌본다.

He takes care of house chores such as recycling, doing the laundry and so on every Sunday.

'히테익스케얼업f하우스쵸얼ㅅ써취애즈뤼싸이클링,두잉th더런뒤리앤쏘온에v브뤼썬데이' '빨래를 하다'를 할 때, 알아놓으면 좋은 표현으로는 throw the laundry in the washer '빨래를 세탁기에 넣다', detergent '세제', fabric softener '섬유유연제'가 있다.

6. 시간이 지나면서 그는 그의 아이들을 잘 돌본다.

As time goes by, he takes good care of his children.

'애즈타임고우스바이, 히테익스굿케얼업f히스칠드뤈' as time goes by는 with the passage of time과 같은 의미이다. 롤링스톤스 믹재거의 명곡 중 하나이기도 하다.

7. 정부는 오래된 공공시설을 돌본다.

The government takes care of outdated public facilities.

'th더거v벌먼테익스케얼옵아웃데이리드퍼블릭f퍼씰리리스'
outdated의 유의어로는 old-fashioned, obsolete, out of date, unfashionable이 있다.

8. 그 매니저는 매일 가게에 전시된 물품들을 돌본다.

The manager takes care of the products displayed at the store every day.

'th더매니줠테익스케얼업f th더프뤄덕ㅊ디스플레이ㄷ앳th더스또얼에v브뤼데이'
everyday는 명사를 꾸며주는 형용사로 '일상적인', '매일 일어나는'이고, every day는 동사 또는 문장을 꾸며주는 부사로 '매일매일'의 의미이다.

9. 나는 오늘 끝내야 되는 일을 돌보는 중이다.

I am taking care of what needs to be done today.

'아임테이킹케얼업f왓니즈투비던투데이' done은 형용사형 과거분사로 '다 끝난'의 의미도 있지만 감탄사 'Done!'으로 하면 '좋다!'라는 의미도 있다.

10. 많은 사람들은 그들이 매일 먹고 마시는 것을 잘 돌본다.

Many people take good care of what they eat and drink every day.

'매니피쁠테익굿케얼업f 왓th데이잍앤듀륑에브v뤼데이' take care of 중간에 good을 넣어서 '각별히'라는 의미를 강조한다. 다른 형용사 great, best, special도 잘 어울린다.

Pile-Up

pileup_27.mp3

발칙한 영어로 유창하게 말하자 『표현확장 편』

누적훈련 없이 실력향상 없다!
선행학습 교재 『발칙한 영어로 진짜쉽게 말하자 – 기본패턴 편』 전체 분량과 본 권 『발칙한 영어로 유창하게 말하자 – 표현확장 편』의 누적 학습한 내용까지의 콜라보레이션 동시통역 트레이닝!
다음 문장을 영어로 바꾸시라. 문제당 쉬이 세 번 이상이면 다시! 될 때까지 노력!

1 운동

나는 규칙적으로 운동을 하며 나를 돌볼 필요가 있다. 그것은 내 건강에 차이를 만든다. 나는 근육을 키울 수 있고, 더 빠르고 유연해질 수 있다. 또한, 나는 스트레스를 해소할 수 있다.

I need to <u>take care of</u> myself by working out on a regular basis. It makes a difference to my health. I can build muscle and become fast and flexible. Also, I can release my stress.

2 집안일

나는 매주 일요일에 재활용과 빨래 같은 집안일을 처리한다. 그러나 그것은 때때로 귀찮은 일이다. 요즘엔 로봇 청소기와 전기밥솥 같은 많은 기기가 있다. 이 기기들 덕분에 나는 많은 시간을 절약할 수 있다.

I <u>take care of</u> house chores such as recycling and doing laundry every Sunday. However, it is something annoying from time to time. There are lots of machines such as robot cleaners and rice cookers. Thanks to these machines, I can save a lot of time.

3

정부

정부에 대해 말하자면 많은 책임들이 있다. 예를 들면 정부는 낙후된 공공재를 처리한다. 그것은 우리의 세금과 관련이 있다. 정부는 다양한 문제들을 처리한다.

There are lots of responsibilities when it comes to the government. For example, the government <u>takes care of</u> outdated public facilities. It has something to do with our taxes. The government takes care of various issues.

4

일

나는 많은 일로 바쁘고 때때로 밤을 샌다. 그것은 나의 승진과 관련이 있다. 나는 상사로부터 좋은 피드백을 받아야 한다. 그리고 나는 오늘까지 해야 하는 것을 처리하는 중이다.

I am busy with my heavy workload and sometimes stay the night at work. It has something to do with my promotion. I have to get good feedback from my boss. And now, I am <u>taking care of</u> what needs to be done today.

5

간호사

간호사들은 많은 환자들을 돌봐야 한다. 그들은 어려운 상황들을 처리하는 데 시간을 많이 보낸다. 많은 환자들은 그들에게 의존한다. 간호사들은 언제나 큰 차이를 만든다.

Nurses have to <u>take care of</u> many patients. They spend a lot of time dealing with difficult situations. Many patients depend on them. Nurses make a big difference all the time.

발칙한 영어로 유창하게 말하자 **표현확장 편**

6

통화

나는 전화로 그녀의 목소리를 들었다. 그녀는 무언가 달랐다. 나는 그녀에게 무슨 일이 있다고 생각했다. 나는 그녀의 집으로 가야 한다. 그리고 그녀를 돌봐야 할 필요가 있다.

I listened to her voice on the phone. She sounded different. I think something happened to her. I should go to her house. I need to <u>take care of</u> her.

7

청소

너는 주로 언제 방을 처리하니? 나는 매 주말에 내 방을 치운다. 나는 깨끗한 방에서 지내서 행복하다. 그것은 내가 어떻게 집안일들 하는지에 달려있다. 나는 내 방을 치우는 것을 즐긴다고 생각한다.

When do you usually <u>take care of</u> your room? I clean up my room every weekend. I am happy to stay in a clean room. It depends on how I do house chores. I think I enjoy cleaning my room.

발칙한 영어로 유창하게 말하자 | 표현확장 편

Chapter 28

remind me of

발칙한 영어로 유창하게 말하자 **표현확장 편**

책 속의 강의

필자가 회사에서 뺑이를…아니 열심히 일할 때 For your reminder, (당신이 기억하시라고,)라는 말을 상대 외국인이 못 알아들어 약 10번을 반복한 연구소 동료가 있었다. 나에게 얘기하길래, "r로 시작하는 단어가 있으면 ㄹ 말고 ㅇ으로 내세요. 입 모으고요."라 답해줬다. 그는 효과가 크다고 말했고, 나는 '아, 내가 영어를 가르칠 수 있구나' 생각해서 영어 선생이 되었다. 필자가 영어 교육계에 몸담게 된 결정적인 계기가 바로 이 r로 시작하는 어휘 때문이었던 것이었던 것이었다.

I remember you. 아이리멤버유(X) 아위멤버류(O)
Please review this. 플리이즈리뷰디스(X) 플리스위v뷰th디쓰(O)

━ 발음을 고치기 위해서는 겁내서는 안 된다. 극단적이어야 한다. retired를 '리타이어드'라 하지 않고 '위타이얼ㄷ'라 소리 내면 그간 사귀었던 친구들을 많이 잃는다. 그러나 앞 외국인들은 못 알아듣는다는 게 함정. r을 ㄹ이 아니라는 극한 인식을 해야 우리 그 오래 숙성된 발음은 고쳐진다.

━ It reminds me of my mom. (그것은 우리 모친을 연상시킨다)이라는 이 단원 대표 문장을 보자. 시험에 많이 나와 중헌지는 알겠는디 어디에 쓸지 잘 모를 문장이다. It은 '내가 지금 보고 있는 것'이고, my mom은 '내 머릿속에 생각나는 것(실례)'이다. 이를 토대로 연습을 해 보자.

1. 커피를 보며 스타벅스를 생각하자. This coffee reminds me of Starbucks.
2. 하늘을 보며 바다를 생각하자. The sky reminds me of the ocean.

━ '연상시키다' 보다는 '생각나게 한다'로 받아들이면 더 쉽겠다. 그리고 다시 말하고 또다시 말해도 지나치지 않는 그 말! 발음 조심!

remind는 '위마인ㄷ', of는 '어부'가 아닌 '옵'!

Warming-Up

이 페이지는 이 단원에 훈련할 어휘와 단어를 미리 익히는 시간이다. 현대 사회의 일상에서 쓰는 단어를 모아 각 단원의 패턴들과 결합, 가장 사용도 높은 예문들을 구성하려고 한다. 다음 단/숙어들이 영어로 1초 내에 입으로 튀어나올 때까지 맹연습하고 다음 페이지로 넘어가자.

자체점검!
아주조금!
반정도는!
기본이지!

장식	ornament
내가 경기에서 이겼던 때	when I won the game
이전의	ex-
그녀가 살았던 집	a house where she lived
학창 시절	student days
내가 지난번에 만난 그 가수	the signer who I met last time
외모	appearance
게으름뱅이	lazybones
내가 예전에 알던 사람	a person that I used to know
전쟁터	battlefield

발칙한 영어로 유창하게 말하자 표현확장 편

Jump-In

여러분을 동시통역의 첫 단계로 초대한다. 실력이 향상되려면, 답이 궁금하고 확신이 없어도 절대 다음 페이지의 정답을 기웃거리지 마시라. 눈으로 영문을 보는 순간 입 영어 실력은 급감한다. 다음 국어 문장을 더듬더듬 만들어보자. 한 문장당 쉼이 두 번 이상 일어나면 다시 시도해 보자.

- 자체점검!
- 아주조금!
- 반정도는!
- 기본이지!

1. 재미있게도 그녀의 외모는 나에게 나의 친구를 연상시킨다.
2. 너는 언제나 나에게 게으름뱅이를 연상시킨다.
3. 그녀의 방은 나에게 말 그대로 전쟁터를 연상시킨다.
4. 그 원피스는 나에게 화려한 크리스마스 장식을 연상시켰다.
5. 그 당시에는 모든 것이 나에게 나의 이전 남자 친구를 연상시켰다.
6. 이 책상은 나에게 나의 행복한 학창 시절을 연상시킨다.
7. 이 신제품은 나에게 내가 지난번에 만난 그 가수를 연상시킨다.
8. 그것은 나에게 내가 처음으로 경기에서 이겼던 때를 연상시킨다.
9. 이 사진은 나에게 과거에 그녀가 살았던 집을 연상시킨다
10. 그의 말투는 나에게 내가 예전에 알던 사람을 연상시킨다.

Check-Up

전 페이지에서 연습한 답을 체크하며 공부하자. 영어에 박학다식해지는 페이지이다. 필자는 영어 발음을 한국어로 표기해 비난을 사기도 한다. 그러나 영어를 읽을 수 있는 우리는 그 발음 따라 읽는다 해도 영어 실력이 줄지 않는다. 외려 우리가 발음 개선을 위해 지향할 것은 정확한 소리지, 영어에 근접도 못 하는 일본식 발음이 아니잖은가? 같은 소리, 빠른 속도가 생성될 때까지 맹훈련하시라!

1. 재미있게도 그녀의 외모는 나에게 나의 친구를 연상시킨다.

   ### Funnily her appearance reminds me of a friend of mine.

   'f퍼널올리헐어피어뤈ㅆ뤼마인즈미업f어f프렌집f마인'
   remind A of B는 'A에게 B를 상기시킨다', remind A to 동사원형은 'A에게 –할 것을 상기시키다', remind A that 절은 'A에게 that 이하를 기억나게 하다'이다.

2. 너는 언제나 나에게 게으름뱅이를 연상시킨다.

   ### You always remind me of a lazybones.

   '유어웨이즈뤼마인미업f어올래이z지이본ㅈ' lazybones에 s가 있어 복수를 의미하는 것 같지만 단수이고, you가 주어로 와서 remind에 s가 붙지 않는다.

3. 그녀의 방은 나에게 말 그대로 전쟁터를 연상시킨다.

   ### Her room literally reminds me of the battlefield.

   '헐루움올리러럴리뤼마인즈미업f th더배를f쀠이을ㄷ'
   literally의 유의어로는 exactly, really, closely, actually, truly, precisely가 있다.

4. 그 원피스는 나에게 화려한 크리스마스 장식을 연상시켰다.

This dress reminded me of a flashy Christmas ornament.

'th딧스드뤠쓰뤼마인딛미엎f 어f플래쉬크뤼쓰마스올너먼ㅌ' flashy의 형용사 변화는 flashier, flashiest이다. Christmas 발음은 r에 혀가 서지 않도록 빨리 할 것

5. 그 당시에는 모든 것이 나에게 나의 이전 남자 친구를 연상시켰다.

Everything reminded me of my ex-boyfriend in those days.

'에v브뤼th띵뤼마인딛미엎f 마이엑ㅆ보이f프렌인th도즈데이즈' in those days는 과거의 '그 당시'를 의미하고, in these days는 현재의 '오늘날'을 의미한다.

6. 이 책상은 나에게 나의 행복한 학창 시절을 연상시킨다.

This desk reminds me of my happy student days.

'th딧스데스ㅋ뤼마인즈미엎f 마이해뻬스튜던데이즈' one's school days도 '학창 시절'을 의미하고, happy 대체 단어는 pleasant, fun이 있겠다.

7. 이 신제품은 나에게 내가 지난번에 만난 그 가수를 연상시킨다.

This new item reminds me of the singer who I met last time.

'th딧스뉴아이럼뤼마인즈미엎f th더씽얼후아이멧라스타임' last의 t와 time의 t가 중복이 므로, 발음할 때는 last의 t를 생략하고 바로 time을 연결해 발음한다.

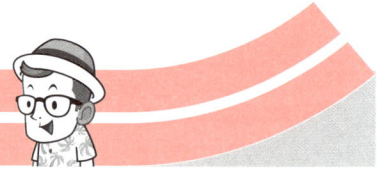

8. 그것은 나에게 내가 처음으로 경기에서 이겼던 때를 연상시킨다.

It <u>reminds me of</u> when I won the game for the first time.

'잇뤼마인즈미업f왠아이원th더게임f폴th더f펄스타임'

win의 시제 변화는 win-won-won이고, when으로 시작한 절이 명사 덩어리가 되었다.

9. 이 사진은 나에게 과거에 그녀가 살았던 집을 연상시킨다.

This picture <u>reminds me of</u> a house where she lived in the past.

'th딧스핏쳐뤼마인즈미업f 어하우스웨얼쉬을립v딘th더패스트'

house와 home은 모두 '집'이지만, house는 '건물 그 자체'를 의미하고, home은 '애정이 담긴 장소로 자신 또는 가족이 사는 장소'를 의미한다.

10. 그의 말투는 나에게 내가 예전에 알던 사람을 연상시킨다.

His way of speaking <u>reminds me of</u> a person that I used to know.

'히스웨이업f스삐킹뤼마인즈미업f 어펄쓴th대라이유즈투노우'

used to 동사원형은 '~하곤 했다', '과거에 ~였다'라는 의미이고, be used to 명사(-ing)는 '~에 익숙하다', be used to 동사원형은 '~에 사용된다'로 구분해야 한다.

Pile-Up

pileup_28.mp3

발칙한 영어로 유창하게 말하자 **표현확장 편**

누적훈련 없이 실력향상 없다!
선행학습 교재 『발칙한 영어로 진짜쉽게 말하자 - 기본패턴 편』 전체 분량과 본 권 『발칙한 영어로 유창하게 말하자 - 표현확장 편』의 누적 학습한 내용까지의 콜라보레이션 동시통역 트레이닝!
다음 문장을 영어로 바꾸시라. 문제당 쉼이 세 번 이상이면 다시! 될 때까지 노력!

1
원피스

나는 내가 많은 원피스를 가졌다고 생각한다. 하지만 그 옷은 나에게 화려한 크리스마스 장식을 연상시킨다. 그것은 내가 가장 좋아하는 것이다. 나는 아빠가 생일 선물로 그것을 사줬던 것을 기억했다. 나는 그 날을 잊을 수 없다.

I think I have a lot of dresses. However, this dress <u>reminded me of</u> a flashy Christmas ornament. It is my favorite one. I remembered that my father bought it for me as my birthday present. I can't forget that day.

2
집

이 사진은 그녀와 과거에 살았던 집을 떠올리게 한다. 그녀의 집이 시골에 위치해 있었던 것을 나는 안다. 그녀의 집 근처에는 커피숍, 식당 그리고 공원이 없었다. 내가 그녀의 집에 가고 싶었을 때, 나는 운전을 해야 했다.

This picture <u>reminds me of</u> a house where she lived in the past. I know that her house was located in the countryside. There were no cafés, restaurants, and parks around her place. When I wanted to go her place, I had to drive.

3 외모

웃기게도, 그녀의 외모는 나에게 또 다른 내 친구를 떠올리게 한다. 내가 생각하기에 그녀의 외모는 내가 기대한 대로다. 나는 그녀와 잘 지낸다. 그녀와 친구라서 행복하다.

Funnily, her appearances <u>remind me of</u> another friend of mine. I think her looks are perfectly the way I expected. I get along well with her. I am happy to be a friend with her.

4 가수

새 아이템은 내가 지난번에 만난 가수를 떠올리게 한다. 그의 노래를 들을 때마다, 그 노래들은 나를 기쁘고 슬프게 한다. 깊은 곳에서부터의 영감이 있다. 나는 그의 노래를 즐길 때마다 안정할 수 있다.

This new item <u>reminds me of</u> the singer who I met last time. Whenever I listen to his songs, they make me happy and sad. I feel inspirations from deep inside. I relax every time I enjoy his songs.

5 방

그녀의 방은 말 그대로 전쟁터를 연상시킨다. 방에는 갈색 책장, 침대, 그리고 큰 책상과 컴퓨터가 있다. 그러나 그녀는 그녀의 방을 치우지 않는다. 이젠 방을 치워야 할 때다.

Her room literally <u>reminds me of</u> a battlefield. There are brown bookshelves, a bed, and a big desk with a computer. However, she didn't clean up her room. It is time to clean up her room.

6

추억

나는 올해에도 여행을 갈 계획이다. 나는 여행을 할 때 사진 찍는 데 많은 시간을 보낸다. 이 사진은 나에게 내 최근 여행을 떠올리게 한다. 그곳에는 잘 알려진 식당들이 많았다. 나는 2층 버스를 타며 재미있게 보냈다.

I am planning to travel this year. I spend a lot of time taking pictures during trips. This picture <u>reminds me of</u> my recent trip. There were a lot of well-known restaurants. I had so much fun taking a double-decker sightseeing bus.

7

콘서트

그녀의 행동은 나에게 우리 엄마를 떠올리게 한다. 그녀는 언제나 다른 사람들을 챙기는데 시간을 많이 보낸다. 그리고 세부 사항들에 항상 신경을 쓴다. 나도 그녀처럼 되고 싶다. 모든 것은 내가 어떻게 행동하느냐에 달려 있다.

Her behavior <u>reminds me of</u> my mother. She always spends a lot of time taking care of other people. And she pays attention to details all the time. I want to be like her. Everything depends on how I behave.

발칙한 영어로 유창하게 말하자 | 표현확장 편

Chapter 29

provide me with

발칙한 영어로 유창하게 말하자 　표현확장 편

책 속의 강의

　주고받아야 남녀도, 친구도, 사업도, 심지어는 술자리도 오래 이어진다. 나는 많이 줬는데 돌아오는 게 없다면, 나를 울린 그 여자가 미워지고, 술 안 사고 버티는 친구에게 연락하게 되며, 투자 많이 해 놓은 사업이 망하기 시작한다. give-and-take! take 할 자신이 없으면 give 하지 않는 것이 상책이다……라는 걸 알면서도 어제도 '여긴 내가 쏠게'라고 외친 이놈의 주둥아리.

■ 'Give me chocolates!'을 외치던 전쟁 이래로 give는 영어 안 배워도 알 수 있는 영단어가 되었다. give를 하도 '기브'라고 발음하는 바람에 기부 천사의 기부가 영어 give에서 온 거냐고 물어보는 사람도 봤다. 그래서 나는 give me를 '기브미'라고 우리 할애비들에게 영어를 가르쳐 준 일제시대 일본인들을 별로 안 좋아한다.

■ Give를 많이 사용하는 분들은 아래를 보시라.
Give me that. (기미th댓) 저거 나 줘.
Give that to me. (깁th댓투미) 저거 나 줘.
같은 말이다. 잘 외우고 있으면 대화에서도 시험에서도 빛을 발한다. 우리의 골치를 부패시켰던 문장의 4 형식, 5 형식이라는 것들의 예문이시란다.

■ 비즈니스 영어에서는 give me the information (그 정보 나 줘)가 좀 격이 떨어질 때가 있다. 그래서 provide me with를 애용들 하신다. provide는 give와는 다르게 with나 to라는 전치사가 필요하다. 다음 문장들을 외우고 계시라.
Provide me with the information.
Provide the information to me.
위 두 문장 역시 같은 뜻이다. with 다음엔 사물이, to 다음엔 사람이 나오나 보다. 그러나, 우리는 위의 것만 공부하기로 하자. 좌측 엉덩이나 왼쪽 히프 중 하나만 쓰면 되니까. 발음 신경 쓰시라.

■ provide me with it. 플워v바윝미위th딧!

301

Warming-Up

이 페이지는 이 단원에 훈련할 어휘와 단어를 미리 익히는 시간이다. 현대 사회의 일상에서 쓰는 단어를 모아 각 단원의 패턴들과 결합, 가장 사용도 높은 예문들을 구성하려고 한다. 다음 단/숙어들이 영어로 1초 내에 입으로 튀어나올 때까지 맹연습하고 다음 페이지로 넘어가자.

- 자체점검!
- 아주조금!
- 반정도는!
- 기본이지!

혜택	benefit
치료	treatment
산업의 동향	industrial trend
내가 요청한 안내서	guidance that I requested
내가 필요한 것 이상	much more than I need
교과서	textbook
기회	opportunity
안내원	concierge
회신	response
장학금	scholarship

발칙한 영어로 유창하게 말하자 표현확장 편

Jump-In

여러분을 동시통역의 첫 단계로 초대한다. 실력이 향상되려면, 답이 궁금하고 확신이 없어도 절대 다음 페이지의 정답을 기웃거리지 마시라. 눈으로 영문을 보는 순간 입 영어 실력은 급감한다. 다음 국어 문장을 더듬더듬 만들어보자. 한 문장당 쉼이 두 번 이상 일어나면 다시 시도해 보자.

■ 자체점검!
☑ 아주조금!
☐ 반정도는!
☐ 기본이지!

1. 그의 결석은 나에게 예상치 못한 기회를 제공했다.
2. 나의 학교는 나에게 전액 장학금과 기숙사를 제공할 예정이다.
3. 그의 회신은 나에게 긍정적이고 도움이 되는 피드백을 제공해 주었다.
4. 이 신용 카드는 나에게 할인을 받을 수 있는 많은 혜택들을 제공한다.
5. 내가 1학년일 때 이 교과서는 나에게 소중한 정보를 제공했다.
6. 이 학술지는 사업가들에게 최근 산업의 동향을 제공한다.
7. 그 호텔의 안내원은 내게 최상의 서비스를 제공했다.
8. 그 회사는 피해자들에게 완치를 위해 평생 의학적 치료를 제공할 것이다.
9. 너는 나에게 언제나 내가 필요한 것 이상을 제공한다.
10. 그녀는 내가 요청한 안내서를 내게 곧 제공해 줄 것이다.

Check-Up

전 페이지에서 연습한 답을 체크하며 공부하자. 영어에 박학다식해지는 페이지이다. 필자는 영어 발음을 한국어로 표기해 비난을 사기도 한다. 그러나 영어를 읽을 수 있는 우리는 그 발음 따라 읽는다 해도 영어 실력이 줄지 않는다. 외려 우리가 발음 개선을 위해 지향할 것은 정확한 소리지, 영어에 근접도 못 하는 일본식 발음이 아니잖은가? 같은 소리, 빠른 속도가 생성될 때까지 맹훈련하시라!

1. 그의 결석은 나에게 예상치 못한 기회를 제공했다.

His absence <u>provided me with</u> an unexpected opportunity.

'히스엡쓴스프로v바이딛미위th썬익스펙틷어펄츄니리'
unexpected의 반대는 expected '기대되는'이고, unpredictable이 동의어가 되시겠다.

2. 나의 학교는 나에게 전액 장학금과 기숙사를 제공할 예정이다.

My school will <u>provide me with</u> a full scholarship and dormitory.

'마이스꿀위을프로v바잉미위th써f푸을스껄럴쉽뺀돌므터뤼'
scholar는 '학자', '장학생', '모범생'이다. dormitory는 dorm이라 줄여 부른다.

3. 그의 회신은 나에게 긍정적이고 도움이 되는 피드백을 제공해 주었다.

His response <u>provided me with</u> positive and helpful feedback.

'히즈뤼스폰스프로v바이딛미위th 퍼저립v앤헤읖f프울f퓌드백' positive의 유의어는 beneficial, useful, helpful, practical이 있고, 반의어로는 harmful이 있다.

4. 이 신용 카드는 나에게 할인을 받을 수 있는 많은 혜택들을 제공한다.

This credit card <u>provides me with</u> a lot of benefits to get discounts.

'th딧스크리딧칼드프로v바이즈미위th ㅆ얼랏옵베네f핏투겟디스카운츠' credit card는 '신용카드'이고, debit card는 '현금카드'이다. 참고로 나는 내 credit card를 없애고 싶다.

5. 내가 1학년일 때 이 교과서는 나에게 소중한 정보를 제공했다.

This textbook <u>provided me with</u> valuable information when I was a freshman.

'th딧스텍스북프로v바이딛미위th v베엘류어버을인f포매이션왠아이워서f프뤠쉬맨' freshman은 '신입생', sophomore은 '2학년', junior은 '3학년', senior는 '4학년'이다. 참고로 undergraduate '학사', graduate '석사', Ph-D '박사'

6. 이 학술지는 사업가들에게 최근 산업의 동향을 제공한다.

This journal <u>provides businessmen with</u> the recent industry trends.

'th딧스쥬널프로v바이즈비즈니스멘위th더뤼쓴인더스트뤼얼트렌스' recent의 유의어로는 new, up-to-date, current, fresh가 있다. recent을 아직도 '리센트'라 하지 않으시겠지, 이젠? '뤼쓴트'

7. 그 호텔의 안내원은 내게 최상의 서비스를 제공했다.

The concierge of the hotel <u>provided me with</u> excellent service.

'th더컨씨얼쥐업f th더호텔프로v바이딛미위th 엑셀린썰v뷔ㅆ' excellent의 동사형은 excel, 명사형은 excellence, 부사형은 excellently이다.

8. 그 회사는 피해자들에게 완치를 위해 평생 의학적 치료를 제공할 것이다.

The company will <u>provide victims with</u> lifelong medical treatment for full recovery.

'th더컨뻐니위을프로v바일v빅틈ㅅ위th을라이f프을롱메디컬트룃먼ㅌf폴f풀뤼더v버뤼'
victim의 반의어는 survivor로 '살아남은 사람', '생존자', '유족'을 의미한다. victim을 '빅팀'이라 발음하지 않는 것도 중요하다.

9. 너는 나에게 언제나 내가 필요한 것 이상을 제공한다.

You always <u>provide me with</u> much more than I need.

'유어웨이스프로v바일미위th머취모얼th대나이닏' much는 비교급 형용사를 꾸민다. very good이지만, very better가 아니라 much better이다. 그래서 much more다.

10. 그녀는 내가 요청한 안내서를 내게 곧 제공해 줄 것이다.

She will <u>provide me with</u> the guidance that I requested any minute.

'쉬위을프로v바이드미위th더가이던스th대라이뤼퀘이터ㄷ애니미닛'
any minute는 very soon의 의미로 '곧'의 의미이고, requested 발음 중 특히 que 부분을 '퀘'가 아닌 '쿠에'로 발음하자.

Pile-Up

발칙한 영어로 유창하게 말하자 **표현확장 편**

pileup_29.mp3

누적훈련 없이 실력향상 없다!
선행학습 교재 『발칙한 영어로 진짜쉽게 말하자 – 기본패턴 편』 전체 분량과 본 권 『발칙한 영어로 유창하게 말하자 – 표현확장 편』의 누적 학습한 내용까지의 콜라보레이션 동시통역 트레이닝!
다음 문장을 영어로 바꾸시라. 문제당 쉼이 세 번 이상이면 다시! 될 때까지 노력!

1
신용카드

나는 1개의 신용카드가 있다. 이 신용카드는 나에게 할인을 받는 많은 혜택을 제공한다. 또한, 나는 추가 수수료를 지불 할 필요가 없다. 나는 무언가를 지불할 때 항상 이 카드를 쓴다.

I have one credit card. This credit card <u>provides me with</u> a lot of benefits to get discounts. Also I don't need to pay for extra credit card fees. So I always make use of this card whenever I pay for something.

2
교과서

이 교과서는 내가 신입생이었을 때 나에게 소중한 정보를 제공했다. 나는 규칙과 예절을 배울 수 있었다. 그것은 기본적이나 중요한 것이다. 이 책은 내 인생에 큰 차이를 만들었다.

This textbook <u>provided me with</u> valuable information when I was a freshman. I could learn rules and manners. It is something basic but important. This book made a big difference to my life.

3 호텔

그 호텔의 안내원은 나에게 완벽한 서비스를 제공했다. 그는 대중교통을 사용하는 방법을 나에게 가르치기 위해 지도를 이용했다. 그는 모든 것을 신경 썼다. 나는 그를 거기서 만나서 정말 행복했다.

The concierge of the hotel **provided me with** excellent service. He made use of a map to teach me how to use public transportation. He paid attention to everything. I was really happy to meet him there.

4 사고

그 회사에서 폭발이 있었다. 많은 사람들이 부상자가 있었다. 내 생각엔 부주의가 그 사고를 일으켰다고 본다. 그 회사는 부상자들에게 보상을 제공해야 할 것이다.

There was an explosion in the company. There were a lot of victims. I think carelessness caused the accident. The company should **provide them with** compensations for the accident.

5 산업

이 잡지는 회사원들에게 최신산업 동향을 제공한다. 나는 산업 트렌드가 급속히 바뀐다는 점에 동의할 수 있다. 그것들은 모든 분야에 영향을 미친다. 우리는 더 나은 정보를 제공하기 위해 열중한다.

This journal **provides businessmen with** the recent industry trends. I can agree to the point that industry trends change rapidly. They have effects on every field. We work on them to provide better information.

6 뉴스

뉴스는 사람들에게 정보를 제공한다. 우리는 시사 이슈와 다양한 범위의 정보를 얻을 수 있다. 너도 뉴스를 매일 읽니? 어느 신문사를 가장 선호하니?

The news <u>provides people with</u> information. We can learn about social issues and get a wide range of information. Do you read the news every day? Which newspaper do you prefer most?

7 세미나

부서는 지난해 세미나에 참석했다. 우리 팀은 청중들에게 최신 소식을 제공했다. 전 팀원은 오랜 시간 그것에 열중했었다. 그들은 최고의 발표를 위해 데이터와 정보를 사용했다. 발표 후 나는 그들이 자랑스러웠다.

The department took part in a seminar last year. Our team <u>provided the audience with</u> the newest trends. The whole team worked on it for a long time. They made use of data and information to give the best presentation. I was proud of them after the presentation.

발칙한 영어로 유창하게 말하자 | 표현확장 편

Chapter 30
be responsible for

책 속의 강의

엄 청난 아재 개그를 하나 드릴까? 필자가 충청도에서 강연할 때 나이 많은 어르신들이 오셔서 감사의 표현으로 책을 사인해서 드렸더니 '이 책이 무슨 책인감?'이라고 물으셔서, 그때부터 나의 '모든 분들의 영어 능력 발전'이라는 목표에 대한 책임감이 높아졌…………다……. 죄송하다.

■ '네 학교 성적은 네가 책임져라'는 말을 주구루우장창 듣고 자랐던 우리는 술을 너무 좋아해 책임져야 할 사람에 옆에 생기게 되었고, 뭐 하나라도 미량의 잘못이 발견되면 내가 몽조뤼 책임져야 하는 회사에 근무하고 있으며, 이제는 서른 되어서도 제 몫을 못하는 청년들이 아주 매니매니한 사회에서 자식들 교육을 책임지고 있고, 게다가 맨날 못난 짓만 골라서 하는 정부가 이 나라 이 사태를 책임져야 한다고 울부짖고 살고 있다.

■ 책임(responsibility)은 숙제다. 학교 졸업하면 숙제 안 해도 되는 것 같아 졸업식 날 술 먹고 기뻐했다. 그런데 성질도 다르고, 사이즈도 비교 안 되며, 누구에게 딱히 물어볼 수도 없는 숙제들이 너무 많다. 숙제 안 하거나 못 하면 매 맞고 때운 그 시절이 그립다. 이제 숙제 못 하면 거지되거나 감옥 간다.

■ Responsibility는 what I have to (내가 해야 할 것)다. 언제나 what I want to do (내가 하고 싶은 것)이나 what I can do (내가 할 수 있는 것)을 하는 세상이었으면 얼마나 인생이 수월하고 편하겠냐만.

■ This is what I have to do. (그러나 이것은 내가 해야 하는 일이다)
I should be responsible for it. (나는 그것을 책임져야 한다)
는 같은 맥락의 말로 들린다. 그러니 두 문장을 외워 한꺼번에 쉬지 않고 스피킹 해내는 연습을 밥 먹듯이 하시라. 학교에서나 회사에서 칭찬을 도매급으로 받아내는 효자 문장이 될지니.

■ responsible for '위쓰빤써보f포' 어려운 발음이다. 연습만이 살길이다.

Warming-Up

이 페이지는 이 단원에 훈련할 어휘와 단어를 미리 익히는 시간이다. 현대 사회의 일상에서 쓰는 단어를 모아 각 단원의 패턴들과 결합, 가장 사용도 높은 예문들을 구성하려고 한다. 다음 단/숙어들이 영어로 1초 내에 입으로 튀어나올 때까지 맹 연습하고 다음 페이지로 넘가자.

■ 자체점검!
☐ 아주조금!
☑ 반정도는!
☐ 기본이지!

회사가 어떻게 운영되는지	how company operates
안전	safety
준비	preparation
결정	decision
교육	education
관리	management
지점에서 일어난 일	what happened at a branch
그녀의 남편이 모두에게 말했던 것	what her husband told everyone
치우다	clean up
이곳에서 판매되는 커피	coffee that is sold at this place

발칙한 영어로 유창하게 말하자 **표현확장 편**

Jump-In

여러분을 동시통역의 첫 단계로 초대한다. 실력이 향상되려면, 답이 궁금하고 확신이 없어도 절대 다음 페이지의 정답을 기웃거리지 마시라. 눈으로 영문을 보는 순간 입 영어 실력은 급감한다. 다음 국어 문장을 더듬더듬 만들어보자. 한 문장당 쉼이 두 번 이상 일어나면 다시 시도해 보자.

■ 자체점검!
☑ 아주조금!
☐ 반정도는!
☐ 기본이지!

1. 나는 신참들의 교육을 직접 책임진다.
2. 우리는 우리의 결정을 확실히 책임진다.
3. 그녀는 그 전시회 준비를 책임진다.
4. 관리자는 주로 스케줄의 효율적인 관리를 책임진다.
5. 조종사는 탑승객들의 안전을 책임진다.
6. 그들은 도시의 거리를 치우는 것을 책임진다.
7. 바리스타는 이곳에서 판매되는 커피를 책임진다.
8. 그녀는 남편이 모두에게 말했던 것에 부분적으로 책임을 져야 한다.
9. 임원진들은 회사가 어떻게 운영되는지를 책임진다.
10. 그 회사는 지점에서 일어난 일에 대해 책임졌다.

Check-Up

전 페이지에서 연습한 답을 체크하며 공부하자. 영어에 박학다식해지는 페이지이다. 필자는 영어 발음을 한국어로 표기해 비난을 사기도 한다. 그러나 영어를 읽을 수 있는 우리는 그 발음 따라 읽는다 해도 영어 실력이 줄지 않는다. 외려 우리가 발음 개선을 위해 지향할 것은 정확한 소리지, 영어에 근접도 못 하는 일본식 발음이 아니잖은가? 같은 소리, 빠른 속도가 생성될 때까지 맹훈련하시라!

1. 나는 신참들의 교육을 직접 책임진다.

> I <u>am</u> directly <u>responsible for</u> the education of newcomers.

'아임드렉을리뤼스폰써버올f폴th디에쥬케이션옵f뉴커멀스' newcomer '초보자'의 유의어로는 beginner, novice가 있다. directly 반의어는 indirectly. 이젠 이런 건 쉬우시지?

2. 우리는 우리의 결정을 확실히 책임진다.

> We <u>are</u> certainly <u>responsible for</u> our decision.

'위썰은리뤼스펀써버올f폴아월디씨젼'
certainly '명확히'의 유의어로는 definitely, surely, truly, undoubtedly, assuredly가 있다. decision의 동사 decide. indecisive '우유부단한' '인디싸이씹v'

3. 그녀는 그 전시회 준비를 책임진다.

> She <u>is responsible for</u> the preparation for the exhibition.

'쉬이즈뤼쓰폰펀써버올f폴th더펄퉤이션f폴th더익스히비션'
preparation은 명사형으로 '준비', 동사형은 'prepare', 형용사형은 'preparatory'이다.

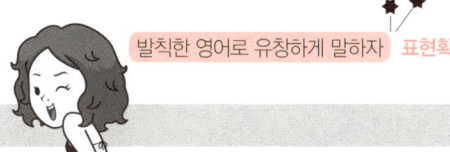

4. 관리자는 주로 스케줄의 효율적인 관리를 책임진다.

<u>The manager is mainly responsible for the efficient management of the schedule.</u>

'th더매니줠이즈매인리뤼스폰써보f폴디이f퓌션매니쥐먼읍th더스케쥴'

efficient는 형용사로 '능률적인', 명사형은 'efficiency', 부사형은 'efficiently'이다.

5. 조종사는 탑승객들의 안전을 책임진다.

<u>Pilots are responsible for the safety of the passengers on board.</u>

'파일럿살뤼스폰써블f폴th더세잎f티옵더패신절스온볼드'

on board는 주로 선박, 비행기를 탑승한 것을 의미한다. passengers on board 중 on을 작게 하고 이어서 발음할 것

6. 그들은 도시의 거리를 치우는 것을 책임진다.

<u>They are responsible for cleaning up the streets of the city.</u>

'th데이알뤼스폰펀써버올f폴클리닝업th더스트륏첩f th더씨리' clean up은 '청소하다'의 의미도 있지만, clean something up은 '범죄를 근절하여 정화하다'라는 의미도 있다.

7. 바리스타는 이곳에서 판매되는 커피를 책임진다.

<u>The barista is responsible for the coffee that is sold at this place.</u>

'th더바뤼스타이ㅅ뤼스펀써버을 f폴th더커f퓌th대리즈쏘을댄 th딧스플레이ㅅ'

sell의 시제 변화는 sell-sold-sold이다. 한 눈에 볼 수 있는 장소에 at은 '그 장소에서', in은 '그 장소 안에서'

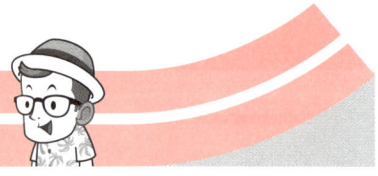

8. 그녀는 남편이 모두에게 말했던 것에 부분적으로 책임을 져야 한다.

She should <u>be</u> partially <u>responsible for</u> what her husband told everyone.

'쉬슏비팔셔을리뤼스펀써버을f폴왓헐허ㅅ번톨ㄷ에v브뤼원'
talk은 대화처럼 의사를 교환할 때, speak은 내용을 전달할 때 쓰인다. tell은 듣는 대상을 언급하고 내용을 전하는 것에 초점을 둔다. say는 듣는 대상을 언급하지 않고 자신의 생각을 말하는 것에 초점을 둔다.

9. 임원진들은 회사가 어떻게 운영되는지를 책임진다.

Board members <u>are responsible for</u> how the company operates.

'보올드맨벌스알뤼스폰써블f풀하우더컴뻐니오퍼뤠이ㅊ' '회사를 운영하다'라는 표현에는 run a business, operate company, manage company라는 표현이 있다.

10. 그 회사는 지점에서 일어난 일에 대해 책임졌다.

The company <u>was responsible for</u> what happened at a branch.

'th더컴뻐니워ㅅ뤠스펀써블f풀왓해쁜ㄷ애러브랜취'
company의 유의어로는 business, firm, association, corporation이 있다. happen 다음에는 목적어가 오지 않는다. at a branch는 목적어가 아니라 부사구다.

Pile-Up

발칙한 영어로 유창하게 말하자 「표현확장 편」

누적훈련 없이 실력향상 없다!
선행학습 교재 『발칙한 영어로 진짜쉽게 말하자 - 기본패턴 편』 전체 분량과 본 권 『발칙한 영어로 유창하게 말하자 - 표현확장 편』의 누적 학습한 내용까지의 콜라보레이션 동시통역 트레이닝!
다음 문장을 영어로 바꾸시라. 문제당 쉬이 세 번 이상이면 다시! 될 때까지 노력!

1 신입교육

저는 신입 사원의 교육을 책임집니다. 저는 이 방의 모두를 돌보게 되어 행복합니다. 이건 모두를 위해 필수적인 것입니다. 저는 우리가 해낼 수 있다고 확신합니다.

I <u>am responsible for</u> the education of newcomers. I am happy to take care of everyone in this room. It is something mandatory for everyone. I am sure we can make it.

2 안전

나는 이걸 다시 한번 강조해서 유감이나 승객의 안전은 중요합니다. 우리 승무원들은 안전을 신경 써야 합니다. 조종사들 또한 탑승객의 안전을 책임집니다. 우리는 정기적으로 훈련받는데 많은 시간을 보냅니다. 그러니 걱정하실 필요 없습니다!

I am afraid to emphasize this once again but passenger safety is important. We, flight attendants, should take care of their safety. Pilots <u>are</u> also <u>responsible for</u> the safety of the passengers on board. We spend a lot of time training on a regular basis. So you don't need to worry!

3 커피

우리 아파트 단지 앞에 스타벅스가 있다. 그곳에서 팔리는 커피는 바리스타가 책임진다. 나는 그가 우리 동네 최고의 커피를 제공한다고 생각한다. 나는 그 카페의 커피를 마시는 게 좋다.

There is a Starbucks in front of my apartment complex. The barista <u>is responsible for</u> the coffee that is sold at this place. I think he serves the best coffee in my town. I love enjoying his coffee from the café.

4 환경미화

환경미화원들은 다양한 청소 문제들을 다룬다. 나는 그들이 정부, 도시 그리고 국민들을 위해 일함을 안다. 그들은 도시의 거리를 치우는 것을 담당한다. 그들의 도움으로, 나는 더 깨끗한 환경을 즐길 수 있다.

The sanitation workers deal with various cleaning issues. I know they work for the government, city, and the people. They <u>are responsible for</u> cleaning up the streets of the city. With the help of them, I can enjoy the cleaner environment.

5 연기

며칠 전, 우연히 연착이 발생했다. 경영진은 이 사고에 대해 책임을 진다. 그들은 검사를 실행할 예정이다. 나는 한동안 그들이 그것에만 집중할 것이라고 확신한다.

A delay happened to occur the other day. The management level <u>is responsible for</u> this accident. They will carry out an investigation. I am sure that they will focus only on it for the time being.

발칙한 영어로 유창하게 말하자 표현확장 편

6
캐스팅

감독은 영화배우 선정을 책임진다. 감독은 연기를 잘하는 배우들을 계속 생각했다. 그리고 그는 그들 가운데 그녀를 출연시키기로 결정했다. 그것은 정말 예측하지 못한 것이었다.

The director **is responsible for** casting actors and actresses. The director kept on thinking about movie stars who are good at acting. And he finally made a decision to cast her among them. It was something completely unexpected.

7
공장

중국엔 많은 공장들이 있다. 그들은 특히 봄철의 미세먼지와 관련이 있다. 나는 한국의 미세먼지 양이 최근 급격히 증가했다고 들었다. 중국과 한국 정부는 지금 일어나고 있는 것을 책임져야 한다.

There are many factories in China. They have something to do with the fine dust especially in springtime. I heard that the amount of fine dust in Korea has drastically increased nowadays. Both Chinese and Korean governments should **be responsible for** what is happening now.

발칙한 영어로 유창하게 말하자 | 표현확장 편

Check 03
중간점검

발칙한 영어로 유창하게 말하자 **표현확장 편**

중/간/점/검/

열 단원 진도가 흐를 때 마다 지금껏 훈련해 온 누적분을 싸그리 몰아서 시험해본다.
옥구슬도 꿰어야 보배, 굴비도 엮어야 명절세트 되듯이,
그저 진도만 나간다고 실력 늘 것이다 속단하지 마시라. 한글보고 영작하시라.
안 되면 될 때까지! 안 하고 다음 단원 넘어가지 말기!

1
사고

나는 교통사고를 다시 겪고 싶지 않다. 내가 8살때, 교통사고가 우리 동네에서 발생했다. 그것은 무시무시했다. 사람들은 운전할 때 더 주의해야 한다.

I don't want to **go through** a car accident again. A car accident **took place** in my neighborhood when I was 8 years old. It was something dreadful. People should **pay** more **attention to** driving.

2
조깅

나는 조깅이 훌륭한 운동이라는 것을 안다. 나는 공원에서 조깅을 하는 동안 많은 사람들과 어울릴 수 있다. 나는 동호회 구성원들과 재미있게 조깅을 한다. 작년부터 나는 조깅 동호회에 속해있다. 내가 얼마나 오래 조깅하는지는 내가 얼마나 피곤한지에 달려있다.

I know that jogging is a great workout. I can **get along with** many people while jogging at a park. I **have fun** jogging with jogging club members. I have **belonged to** a jogging club since last year. How long I jog **depends on** how tired I am.

3

감사

우리가 어려운 시간을 겪었기 때문에 나는 이 상을 받게 되어 자랑스럽습니다. 우리는 원인을 밝히는데 많은 시간을 보냈습니다. 우리가 쉬고 싶을 때에도 우리는 계속하여 연구에 열중했었습니다. 우리의 노력은 연구 결과에 많은 차이를 만들었습니다. 나는 모두에게 감사 드리고 싶습니다.

I am proud to win this award because we <u>went through</u> a difficult time. We <u>spent a lot of time</u> <u>figuring out</u> the causes. Even when we wanted to <u>take breaks</u>, we <u>kept on</u> <u>working on</u> it. Our efforts <u>made a</u> lot of <u>differences</u> to the result of the research. I want to thank you all.

4

향수병

해외에 사는 몇몇 사람들은 향수병을 겪을 수도 있다. 나는 지금 향수병에 걸린 것 같아. 너는 향수병을 겪었니? 그렇다면, 어떻게 향수병을 다뤘니? 나는 새로운 취미를 갖는 것이 좋은 방법이라고 들었어. 너는 무엇을 제안하니? 정말? 나는 다양한 활동에 참여해야겠어!

Some people who live in other countries can <u>go through</u> homesickness. I think I feel homesick right now. Did you ever get homesick? Then, how did you <u>deal with</u> your homesickness? I heard having a new hobby could be a great way. What do you suggest? Oh, really? Why don't I <u>take part in</u> various activities?

발칙한 영어로 유창하게 말하자 표현확장 편

여행

5

요즘 해외 여행을 즐기는 많은 사람들이 있다. 많은 여행객들은 휴가 중에 문화 충격을 겪을 수도 있다. 그들은 익숙하지 않은 음식을 먹고 낯선 사람과 이야기 할 수도 있다. 그들은 언제 어디서나 그들의 안전에 주목 해야 한다. 그들은 다른 나라에게 그들이 경험하는 것에 책임을 져야 한다.

There are a lot of people who enjoy overseas trips these days. Many tourists might go through culture shock in different countries during their vacations. They could try unfamiliar food and have conversations with strangers. They have to pay attention to their safety everywhere all the time. They should be responsible for what they experience in other countries.

발칙한 영어로 유창하게 말하자 | 표현확장 편

Chapter 31
have something to do with

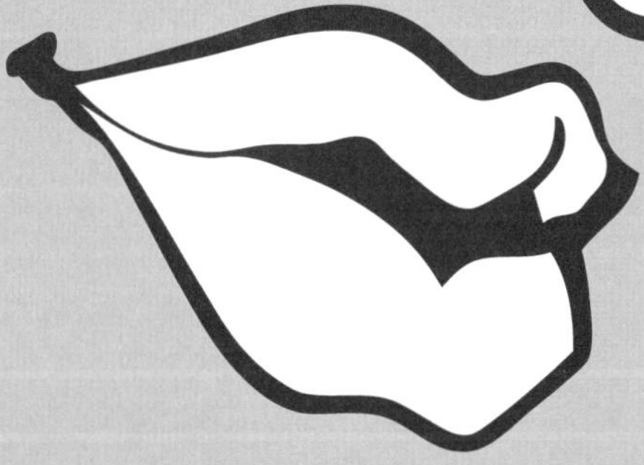

책 속의 강의

▶ 나와 그녀가 말다툼을 하고 있었다. 어느 훈남 놈이 다가와서 하는 말.
He: You need some help, lady? (숙녀님, 도움이 필요하신가요?)
Me: Keep on stepping. (가던 길 가라) This is none of your business. (내가 상관할 일이 아니란다) You have nothing to do with this. (너 하고는 아무 관련 없는 일이야)
She: Oh, no. Can you get me out of here? (아 아녜요. 저 좀 여기서 데리고 나가 주실래요?)

■ 흡연에 관한 어느 두 사람의 대화
A: It is not always bad. (그것은 언제나 나쁘지만은 않아)
B: It is bad. It is a disgusting habit. (그것은 나빠. 그것은 고약한 습관이다)
A: It has something to do with my concentration. (그건 내 집중에 관련 있다구)
B: Concentration your ass. It only kills your brain. (집중 같은 소리하네. 내 뇌 파먹고 있을 뿐이지)

■ have something(nothing/a lot) to do with를 이 단원에서 같이 공부한다. 우리가 많이 사용하지 않고, 원음과 같은 억양으로 소리 내지 않기 때문에 외국 영화에서 이 이디엄이 얼마나 많이 나오는지 알아채지 못하는 것이다. 억양과 표현은 동영상에 더 설명해 놓겠다.

■ 일상생활에 가장 많이 쓰이는 have –thing to do with들이다.
It has nothing to do with me. 그건 나와 상관없어.
You have nothing to do with this. 너하고 이것은 상관없어.
It has something to do with my health. 그것은 내 건강과 관련이 있다.
They have a lot to do with each other. 그것들은 서로 관계가 많다.

Warming-Up

이 페이지는 이 단원에 훈련할 어휘와 단어를 미리 익히는 시간이다. 현대 사회의 일상에서 쓰는 단어를 모아 각 단원의 패턴들과 결합, 가장 사용도 높은 예문들을 구성하려고 한다. 다음 단/숙어들이 영어로 1초 내에 입으로 튀어나올 때까지 맹연습하고 다음 페이지로 넘어가자.

■ 자체점검!
☐ 아주조금!
☐ 반정도는!
☐ 기본이지!

• 그들이 내년에 하려고 계획하는 것	• what they plan to do next year
• 유전자	• gene
• 제품의 품질	• product quality
• 미세먼지	• fine dust
• 공격	• attack
• 우리가 다른 사람들을 어떻게 대하는지	• how we treat other people
• 열대야	• tropical nights
• 내가 떠나려는 이유	• why I am leaving
• 혈액형	• blood type
• 프로젝트	• project

발칙한 영어로 유창하게 말하자 표현확장 편

Jump-In

여러분을 동시통역의 첫 단계로 초대한다. 실력이 향상되려면, 답이 궁금하고 확신이 없어도 절대 다음 페이지의 정답을 기웃거리지 마시라. 눈으로 영문을 보는 순간 입 영어 실력은 급감한다. 다음 국어 문장을 더듬더듬 만들어보자. 한 문장당 쉼이 두 번 이상 일어나면 다시 시도해 보자.

- 자체점검!
- 아주조금!
- 반정도는!
- 기본이지!

1 나는 그 진행 중인 프로젝트와 관계가 있다.

2 그것은 비용과 제품의 품질과 관계가 있다.

3 이 현상은 열대야와 관계가 있다.

4 다양한 질병은 미세먼지와 많은 관계가 있다.

5 그 단체는 최근의 테러 공격과 깊은 관계가 있다.

6 연구에 따르면, 비만은 특정 유전자와 관계가 있다.

7 내 생각에 성격과 혈액형은 관계가 있다.

8 그는 내가 떠나려는 이유와 관계가 없다.

9 그것은 우리가 다른 사람들을 어떻게 대하는지와 관계가 있다.

10 이 게시물은 그들이 내년에 하려고 계획하는 것과 관계가 있다.

327

Check-Up

전 페이지에서 연습한 답을 체크하며 공부하자. 영어에 박학다식해지는 페이지이다. 필자는 영어 발음을 한국어로 표기해 비난을 사기도 한다. 그러나 영어를 읽을 수 있는 우리는 그 발음 따라 읽는다 해도 영어 실력이 줄지 않는다. 외려 우리가 발음 개선을 위해 지향할 것은 정확한 소리지, 영어에 근접도 못 하는 일본식 발음이 아니잖은가? 같은 소리, 빠른 속도가 생성될 때까지 맹훈련하시라!

1. 나는 그 진행 중인 프로젝트와 관계가 있다.

I <u>have something to do with</u> the ongoing project.

'아이햅v 썸th띵투두위th th더온고잉프로젝ㅌ'
ongoing의 유의어로는 in-progress, developing, evolving, unfinished가 있다.

2. 그것은 비용과 제품의 품질과 관계가 있다.

It <u>has something to do with</u> cost and product quality.

'이레ㅅ썸th띵투두위th코스ㅌ앤프뤼덕퀄러리' quality는 명사형으로 '질'을 의미하고, 동사형은 qualify, 형용사형은 qualitative이다. 물론 반의어는 quantity '양', '쿠안터티'

3. 이 현상은 열대야와 관계가 있다.

This phenomenon <u>has something to do with</u> the tropical nights.

'th디ㅆf페노메넌해썸th띵투두위th th더트뤄피커을나이츠'
phenomenon의 복수형은 phenomena다. 아무리 철자를 외워도 마구 틀리는 단어다.
f 발음으로 시작하고, 철자보다는 소리 나는 대로 연습하는 게 낫다.

발칙한 영어로 유창하게 말하자 **표현확장 편**

4. 다양한 질병은 미세먼지와 많은 관계가 있다.

Various diseases have a lot to do with fine dust.

'v붸리우스디지ㅅ해v버을랏투두위th f파인더스ㅌ' sick은 보통 몸 상태가 좋지 않을 때 사용하고, disease는 중병이나 심한 질병을 나타낼 때 사용한다.

5. 그 단체는 최근의 테러 공격과 깊은 관계가 있다.

The organization has something to do with the recent terrorist attack.

'th더올개니재니션해즈썸th띵투두위th ㅆth더뤼쓴테뤄리스터택'
organization은 명사로 '단체', '조직'이고, 동사형은 organize, 형용사형은 organizational, 부사형은 organizationally이다.

6. 연구에 따르면, 비만은 특정 유전자와 관계가 있다.

According to a study, obesity has something to do with a particular gene.

'어코딩투어스터디, 오비시리해즈썸th띵투두위th더팔티큘러쥐인'
according to 뒤에는 명사, 고유명사, 대명사 모두 가능하지만, me와 us는 불가능하다. According to me, 이 말 금지!

7. 내 생각에 성격과 혈액형은 관계가 있다.

In my opinion, personalities have something to do with blood types.

'인마이오피니언, 펄쓰너을러러뤼ㅅ햅v썸th띵투두위th브을런타입ㅅ' personality의 유의어는 character다. In my opinion은 From my viewpoint, What I think is로 바꿀 수 있다.

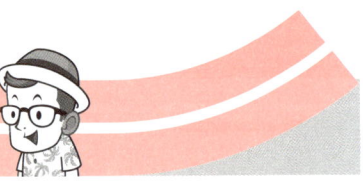

8. 그는 내가 떠나려는 이유와 관계가 없다.

He <u>has nothing to do with</u> why I am leaving.

'히해ㅅ낫th씽투두위th 와이아이엠을리v빙'
nothing은 부정어이기 때문에 not을 중복해서 쓰지 않는다. 만약 not을 쓰고 싶다면 anything을 사용한다. doesn't have anything…으로.

9. 그것은 우리가 다른 사람들을 어떻게 대하는지와 관계가 있다.

It <u>has something to do with</u> how we treat other people.

'이래ㅅ썸th띵투두위th 하우위트릿아th덜피쁘을'
treat은 '다루다', '치료하다', '대접하다'의 의미를 가지고 있고, 핼러윈 때 하는 trick or treat은 '대접 안 하면 장난칠 거야'라는 뜻이다.

10. 이 게시물은 그들이 내년에 하려고 계획하는 것과 관계가 있다.

This posting <u>has something to do with</u> what they plan to do next year.

'th디ㅆ포스팅해썸th띵투두위th 왓th데이플랜투두넥스티얼' last year은 '작년', this year은 '올해', next year은 '내년', the year after next는 '내후년'이다.

Pile-Up

누적훈련 없이 실력향상 없다!
선행학습 교재 『발칙한 영어로 진짜쉽게 말하자 – 기본패턴 편』 전체 분량과 본 권 『발칙한 영어로 유창하게 말하자 – 표현확장 편』의 누적 학습한 내용까지의 콜라보레이션 동시통역 트레이닝!
다음 문장을 영어로 바꾸시라. 문제당 쉬이 세 번 이상이면 다시! 될 때까지 노력!

1 열대야

나는 여름이 점점 더워진다고 생각한다. 이것은 열대야와 관련이 있다. 열대야 때문에, 많은 사람들은 밤에도 야외에서 많은 시간을 보낸다. 이 현상은 전기세와 관련이 있다.

I think summer is getting hotter. It <u>has something to do with</u> tropical nights. Because of tropical nights, a lot of people spend a lot of time staying outdoors at night. This phenomenon has something to do with electricity bills.

2 혈액형

나는 성격과 혈액형이 관련 있다고 생각하지 않는다. 또한, 이 이론과 관련한 뚜렷한 증거도 없다. 혈액형은 성격과 관련이 없다. 성격은 사람들이 어떻게 자랐는지에 달려있다.

I don't think personalities <u>have anything to do with</u> blood types. There is also no clear evidence regarding this theory. Personalities have nothing to do with blood types. Personalities depend on how people grow up.

3 테러

ISIS라 불리는 한 테러집단이 있다. 그들의 공격으로 인해 부상입고 죽은 많은 사람들이 있다. 그들이 주장하는 것은 종교와 관련이 있다. 그것은 전 세계 사람들의 생명에 지대한 영향을 준다.

There is one terrorist attack organization called ISISs. There are a lot of people who were injured and killed by attacks from them. What they insist <u>has something to do with</u> their religion. It has a significant effect on the lives of people all over the world.

4 비만

비만은 모든 종류의 질병과 많은 관련이 있다. 연구에 따르면, 비만은 특정한 유전자와 관련이 있다. 과학자들은 그것이 무엇인지 계속해서 파악한다. 나는 곧 또 다른 놀라운 연구소식을 얻기를 원한다.

Obesity has a lot to do with all kinds of illnesses. According to a study, obesity <u>has something to do with</u> a particular gene. Scientists keep on trying to figure out what it is. I want to see another surprising research sooner or later.

5 유학

나는 미국에서 공부할 예정이다. 이것은 내 장기 계획과 관련이 있다. 자기 계발을 위한 때다. 나는 이 경험이 나를 도우리라 확신한다. 너는 나에게 어떤 학교를 추천하니?

I will study in the U.S. It <u>has something to do with</u> my long-term plans. It is time for self-development. I am sure that this experience will help me. Which school do you recommend for me?

6

질병

암은 흡연이나 음주와 같은 나쁜 습관과 관련이 있다. 건강을 유지하길 원하는 사람들은 그들의 건강을 위해 흡연과 음주를 그만두어야 한다. 건강보다 중요한 건 없다. 그들은 정기적으로 운동하는 것에 집중해야 한다.

Cancers <u>have something to do with</u> bad habits such as smoking and drinking. Those who want to stay healthy should give up smoking and drinking for their health. There is nothing more important than health. They should focus on working out regularly.

7

황사

나는 중국발 황사가 우리가 생각하는 것보다 더 심각하고 복잡하다고 말하고 싶다. 그것은 우리의 삶에 부정적인 영향을 준다. 다양한 질병은 이 미세먼지와 관련이 있다. 이것 때문에 아파지는 것을 방지하기 위해 우리는 마스크를 착용할 필요가 있다.

I want to say that yellow sand from China is more serious and complicated than we expected. It has negative effects on our lives. Various diseases <u>have a lot to do with</u> fine dust. We need to wear masks to prevent getting sick from it.

발칙한 영어로 유창하게 말하자 | 표현확장 편

Chapter 32

have an effect on

책 속의 강의

우리가 사는 세상의 삼라만상에는 인과가 있다. 무엇 때문에 무엇이 있다. 이것 때문에 저것이 일어난다. 그래서 나는 변명을 많이 하는 이유인가 보다. 오늘 지각한 이유, 이 원고가 늦은 이유, 내가 못생긴 이유, 그것이 어려운 이유… 실제로 보면 모든 게 내 잘못인데 왜 변명거리를 다른 데에서 찾았을까? 아… 모든 것의 근원은 나였다. 술 땡긴다.

■ 모든 것은 영향을 받고 영향을 주며 흘러간다. 그래서 이 단원의 이디엄을 have an effect on(~에 영향을 주다)으로 골랐다. 우리 '영향'이라면 influence가 퍼뜩 떠오르겠지만, 더 많이 쓰는 이걸로 따끈따끈하게 모시겠다. 다음과 같이 신문에서만도 참 다양하게도 쓰인다.

정치 – It has a huge effect on the governmental decision.
(그것은 정부 결정에 지대한 영향을 미쳤다)
경제 – The rising exchange rate has an effect on trading with the country.
(상승하는 환율은 그 나라와의 교역에 영향을 준다)
교육 – Smartphone has a negative effect on our children.
(스마트폰은 아이들에게 부정적인 영향을 준다)

■ 일상에서 많이 사용할 수 있다. 우리도 고급진 회화를 할 수 있다굿!

A: Where is your car? Another accident? (너 차 어딨어? 또 사고 났어?)
B: No way, man. I've just decided to walk a lot. It has a good effect on my health.
(아남 마. 많이 걷기로 결심했어. 내 건강에 좋은 영향을 준다구)

■ 대화를 적고 나니 좀 오글거리는 7080년도 계몽영화 대사 같긴 하다.

335

Warming-Up

이 페이지는 이 단원에 훈련할 어휘와 단어를 미리 익히는 시간이다. 현대 사회의 일상에서 쓰는 단어를 모아 각 단원의 패턴들과 결합, 가장 사용도 높은 예문들을 구성하려고 한다. 다음 단/숙어들이 영어로 1초 내에 입으로 튀어나올 때까지 맹연습하고 다음 페이지로 넘어가자.

- 자체점검!
- 아주조금!
- 반정도는!
- 기본이지!

나머지	rest
기분	mood
개선하다	improve
우리가 해외로부터 사기를 원하는 것	What we want to purchase from overseas
내가 옷 입는 방식	the way I dress
자연재해	natural disaster
이혼	divorce
자신감	confidence
내가 오랫동안 준비해 온 나의 발표	my presentation that I have prepared for a long time
수출	export

발칙한 영어로 유창하게 말하자 표현확장 편

Jump-In

여러분을 동시통역의 첫 단계로 초대한다. 실력이 향상되려면, 답이 궁금하고 확신이 없어도 절대 다음 페이지의 정답을 기웃거리지 마시라. 눈으로 영문을 보는 순간 입 영어 실력은 급감한다. 다음 국어 문장을 더듬더듬 만들어보자. 한 문장당 쉼이 두 번 이상 일어나면 다시 시도해 보자.

- 자체점검!
- 아주조금!
- 반정도는!
- 기본이지!

1. 날씨는 가끔씩 나의 기분에 영향을 준다.
2. 이것은 한국 수출에 부정적인 영향을 준다.
3. 부모의 이혼은 그들의 아이들에게 큰 영향을 줄지 모른다.
4. 성형수술을 받는 것은 사람들의 자신감에 긍정적인 영향을 준다.
5. 자연재해는 예외 없이 모든 국가에 영향을 줄 수 있다.
6. 대화는 그들의 관계 개선에 영향을 준다.
7. 내 결정은 나머지 학생들에게 강한 영향을 주었다.
8. 숙취는 내가 오랫동안 준비해 온 나의 발표에 나쁜 영향을 주었다.
9. 이 잡지는 내가 옷 입는 방식에 긍정적인 영향을 준다.
10. 환율은 우리가 해외로부터 사기를 원하는 것에 영향을 줄 것이다.

Check-Up

전 페이지에서 연습한 답을 체크하며 공부하자. 영어에 박학다식해지는 페이지이다. 필자는 영어 발음을 한국어로 표기해 비난을 사기도 한다. 그러나 영어를 읽을 수 있는 우리는 그 발음 따라 읽는다 해도 영어 실력이 줄지 않는다. 외려 우리가 발음 개선을 위해 지향할 것은 정확한 소리지, 영어에 근접도 못 하는 일본식 발음이 아니잖은가? 같은 소리, 빠른 속도가 생성될 때까지 맹훈련하시라!

1. 날씨는 가끔씩 나의 기분에 영향을 준다.

The weather has an effect on my mood at times.

'th더웨th덜해ㅅ언이f펙턴마이무읃앳타임ㅅ'
at a time은 '한 번에', at the time은 '그때에', at times는 '가끔씩'의 의미이다.

2. 이것은 한국 수출에 부정적인 영향을 준다.

This has a negative effect on Korean export.

'th딧스해ㅅ어네가팁v 이f펙턴코뤼언엑스폴ㅌ' export는 '수출', import는 '수입'이다. negative는 자음 n으로 시작하여 an이 아닌 a가 온다.

3. 부모의 이혼은 그들의 아이들에게 큰 영향을 줄지 모른다.

Parents' divorce might have a huge effect on their kids.

'패어뤈ㅊ디v볼ㅆ마잇해v브어휴즈이f펙턴th데얼키ㅈ' kids는 어린아이뿐만 아니라 청소년까지 포함하는 의미이다. 그러나 kid이라 불리우기를 좋아하는 청소년은 없다.

발칙한 영어로 유창하게 말하자 **표현확장 편**

4. 성형수술을 받는 것은 사람들의 자신감에 긍정적인 영향을 준다.

Getting plastic surgeries <u>has a</u> positive <u>effect on</u> people's confidence.

'게링플라스틱썰져뤼스해서파서리v브이f펙온피쁠스컨f피던스'
confidence의 유의어로는 self-assurance, courage, self-possession이고, 반의어는 shyness이다. natural의 반의어는? artificial (인공의)

5. 자연재해는 예외 없이 모든 국가에 영향을 줄 수 있다.

Natural disasters can <u>have an effect on</u> every country without exception.

'내츄럴디져스털스캔해v브언이f펙온에v뷔리컨츄리위th라웃이쎕션'
exception의 유의어로는 special case, anomaly가 있다.

6. 대화는 그들의 관계 개선에 영향을 준다.

A conversation <u>has an effect on</u> improving their relationship.

'어컨v벌쌔이션해ㅅ언이f펙턴임프루v빙th데얼뤼을래이션쉽'
conversation의 유의어로는 discussion, dialogue, talk, chat, gossip이 있다. 전치사 on 다음에 improving 동명사가 왔다.

7. 내 결정은 나머지 학생들에게 강한 영향을 주었다.

My decision <u>had a</u> strong <u>effect on</u> the rest of the students.

'마이디씨젼핸어스트롱이f펙턴th더뤠스탑f th더스뜌던ㅊ' '결정을 하다'라는 표현은 make a decision이다. decision 대신 determination, conclusion도 기억하시라.

8. 숙취는 내가 오랫동안 준비해 온 나의 발표에 나쁜 영향을 주었다.

A hangover <u>had a</u> bad <u>effect on</u> my presentation that I had prepared for a long time.

'어행오v벌해드어배드이f펙온마이프뤠젼테이션th대라이햇펄페얼ㄷf풀어롱타임'
presentation을 동사구로 쓰려면 make a presentation으로 한다. prepare의 다음에 for가 오는 것은 다반사.

9. 이 잡지는 내가 옷 입는 방식에 긍정적인 영향을 준다.

This magazine <u>has a</u> positive <u>effect on</u> the way I dress.

'th디ㅆ매거z진해ㅅ어퍼저립v 이f펙턴th더웨이아이드뤠ㅆ' 옷과 관련된 표현으로는 take off '옷을 벗다', get changed '갈아입다', get dress up '잘 차려입다'가 있다.

10. 환율은 우리가 해외로부터 사기를 원하는 것에 영향을 줄 것이다.

The exchange rates will have an effect on what we want to purchase from overseas.

'th디익스체인지뤠이슬해v브언이f펙온왓위원투펄췌이스f프롬오v벌씨ㅅ'
buy와 purchase 모두 '구입하다'이지만, buy는 일상적인 말이고, purchase는 격식을 갖춘 상황에 사용한다.

Pile-Up

pileup_32.mp3

발칙한 영어로 유창하게 말하자 **표현확장 편**

누적훈련 없이 실력향상 없다!
선행학습 교재 『발칙한 영어로 진짜쉽게 말하자 – 기본패턴 편』 전체 분량과 본 권 『발칙한 영어로 유창하게 말하자 – 표현확장 편』의 누적 학습한 내용까지의 콜라보레이션 동시통역 트레이닝!
다음 문장을 영어로 바꾸시라. 문제당 쉼이 세 번 이상이면 다시! 될 때까지 노력!

1
성형수술

한국엔 성형수술과 관련된 이슈들이 많다. 성형수술은 매우 위험하지만 이를 원하는 많은 사람들이 있다. 그들 생각으론 성형수술이 그들의 자신감에 긍정적인 영향을 미친다고 한다. 하지만, 나는 그들에게 성형수술이 얼마나 위험한지 말해주고 싶다.

There are a lot of issues regarding plastic surgeries in Korea. There are still many people who want to get plastic surgeries even though they are really dangerous. According to them, they <u>have</u> positive <u>effects on</u> their confidence. However, I want to tell them how dangerous they are.

2
자연재해

나는 과거에 우연히 자연재해를 목격한 적이 있다. 자연재해는 우리의 삶과 관련이 있다. 그것은 예외 없이 모든 나라에 영향을 준다. 그것은 피할 수 없는 것이다. 정부는 자연재해가 발생하면 책임을 져야 한다.

I happened to witness a natural disaster in the past. Natural disasters have something to do with our lives. It <u>has an effect on</u> every country without exception. It is something unavoidable. The government should be responsible for this when it happens.

3

체중감량

살을 빼기로 결심했다. 나는 비만이 나의 건강에 나쁜 영향을 미친다고 들었다. 나는 거의 매일 운동하고 싶었지만 나는 운동을 전혀 할 수 없었다. 모든 것은 나의 의지와 노력에 달려있다.

I made a decision to lose weight. I heard that obesity <u>has a</u> bad <u>effect on</u> my health. I wanted to work out almost every day but I couldn't exercise at all. Everything depends on my will and efforts.

4

숙취

어제 친구의 파티에 참석했고 나는 지금 심한 숙취를 겪고 있다. 어제의 일은 오늘 오후 나의 발표에 부정적인 영향을 줄 수도 있다. 너는 보통 어떻게 해장하니? 좋은 팁이 있니? 나는 네가 나를 도와주길 원해.

I took part in my friend's party and I am going through a severe hangover. What happened last night might <u>have a</u> negative <u>effect on</u> my presentation this afternoon. How do you usually deal with hangovers? Do you have good tips? I want you to help me.

5

이혼

부모의 이혼은 아이들에게 큰 영향을 줄 수 있다. 그것은 아이들의 정서와 관련이 있기 때문이다. 부모들은 결정하기 전에 많은 시간을 생각해야 한다. 또한, 그들이 결정하는 것에 더 책임을 져야 한다.

Parents' divorce might <u>have a</u> huge <u>effect on</u> their kids because it has something to do with their emotions. Parents should spend a lot of time thinking about it before making the decision. And they should be more responsible for what they are going to decide.

6 대화

대화는 관계 개선에 좋은 영향을 미친다. 하지만 사람들은 스마트폰 때문에 서로서로 대화하는데 시간을 덜 보낸다. 나는 스마트폰이 세상에서 가장 위대한 기기 중 하나지만 이것이 사람들에게 어느 정도 부정적인 영향을 미친다고 생각한다.

Conversations <u>have</u> good <u>effects on</u> improving relationships. But people spend less time talking to each other due to smartphones. I think smartphones are one of the greatest devices in the world but it has negative effects on people to some extent.

7 지진

몇 주 전 강한 지진이 발생했다. 그것은 우리의 안전 시스템에 영향을 미쳤다. 뉴스 보도에 따르면, 많은 사람들은 정부 기관에 전화했으나 그들과 연락이 닿지 않았다. 그 이후로 기관들은 재난 극복 시스템 구축에 열중하고 있다.

A strong earthquake took place weeks ago. It <u>had an effect on</u> our safety system. According to news reports, many people made calls to the government branches but couldn't reach them. After that, they are now working on setting up a disaster recovery system.

발칙한 영어로 유창하게 말하자 | 표현확장 편

Chapter 33

put up with

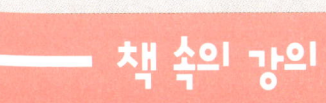 

책 속의 강의

endure, tolerate, bear, persist, sustain, stand, be patient, put up with
'인내하다'라는 단어를 영어사전에서 찾아보니 쏟아져 나오는 결과물이다. 몇 개를 제외하고는 철학책 읽거나 기계 설명 듣다가 접했던 어려운 단어들이다. '참다', '이겨내다'라는 말은 하루하루 열심히 살아가는 우리나라 국민들에게 유용할 어휘임에도 이리 입에 찰싹 달라붙어 있는 단어가 없는지 모르겠다.

- put up with를 소개하겠다. 그들은 많이 쓴다고 쓰는데 하고 버무려 들려 우리가 못 알아듣는 이디엄이다. 뒤에 우리가 견뎌내는 대상이라면 사람, 사물, 사건 무엇이든지 와도 된다.

- 자기 소개할 때도 사용하기 좋다.
  I know I will meet and face some difficulties and I am ready to put up with them.
  (나는 어려움을 만나고 상대할 것이라는 것을 알고 있으며 그것들을 이겨낼 준비가 되었습니다)

- 누군가에 대한 뒷담화를 감행할 때도 유용하다.
  A: Was Janet here today? (오늘 자넷 여기 왔어?)
  B: Yes, but she is always Janet herself. Never changes. (네, 그러나 그녀는 언제나 자넷이죠. 변하진 않네요)
  A: I am sick of her. How longer should we put up with her? (걔 지긋지긋하다. 얼마나 우리가 더 걔를 견뎌내야 하는 거야?)

- 동사 put은 과거형도 put이고 완료형도 put이다. 다른 동사들도 이 친구처럼 변신하지 않았으면 영어가 더 쉬웠을까? 비겁한 변명인가? 이놈의 영어도 이겨내자! We can put up with it.

Warming-Up

이 페이지는 이 단원에 훈련할 어휘와 단어를 미리 익히는 시간이다. 현대 사회의 일상에서 쓰는 단어를 모아 각 단원의 패턴들과 결합, 가장 사용도 높은 예문들을 구성하려고 한다. 다음 단/숙어들이 영어로 1초 내에 입으로 튀어나올 때까지 맹연습하고 다음 페이지로 넘어가자.

자체점검!
아주조금!
반정도는!
기본이지!

소음	noise
우리의 정책에 동의하지 않는 사람들	people who disagree with our policy
코 고는 소리	snoring
지연	delay
과거에 상상할 수 없었던 것	the inconvenience caused by the breakdown
식사 예절	table manner
고장 때문에 발생한 불편함	the inconvenience caused by the breakdown
환경오염	environment pollution
어려움	hardship
잔소리	nagging

발칙한 영어로 유창하게 말하자 표현확장 편

Jump-In

여러분을 동시통역의 첫 단계로 초대한다. 실력이 향상되려면, 답이 궁금하고 확신이 없어도 절대 다음 페이지의 정답을 기웃거리지 마시라. 눈으로 영문을 보는 순간 입 영어 실력은 급감한다. 다음 국어 문장을 더듬더듬 만들어보자. 한 문장당 쉼이 두 번 이상 일어나면 다시 시도해 보자.

- 자체점검!
- 아주조금!
- 반정도는!
- 기본이지!

1. 그녀는 끝까지 모든 어려움을 참았다.

2. 나는 컴퓨터에서 나는 소음을 참을 수 없었다.

3. 아이는 엄마의 잔소리를 참았다.

4. 그는 더 이상 그녀의 코 고는 소리를 참을 수 없다.

5. 그들은 심각한 환경오염을 참아야 한다.

6. 나는 그의 무례한 식사 예절을 참아야 했다.

7. 나와 내 친구는 공항에서 5시간의 지연을 참았다.

8. 많은 승객들은 고장 때문에 발생한 불편함을 참았다.

9. 시민들은 과거에 상상할 수 없었던 것을 참는다.

10. 우리는 우리의 정책에 동의하지 않는 사람들을 참는다.

Check-up

전 페이지에서 연습한 답을 체크하며 공부하자. 영어에 박학다식해지는 페이지이다. 필자는 영어 발음을 한국어로 표기해 비난을 사기도 한다. 그러나 영어를 읽을 수 있는 우리는 그 발음 따라 읽는다 해도 영어 실력이 줄지 않는다. 외려 우리가 발음 개선을 위해 지향할 것은 정확한 소리지, 영어에 근접도 못 하는 일본식 발음이 아니잖는가? 같은 소리, 빠른 속도가 생성될 때까지 맹훈련하시라!

1. 그녀는 끝까지 모든 역경을 참았다.

She put up with all the hardships to the end.

'쉬푸럽윗th 어올th더할ㄷ쉽ㅅ투th디엔ㄷ'
hardship의 유의어로는 suffering, difficulty, adversity, tribulation, privation이 있다. hardship 사이에 d발음 안 들리도록 노력! to the end의 to the 작게 들리도록 또 노력!

2. 나는 컴퓨터에서 나는 소음을 참을 수 없었다.

I couldn't put up with the noise from the computer.

'아이쿠든푸럽윗th th더노이ㅅ프뤔th더컴퓨럴' noise는 불쾌한 소리로 가산 명사와 불가산 명사 모두 된다. 하지만 sound는 귀에 들리는 소리를 의미하고 가산 명사이다.

3. 아이는 엄마의 잔소리를 참았다.

The kid puts up with her mom's nagging everyday.

'th더킫푸첩윗th 헐맘ㅆ내깅에v브뤼데이'
nag는 동사로 '잔소리를 하다', nagger는 명사로 '잔소리하는 사람', naggy는 형용사로 '잔소리가 심한'이다. every day는 명사, everyday는 부사다.

발칙한 영어로 유창하게 말하자 **표현확장 편**

4. 그는 더 이상 그녀의 코 고는 소리를 참을 수 없다.

He can't <u>put up with</u> her snoring any more.

'히캔ㅌ푸럽윗th 헐스노뤼앵애니모얼' any more은 주로 부정문이나 의문문에 함께 쓰인다. 만일 can't가 can이었다면 any more은 no more가 되었을 것임.

5. 그들은 심각한 환경오염을 참아야 한다.

They should <u>put up with</u> severe environment pollution.

'th데이슏푸럽윗th 쎀v비얼인v바이뤄먼폴루션'

severe의 유의어는 serious, critical, terrible, desperate, extreme, awful이 있다. 참고로, 황사는 yellow sand, 미세먼지는 fine dust다.

6. 나는 그의 무례한 식사 예절을 참아야 했다.

I had to <u>put up with</u> his poor table manners.

'아이햇투푸럽윗th 히즈푸얼태이브을매널ㅅ' poor은 '빈곤한', '운이 없는', '열등한', '질 낮은', '양이나 질이 빈약한'의 다양한 의미가 있다.

7. 나와 내 친구는 공항에서 5시간의 지연을 참았다.

My friend and I <u>put up with</u> 5 hours of delay at the airport.

'마이f프렌앤아이푸럽윗th 파이브아월스업f 드을레이앳th디에얼폴ㅌ'
delay의 유의어로는 put off, postpone, defer, hinder, impede가 있다.

349

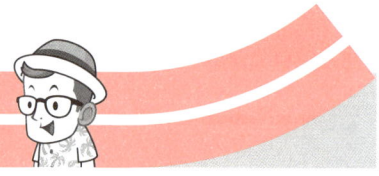

8. 많은 승객들은 고장 때문에 발생한 이 불편함을 참았다.

Many passengers put up with the inconvenience caused by the breakdown.

'매니패쓴졀ㅆ푸럽윗th th디인컨v뷔니언스커슫바이th더브뤠익따운'
breakdown과 관련된 숙어로는 break something down '~을 부수다', breakdown into '~로 분해하다'가 있다.

9. 시민들은 과거에 상상할 수 없었던 것을 참는다.

Citizens put up with what was unimaginable in the past.

'씨리즌ㅆ푸럽윗th왓워ㅅ언이매쥐너브을인th더패스ㅌ'
citizen의 유의어로는 inhabitant, resident, dweller, townsman이 있다. imagine이 형용사로 imaginable이 되고 반의어로 unimaginable이 되었다.

10. 우리는 우리의 정책에 동의하지 않는 사람들을 참는다.

We put up with people who disagree with our policy.

'위푸럽위th ㅆ피쁘을후디써그뤼윗th아월펄러씩' disagree의 반대는 agree이다. 관계사 who는 선행사 people이 disagree의 주어가 되게 한다. 관계사 who, which, that 다음에 동사가 오는 문장들이 관계대명사의 주격이라는 문법이다.

발칙한 영어로 유창하게 말하자 **표현확장 편**

pileup_33.mp3

Pile-Up

누적훈련 없이 실력향상 없다!
선행학습 교재 『발칙한 영어로 진짜쉽게 말하자 – 기본패턴 편』 전체 분량과 본 권 『발칙한 영어로 유창하게 말하자 – 표현확장 편』의 누적 학습한 내용까지의 콜라보레이션 동시통역 트레이닝!
다음 문장을 영어로 바꾸시라. 문제당 쉼이 세 번 이상이면 다시! 될 때까지 노력!

1
성공

그녀는 유년기에 많은 어려움과 고난을 경험했다. 하지만 그녀는 사업가가 되기로 결심했고 열심히 공부했다. 그녀는 어려움들을 참아냈다. 성공은 모두 얼마나 많은 노력을 하는가에 달려있다.

During her childhood, she went through a lot of difficulties and hardships. However, she made a decision to be a businessperson and studied hard. She <u>put up with</u> all the hardships. Success depends on how much effort we put in.

2
소음

나는 컴퓨터에서 나는 소음을 참을 수 없다. 약 10년 전에 이것을 산 것 같다. 때때로 난 이 소음 때문에 잠을 잘 수 없다. 정말 새 컴퓨터를 살 때다.

I couldn't <u>put up with</u> the noise from the computer. I think I bought it about a decade ago. Sometimes I couldn't fall asleep because of the noise. It is time to buy a new one.

3

비행기 연착

내 친구와 나는 공항에서 5시간의 연착을 견뎌야 했다. 나는 태풍에 의해 비행기가 연착됐다고 들었다. 항공사는 보상으로 호텔 방과 식사를 제공했다. 그것은 성가시지만 기억에 남는 것이었다.

My friend and I had to put up with 5 hours of delay at the airport. I heard that the flight was delayed by a storm. The airline provided us with hotel rooms and meal plans as a compensation. It was something annoying but memorable.

4

식사예절

식사 예절이 나쁜 남자가 있었다. 그는 먹는 동안 계속 소리를 냈다. 나는 그의 나쁜 식사 예절을 참아야 했다. 나는 그가 식사예절을 배워야 한다고 확신한다.

There was a man who had poor table manners on the table. He kept on making noises while eating. I had to put up with his poor table manners. I am confident that he needs to learn table manners.

5

더위

나는 무더위를 참을 수 없다. 나는 여름에 언제나 수영을 즐긴다. 시원할 뿐 아니라 나는 살도 뺄 수 있기 때문이다. 여름엔 해변을 따라 언제나 많은 사람들이 있다.

I can't put up with sweltering weather. I enjoy swimming in summer. Besides cooling me down, I can lose some weight. There are always tons of people along the shore in the summer time.

발칙한 영어로 유창하게 말하자 **표현확장 편**

6

기다림

나는 긴 기다림을 견딜 수 없다. 나는 식당 앞에서 길게 서 있는 것을 좋아하지 않는다. 그래서 나는 외식 전에 예약하는 것을 확실히 한다. 나는 오랜 시간 줄 서 있는 내 모습을 상상할 수 없다.

I can't **put up with** a long wait. I don't like to stand in line in front of a restaurant. So I am sure to make a reservation before eating out. I can't imagine myself waiting in line for a long time.

7

웃음

나는 어제 TV쇼를 봤고 그 프로그램엔 많은 개그맨들이 있었다. 그것은 재미있었다. 나는 나의 웃음을 참을 수 없었다. 나는 얼마나 오래 내가 그 쇼를 봤는지 모르겠다.

I watched a TV show yesterday and there were many comedians in the show. It was something hilarious. I couldn't **put up with** my laughing. I didn't know how much time I spent watching that show.

발칙한 영어로 유창하게 말하자 | 표현확장 편

Chapter 34
devote oneself to

책 속의 강의

새해 떠오르는 태양을 보며 우리는 이 한 해를 바칠 목표를 설정한다. 영어 공부를 하겠다는 필자 개인적으로 쌍수 환영형 인구도 있고, 살을 빼서 몸매에 있어 나무젓가락과 경쟁하겠다는 분들도 있고, 담배를 끊어 전매청을 망하게 하겠다든지, 결혼해서 축의금으로 한몫을 잡겠다느니 별의별 목표도 다 있다.

■ 여러분 다 아시다시피 그들의 대부분은 사흘을 넘기지 못하고 그 전 연말의 모습으로 복귀하고 만다. 나는 영어 공부하겠다고 학생들이 쓰나미처럼 몰려드는 1월이 제일 싫다. 남들은 장사 잘되는 달입네 어쩌네 하겠지만, 그 이유? 1월에 먹는 마음이 제일 약하기 때문이다. 제일 오래 못 간다.

■ 영어에 성공하려면, 다음 주부터, 추석 쇠고, 내년부터 등 일종의 일정 연기 행위를 지양해야 한다. 남부럽지 않을 정도 각오가 선다면 그냥 지금 시작하고, 득달처럼 달려들지 말고 서서히 적응시간을 갖고, 몸이 그걸 좋아하기 시작한다고 느끼면 전력질주로 1차 목표 달성하시라. 그리고 필자처럼 재미도 있고 악랄하기도 한 트레이너를 찾으시라. 홍보로 느껴지셨다면 죄송하다.

■ 이 단원에 소개되는 무기는 devote myself to다. 좀 어렵다. devote의 어원부터 심오하다. de로 시작하는 단어는 한국말로 '낮추어'라고 한다. vote는 아시다시피 투표하다 의 의미로 쓰이고 여기서는 '뭔가를 바라다' 로 인식하시기 바란다. 그러니까, devote는 '몸을 낮추어 바라다'의 뜻으로 '간절히 노력하다'라는 뜻이라는데…… 내가 지금 설명을 잘 하는지 모르겠다. 옛 뜻은 언제나 이해 난도가 높다.

■ I devote myself to studying English. 나는 영어 공부하는 데에 열중한다. 제목이 oneself라 하여 그대로 쓰지 말고, myself, yourself, himself, herself, ourselves, yourselves, themselves의 재귀대명사를 적절히 사용하시라. to 다음에 동사를 쓰고자 할 때는 동사 원형이 아닌 ing로 끝나는 동명사를 쓰시라. 명사를 쓰려거든 ing 쓰지 않는다. Englishing이라면 그게 국적 불명 단어지 않겠는가? 가끔 지나친 창의력은 정상적인 삶을 영위하는 데 걸림돌이 되기도 한다.

Warming-Up

이 페이지는 이 단원에 훈련할 어휘와 단어를 미리 익히는 시간이다. 현대 사회의 일상에서 쓰는 단어를 모아 각 단원의 패턴들과 결합, 가장 사용도 높은 예문들을 구성하려고 한다. 다음 단/숙어들이 영어로 1초 내에 입으로 튀어나올 때까지 맹연습하고 다음 페이지로 넘어가자.

자체점검!
아주조금!
반정도는!
기본이지!

공부하다	study
그것이 정말로 무엇을 의미하는지를 밝혀내다	figure out what it really means
창작하다	create
돕다	help
수술	surgery
돌보다	look after
키우다	raise
분석하다	analyze
건설하다	construct
제작하다	produce

발칙한 영어로 유창하게 말하자 **표현확장 편**

Jump-In

여러분을 동시통역의 첫 단계로 초대한다. 실력이 향상되려면, 답이 궁금하고 확신이 없어도 절대 다음 페이지의 정답을 기웃거리지 마시라. 눈으로 영문을 보는 순간 입 영어 실력은 급감한다. 다음 국어 문장을 더듬더듬 만들어보자. 한 문장당 쉼이 두 번 이상 일어나면 다시 시도해 보자.

■ 자체점검!
☑ 아주조금!
☐ 반정도는!
☐ 기본이지!

1. 그 경험이 많은 의사는 수술에 열중했다.

2. 가수는 그녀의 두 번째 앨범 제작에 열중한다.

3. 학생들은 어려운 상황 아래서도 공부에 열중한다.

4. 그녀는 은퇴 이후 학생들을 돕는 데 열중했다.

5. 그는 당분간 그의 아픈 아이를 돌보는 데 열중할 것이다.

6. 그 잡지는 최근 한류의 동향을 분석하는 데 열중한다.

7. 감사하게도, 나의 할머니는 나를 키우는 데 열중했다.

8. 그 회사는 새로운 건물을 도시의 중심에 건설하는 것에 열중한다.

9. 그 작가는 수상자가 되기 위하여 최고의 작품을 창작하는 것에 완전히 열중한다.

10. 독자들은 그것이 정말로 무엇을 의미하는지 밝혀내는 데 열중한다.

Check-up

전 페이지에서 연습한 답을 체크하며 공부하자. 영어에 박학다식해지는 페이지이다. 필자는 영어 발음을 한국어로 표기해 비난을 사기도 한다. 그러나 영어를 읽을 수 있는 우리는 그 발음 따라 읽는다 해도 영어 실력이 줄지 않는다. 외려 우리가 발음 개선을 위해 지향할 것은 정확한 소리지, 영어에 근접도 못 하는 일본식 발음이 아니잖은가? 같은 소리, 빠른 속도가 생성될 때까지 맹훈련하시라!

1. 그 경험이 많은 의사는 수술에 열중했다.

The experienced doctor <u>devoted himself to</u> performing surgeries.

'th디익스피어리언스ㄷ닥털디v보리드림셀f프투펄f포밍썰져뤼스'
perform은 perform surgery '수술을 하다', perform a contract '계약을 이행하다', perform on the piano '피아노를 연주하다'와 같이 다양하게 사용된다.

2. 가수는 그녀의 두 번째 앨범 제작에 열중한다.

The musician <u>devotes herself to</u> producing her second album.

'th더뮤지썬디v보ㅊ헐쎄읖f 투프뤄듀싱헐쎄컨에을범' 서수 second는 앞에 정관사 the가 오지만 여기서는 소유격 her가 그 자리를 대신했다. her the second… 이런 말 안 된다.

3. 학생들은 어려운 상황 아래서도 공부에 열중한다.

Students <u>devote themselves to</u> studying under the worst condition.

'스뜌런ㅊ디v봇th템쎄읍v스투스퍼딩언덜th더월스트컨디썬'
good-better-best와 반대 의미의 형용사 변화다. bad-worse-worst로 최상급에서는 the를 붙인다. condition 앞의 under 전치사도 기억하자.

4. 그녀는 은퇴 이후 학생들을 돕는 데 열중했다.

She devoted herself to helping students after retirement.

'쉬디v보릳헐쎄읖f 투 헤읍삥스뜌던ㅊ에f프털뤼타이얼먼ㅌ'

help의 유의어로는 aid, support, assist, abet이 있고, 반대어로는 hinder가 있다. be helpful for도 동사 help를 대신할 수 있다.

5. 그는 당분간 그의 아픈 아이를 돌보는 데 열중할 것이다.

He will devote himself to looking after his sick kid for the time being.

'히위을디v봍힘쎄읖f투을루킹에f프털히ㅅ썩킫f폴th더타임비잉'

at the moment는 과거, 현재, 미래 모두에서 사용 가능한 '그 시점에서', currently는 현재에서만 '현재에는', for the time being은 '당분간'이다.

6. 그 잡지는 최근 한류의 동향을 분석하는 데 열중한다.

The magazine devotes itself to analyzing Korean wave trends.

'th더매거z진디v보츠잇쎄읖f 투애너을라이z징코뤼언웨입v트뤤z' '한류를 일으키다'라는 표현은 make the Korean wave이다. magazine의 z발음은 ㅅ에 가깝다.

7. 감사하게도, 나의 할머니는 나를 키우는 데 열중했다.

Thankfully, my grandmother devoted herself to raising me.

'th땡f풀리, 마이그랜마th덜디v보리드헐셀f프투뤠이싱미'

'양육하다'는 nurture, raise, rear, bring up이 있다. raise는 타동사, rise는 자동사. 그래서 raise 다음에 목적어 me가 있다.

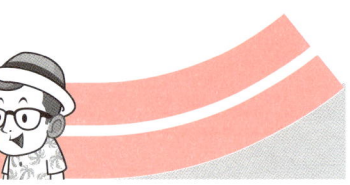

8. 그 회사는 새로운 건물을 도시의 중심에 건설하는 것에 열중한다.

The company <u>devotes itself to</u> constructing a new building at the center of the city.

'th더컴퍼니디v보츠잇쎌f투컨ㅆ트뤽쳐링어뉴빌딩앳th더쎄널업f th더씨리'

construct의 유의어로는 build, assemble, erect, set up, put up, put together이다. to다음에 constructing 동명사가 오는 것을 훈련하고 있음을 인지하라.

9. 그 작가는 수상자가 되기 위하여 최고의 작품을 창작하는 것에 완전히 열중한다.

The writer fully <u>devotes himself to</u> creating the best work to be a winner.

'th더롸이럴f푸을리디v보츠힘쎌f투크뤼에이링th더베스트월ㅋ투비어위널'

부사 fully의 위치를 주목하자. 부사는 동사, 형용사, 문장 전체를 꾸밀 수 있어 위치 선정이 다양할 수 있다. 이 문장 뒷부분에는 좋은 위치가 없다.

10. 독자들은 그것이 정말로 무엇을 의미하는지 밝혀내는 데 열중한다.

Readers <u>devote themselves to</u> figuring out what it really means.

'뤼덜스디v봇th뎀쎌읆v ㅅ투f퓌겨링아웃와릿뤼얼리민ㅈ'

figure out은 solve, understand, get의 느낌을 가진 단어로, 단순히 알아내는 것이 아니라 꼼꼼히 알아내는 것이다.

Pile-Up

발칙한 영어로 유창하게 말하자 **표현확장 편**

누적훈련 없이 실력향상 없다!
선행학습 교재 『발칙한 영어로 진짜쉽게 말하자 – 기본패턴 편』 전체 분량과 본 권 『발칙한 영어로 유창하게 말하자 – 표현확장 편』의 누적 학습한 내용까지의 콜라보레이션 동시통역 트레이닝!
다음 문장을 영어로 바꾸시라. 문제당 쉼이 세 번 이상이면 다시! 될 때까지 노력!

1 한류

잡지사는 한류를 분석하는 데 열중한다. 한류는 동남아시아인들에게 큰 영향을 미친다. 그들은 한국의 노래, 드라마 심지어는 패션까지 즐긴다. 그들의 많은 수가 한국문화를 경험하기 위해 한국을 방문하고 싶어 하기 때문에 한류는 한국 경제와 많은 관련이 있다.

The magazine <u>devotes itself to</u> analyzing the Korean wave trends. The Korean wave makes a big difference to Southeast Asian countries. They enjoy Korean songs, dramas, and even fashion. It has a lot to do with Korean economy since many of them want to visit Korea to experience Korean cultures.

2 건설

그 회사는 도시의 중심에 새로운 빌딩을 건설하는 데 열중한다. 그들은 빌딩을 건설하는데 최신 기술을 사용할 것이다. 이 빌딩은 나에게 서울을 떠올리게 한다. 나는 이 빌딩이 랜드마크가 되리라 확신한다.

The company is <u>devoting itself to</u> constructing a new building at the center of the city. They will make use of the newest technology to construct the building. This building reminds me of Seoul. I am sure that this building will be a landmark.

3

의사

세계적으로 유명한 의사가 있다. 사람들은 진찰받기 위해 오래 기다린다고 들었다. 그는 수술에 열중했다. 나는 그가 좋은 실력을 가졌을 거라고 확신한다.

There is a doctor who is famous all over the world. I heard that people are willing to wait long to see the doctor. He <u>devoted himself to</u> performing surgeries. I am sure that he has great skills.

4

은퇴

그녀는 은퇴 이후 봉사하기를 원했기 때문에 현재 학생들을 돕는 데 열중한다. 그녀는 학생들을 가르치는데 그녀의 인생을 썼다. 그녀는 확실히 다른 이들에게 긍정적인 영향을 미친다.

She now <u>devotes herself to</u> helping students because she felt like volunteering after retirement. She spent her whole life teaching students. She has positive effects on others for sure.

5

작가

작가는 우승자가 되기 위해 최고의 작품을 만드는 데 열중한다. 그는 다양한 경험이 있다고 알고 있다. 그는 계속해서 창의적으로 생각한다. 나는 그의 모든 작품을 즐긴다.

The writer fully <u>devotes himself to</u> creating the best work to be a winner. I know he has a variety of experiences. He keeps on thinking outside the box. I enjoy every work of his.

6

노래

그녀는 요즘 노래에 열중한다. 그녀는 며칠 후에 오디션에 참여할 것이다. 그녀는 재미있게 연습한다. 나는 그녀가 노래할 때 심사위원들이 그녀에게 주목하리라 자신한다.

She <u>devotes herself to</u> singing these days. She will take part in an audition in days to come. She has so much fun practicing. I am confident that judges will pay attention to her when she sings.

7

신제품

나는 내 사업을 시작하는 데 열중한다. 나는 이것을 소개하게 되어 기쁘다. 이걸 사용해보고 싶니? 나는 이것이 어떻게 사람들의 기분을 바꿀 수 있는가에 집중했다. 어떻게 생각하니?

I have <u>devoted myself to</u> starting my own business. I am pleased to introduce this. Do you want to try this? I focused on how it can change people's feelings. What do you say?

발칙한 영어로 유창하게 말하자 | 표현확장 편

Chapter 35
suffer from

발칙한 영어로 유창하게 말하자 표현확장 편

책 속의 강의

● 이 책에 전념하시고 계신 분들은 눈치를 벌써 까~(죄송) 채셨겠지만, 단원 21과에 진입하면서 우리가 공부한 이디엄들이 그저 일상생활에서만 유용한 것이 아닌, 비즈니스와 취업 면접에도 영양가 높은 스피킹 무기들이라 여겨주시기 바란다.

● 누적 관리하지 않는 영어학습은 전혀 늘지 않는다. 왜 교재 나눠주고 페이지 넘기며 '오늘은 몇 장부터죠?'라고 하는 학원 회화반, 미드, 뉴스 틀어주며 따라 외쳐보라 반복에 반복만 거듭하는 청취반, 그리고 특히 한국인들이 왜 영어를 못하는지 알 리가 없는 교포나 원어민 영어반에서 왜 실력이 늘지 않는 사람들이 많은가? 그것은 어제 배운 것이 오늘 진도분과, 지난달 배운 것이 이번 달과 연계 누적관리되지 않기 때문이다.

● 한 달 스피킹 배웠으면 1분은 안 보고 떠들어야 옳고, 두 달 배웠으면 3분으로 늘어나야 옳다. 그래서 이 책에서 필자가 누적관리 페이지를 이리도 지겹게 끼워 넣고 있는 것이다. 한국 경제에 대해 말하라 한다면 이젠,

We should pay attention to it. We are going through a difficult time so we should deal with and take care of many issues. We should be responsible for what is happening and spend a lot of time finding an answer·····················.

● 이 정도 시작은 하셔야 한다. 자신 없으면 다시 돌아가고, 동영상을 더 보셨으면 하고, 그리고 필자에게 직접 연락 주시라. 직접 만나 에너지 팍팍 넣어드리겠다.

● 이 단원은 suffer from (~로 고통받다)이다. 앞서 배운 go through와 의미가 비슷하므로 같이 사용하시면 더 빛이 나겠다. Korea is suffering from many economic issues and going through a difficult time. (한국은 많은 경제 이슈로 고생하고 있으면 어려운 시대를 겪고 있다.) f가 많은 발음이니 바람 새는 소리 잘 만드시라. 아랫입술 양당 물 필요 전혀 없다. 부드럽게 f!

365

Warming-Up

이 페이지는 이 단원에 훈련할 어휘와 단어를 미리 익히는 시간이다. 현대 사회의 일상에서 쓰는 단어를 모아 각 단원의 패턴들과 결합, 가장 사용도 높은 예문들을 구성하려고 한다. 다음 단/숙어들이 영어로 1초 내에 입으로 튀어나올 때까지 맹연습하고 다음 페이지로 넘어가자.

자체점검!
아주조금!
반정도는!
기본이지!

불안감	feeling of insecurity
아무도 예측하지 못했던 막대한 빚	huge debts that no one expected
불면증	insomnia
홍수	flood
주가 폭락	stock market slump
죄책감	guilty conscience
바이러스	virus
규칙적인 운동을 통해서 예방될 수 있는 질병	illness that could be prevented by regular exercise
탈모	hair loss
그들이 겪은 끔찍한 것들	terrible things that they experienced

발칙한 영어로 유창하게 말하자 　표현확장 편

Jump-In

여러분을 동시통역의 첫 단계로 초대한다. 실력이 향상되려면, 답이 궁금하고 확신이 없어도 절대 다음 페이지의 정답을 기웃거리지 마시라. 눈으로 영문을 보는 순간 입 영어 실력은 급감한다. 다음 국어 문장을 더듬더듬 만들어보자. 한 문장당 쉼이 두 번 이상 일어나면 다시 시도해 보자.

- 자체점검!
- 아주조금!
- 반정도는!
- 기본이지!

1 　나는 차 사고 이후로 항상 불안감으로 고통받는다.

2 　네가 카페인을 줄이면 불면증으로 덜 고통받을 것이다.

3 　우리 가족은 지난해 이맘때쯤 홍수로 고통받았다.

4 　많은 아이들이 매년 신유형의 바이러스로 고통받는다.

5 　스트레스를 받는 사람들은 주로 탈모로 고통받는다.

6 　나는 거짓말을 할 때마다 죄책감에 고통받는다.

7 　나를 포함한 많은 투자자들은 주가 폭락에 고통받고 있다.

8 　슬프게도, 생존자 중 몇은 여전히 그들이 겪은 끔찍한 것들로 고통받는다.

9 　그녀는 현재 규칙적인 운동을 통해서 예방될 수 있는 질병으로 고통받는다.

10 　그녀는 아무도 예측하지 못했던 막대한 빚으로 고통받고 있다.

Check-Up

전 페이지에서 연습한 답을 체크하며 공부하자. 영어에 박학다식해지는 페이지이다. 필자는 영어 발음을 한국어로 표기해 비난을 사기도 한다. 그러나 영어를 읽을 수 있는 우리는 그 발음 따라 읽는다 해도 영어 실력이 줄지 않는다. 외려 우리가 발음 개선을 위해 지향할 것은 정확한 소리지, 영어에 근접도 못 하는 일본식 발음이 아니잖은가? 같은 소리, 빠른 속도가 생성될 때까지 맹훈련하시라!

1. 나는 차 사고 이후로 항상 불안감으로 고통받는다.

After the car accident, I always suffer from the feeling of insecurity.

'에f프털th더칼액씨던트, 아이어웨이ㅅ써f펄f프뤔th더f퓌을링업f인씩큐어뤼리'

insecurity라는 단어는 정치적, 경제적, 재정적 불안정으로 political insecurity, economic insecurity, financial insecurity로 쓸 수 있다.

2. 네가 카페인을 줄이면 불면증으로 덜 고통받을 것이다

You will suffer less from insomnia if you cut back on caffeine.

'유위을써f퍼을레ㅆ f프뤔인썸니아이f퓨컷빽껀카f페인'

cut back(down) on 명사는 '~을 줄이다'이다. 가수 휘성이 가르쳐 준 insomnia, 이런 단어는 참 반갑다. 가정법 현재라는 문법의 전형적인 예문이다.

3. 우리 가족은 지난해 이맘때쯤 홍수로 고통받았다.

My family suffered from a flood at this time of last year.

'마이f패므을리써f펄 ㄷf프뤔어f프을루읏앳th디스타임업f라ㅆ이얼'

flood의 유의어로는 deluge, inundation, overflow, spate이 있다. flood처럼 모음이 두 개인 경우 뒤 모음에 힘을 주라. 그렇게 'f플러얻'의 '얻'부분에 힘이 실리는 게 좋다.

4. 많은 아이들은 매년 신유형의 바이러스로 고통받는다.

Plenty of children suffer from new types of virus every year.

'플레니옵칠드륀써f펄f프롬뉴타입숍v바이뤄스에v브뤼이열'

a plenty of 다음에는 a lot of와 마찬가지로 가산, 불가산명사 다 올 수 있다. children, people 다음에는 s를 붙이지 않도록 항상 조심!

5. 스트레스를 받는 사람들은 주로 탈모로 고통받는다.

Stressed people usually suffer from hair loss.

'스트뤠쓷피쁘을유져을리써f펄f프룀헤얼러쓰'

'스트레스를 받다'라는 표현은 get stressed이고 '스트레스를 없애다'는 get rid of stress, relieve stress, release stress가 가장 많이 쓰인다.

6. 나는 거짓말을 할 때마다 죄책감에 고통받는다.

I suffer from a guilty conscience whenever I lie.

'아이써f펄f프뤔어기을티컨션스웬에v벌아이을라이'

whenever은 '~할 때마다'로 everytime과 바꿔 쓸 수 있다. 형용사 gulty의 명사형은 guilt이며 반대말은 화장품 이름 같은 innocent다.

7. 나를 포함한 많은 투자자들은 주가 폭락에 고통받고 있다.

Many investors including myself are suffering from the stock market slump.

'매니인v베스털스인쿨루딩마이셀f프알써f퍼링f프롬더스턱말켓슬럼ㅍ'

slump의 유의어로는 recession, downturn, decline, drop, fall이 있다. myself 다음에 be 동사가 are이라 놀라지 마시라. 진짜 주어는 investors라는 복수형.

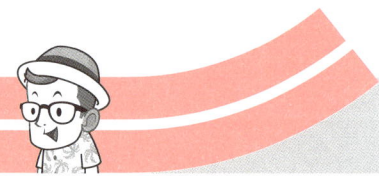

8. 슬프게도, 생존자 중 몇은 여전히 그들이 겪은 끔찍한 것들로 고통받는다.

Sadly, some of the survivors still suffer from the terrible things that they experienced.

'쌛을리썸옵th더썰v바이v벌스스틸써f펄f프롬th더테러블th띵쓰th댓th데이익스프어리언스ㄷ' 보통 부사의 위치는 문장의 뒷부분이지만, 강조하고자 할 때는 문장에 제일 앞으로 온다. 부사는 문장 전체를 수식할 수도 있기 때문이다.

9. 그녀는 현재 규칙적인 운동을 통해서 예방될 수 있는 질병으로 고통받는다.

She suffers from the illness that could be prevented by regular exercise.

'쉬써f펄스f프롬th더이을니ㅆth댓쿤비프뤼v벤틷바이뤠귤러엑설싸이ㅈ'
prevent 다음에 from이라는 전치사를 외운 분들은 by의 등장에 놀랄 수도 있지만 from은 다음엔 예방할 목적이 나오고 by는 수동태이기 때문에 등장했다.

10. 그녀는 아무도 예측하지 못했던 막대한 빚으로 고통받고 있다.

She is suffering from huge debts that no one expected.

'쉬이ㅅ써f퍼륑f프롬휴ㅈ데ㅊth댓노원익스펙팈' debt에서는 b가 묵음이라 소리 나지 않는다. huge 역시 쉬운 발음이 아니다. 아랫입술에 힘주지 않으면 '휴지'가 된다.

Pile-Up

pileup_35.mp3

발칙한 영어로 유창하게 말하자 표현확장 편

누적훈련 없이 실력향상 없다!
선행학습 교재 『발칙한 영어로 진짜쉽게 말하자 – 기본패턴 편』 전체 분량과 본 권 『발칙한 영어로 유창하게 말하자 – 표현확장 편』의 누적 학습한 내용까지의 콜라보레이션 동시통역 트레이닝!
다음 문장을 영어로 바꾸시라. 문제당 쉼이 세 번 이상이면 다시! 될 때까지 노력!

1 차 사고

그 차 사고 이후 나는 불면증을 항상 겪고 있다. 그것은 심각한 것 이상이었다. 나는 병원에 2달간 있어야 했다. 모두 운전할 때 더 조심해야 한다. 그것은 생명과 직접적으로 관련이 있기 때문이다.

After the car accident, I always <u>suffer from</u> insomnia. It was something more than serious, so I had to stay in the hospital for two months. Everyone should be more careful when they drive because it directly has something to do with life.

2 홍수

작년 이맘때, 우리 가족은 홍수로 고통받았다. 나는 우리가 그 위기를 극복할 수 없다고 생각했다. 이웃들은 우리 집을 치우는데 많은 시간을 보냈다. 우리는 우리가 재기할 때까지 어려움을 극복하기 위해 그들의 도움을 받았다.

My family <u>suffered from</u> a flood at this time of last year. I thought we couldn't overcome the crisis. My neighbors spent a lot of time cleaning up my house. We accepted their help to tide us over until we got back on our feet.

3

주가폭락

나를 포함한 많은 투자자들은 주식 시장 불황을 경험하고 있다. 전문가들은 대안을 밝혀내기 위해 노력하는 중이다. 이것은 세계 경지 침체와 많은 관련이 있다. 이것은 모든 측면에 나쁜 영향을 준다.

Many investors including myself are <u>suffering from</u> the stock market slump. Experts are trying to figure out the alternatives. It has a lot to do with the global economic slump. It has a bad effect on every aspect.

4

폭풍

나는 너네 도시의 태풍에 대해 들어서 너에게 전화를 걸었어. 많은 사람들이 지금도 고통받고 있다며. 너는 괜찮니? 그건 예측할 수 없는 거였어. 네가 괜찮다는 걸 들어 행복해.

I am making a call to you because I heard about the storm in your city. Many people are <u>suffering from</u> the storm until now. Are you okay? It was something unexpected. I am happy to hear that you are okay.

5

바이러스

아프리카에 사는 수많은 어린이들은 내년 바이러스로 고통받는다. 건강한 식단은 이 상황을 방지하는 데 지대한 영향을 미친다. 그들의 생명은 우리에게 달려있다. 우리는 그들에게 적절한 해결책을 제공할 필요가 있다.

Plenty of children who live in Africa <u>suffer from</u> viruses every year. Healthy diets will have a significant effect on preventing this situation. Their lives depend on us. We need to provide them with appropriate solutions.

발칙한 영어로 유창하게 말하자 　표현확장 편

6
트라우마

슬프게도, 몇몇의 생존자들은 여전히 그들이 경험한 끔찍한 것들로부터 고통받는다. 전문가들은 이를 트라우마라고 부른다고 들었어. 이것은 정신건강과 관련이 있다. 트라우마를 가진 사람들은 이것을 극복하는 다양한 해결책에 집중한다.

Sadly, some of the survivors still **suffer from** the terrible things that they experienced. I heard experts call it a trauma. It has something to do with mental health. People with traumas focus on various solutions to overcome them.

7
소음

언제 집에 왔어? 너도 그 소리 들었니? 나는 밤새 이 소음에 고통받고 있어. 나는 이 소음이 어디서 오는지 찾고 있는 중이야. 나는 어디서 오는지 밝혀내지 못했어. 나는 소음의 근원을 찾는 것을 멈추지 않을 거야.

When did you get to the house? Did you hear that sound? I am **suffering from** the noise all night long. I am looking for where this noise is coming from. I can't figure out where it is coming from! I will not stop searching for the source of the noise.

발칙한 영어로 유창하게 말하자 | 표현확장 편

Chapter 36

be well aware of

책 속의 강의

필자는 미국에 유학 갔다 왔다. 좋은 집구석에서 태어나 금수저로 밥 처묵고 살아서 그런 거 아니다. 집 사정이 안 좋아져 어렵게 공부했고, 부끄럽지만 학부 졸업하는 데에 8년을 썼다. 알바로 학비 생활비 벌었다. 그래서 학교 다닐 때 영어를 완벽하게 만들지 못했다. 미국에서 살았음에도 영어가 완벽하지 않다는 콤플렉스를 가지고 귀국했다.

― 운 좋게 귀국 즉시 입사를 하게 되었고, 유학생 출신이라 영어 잘하겠지라 생각하셨는지 중책인 해외업무 파트에 배치되었다. 완벽한 영어가 필요했다. 날마다 해외로부터 날아온 이메일을 한 글자도 놓치지 않고 입으로 달달 외웠다. 바이어들이 하는 말들을 녹음해서 성대모사해가면서 이것 또한 달달 다르 달달 외웠다. 그리고 실전에 써먹었다.

― 업무와 일상에 필요한 문장을 약 500개쯤 거리낌 없이 나올 수 있게 약 두 달간 노력한 것 같다. 그제서야 회의 테이블에서, 접대 술자리에서 분위기와 대화를 장악하는 힘을 발휘하기 시작했다. 덤으로, A4용지 3분 안에 메우는 작문 실력과 토익시험 만점이라는 보너스들이 따라왔다. 마구 외우고 외치다 보니 내가 왜 영어 문법을 아는지도 모르게 실력이 축적되어 있었다.

― '너는 그래도 미국 살다 왔잖아!' 하실 줄 안다. 영어 선생이 된 후, 내가 습득한 다소 무식한 이 방법을 써서 학생들을 가르치고 있다. 그리고 그 방법을 이 책에 녹이고 있고, 동영상을 만들고 그리고 직접 여러분께 찾아가 이야기 나누고 있다. 내 학생들 중에 해외 한 번도 안 가봤음에도 나보다 영어스피킹 더 유창하게 잘하는 친구들이 있다.

― 내가 영어 못했을 때 더듬거리며 시간 때우기 필살기로 사용하던 You know… You know…가 이젠 As you might be well aware, (귀하도 잘 아시겠지만)으로 변했다. 언제 변했는지도 모르겠다. 이 단원 시작 전에 문득 '너는 맨날 you know… 밖에 모르냐?'고 핀잔받던 유학 시절 내 모습이 생각났다.

Warming-Up

이 페이지는 이 단원에 훈련할 어휘와 단어를 미리 익히는 시간이다. 현대 사회의 일상에서 쓰는 단어를 모아 각 단원의 패턴들과 결합, 가장 사용도 높은 예문들을 구성하려고 한다. 다음 단/숙어들이 영어로 1초 내에 입으로 튀어나올 때까지 맹연습하고 다음 페이지로 넘어가자.

■ 자체점검!
☐ 아주조금!
☑ 반정도는!
☐ 기본이지!

필수적인	necessary
강점	strong point
음주운전이 얼마나 위험한지	how dangerous drink-driving is
중요성	importance
결혼하다	get married
논의되었던 그 이슈	the issue that was discussed
지금이 몇 시인지	what time it is now
그들이 이전에 경험해 본 적 없는 문화적 차이	Cultural differences that they have never experienced before
위험성	risk
얼마나 오랜 시간이 걸릴지	how long it will take

발칙한 영어로 유창하게 말하자 **표현확장 편**

Jump-In

여러분을 동시통역의 첫 단계로 초대한다. 실력이 향상되려면, 답이 궁금하고 확신이 없어도 절대 다음 페이지의 정답을 기웃거리지 마시라. 눈으로 영문을 보는 순간 입 영어 실력은 급감한다. 다음 국어 문장을 더듬더듬 만들어보자. 한 문장당 쉼이 두 번 이상 일어나면 다시 시도해 보자.

■ 자체점검!
☑ 아주조금!
◯ 반정도는!
◯ 기본이지!

1. 너는 투자의 위험성 잘 안다.
2. 그녀는 구직자로서 그녀의 강점을 정확히 알고 있다.
3. 우리는 환경을 위해 재활용이 필수적이라는 것을 안다.
4. 나는 자전거를 탈 때 헬멧을 착용하는 것의 중요성을 안다.
5. 그녀는 작년에 그들이 결혼했다는 것을 알았다.
6. 그는 음주운전이 얼마나 위험한지 확실하게 안다.
7. 많은 사람들은 논의되었던 그 이슈에 대해 안다.
8. 그 사회자는 지금이 몇 시인지 정확히 안다.
9. 나는 그것이 얼마나 오랜 시간이 걸릴지 알지 못한다.
10. 학생들은 그들이 이전에 경험해 본 적 없는 문화적 차이를 알 수 있었다.

Check-Up

전 페이지에서 연습한 답을 체크하며 공부하자. 영어에 박학다식해지는 페이지이다. 필자는 영어 발음을 한국어로 표기해 비난을 사기도 한다. 그러나 영어를 읽을 수 있는 우리는 그 발음 따라 읽는다 해도 영어 실력이 줄지 않는다. 외려 우리가 발음 개선을 위해 지향할 것은 정확한 소리지, 영어에 근접도 못 하는 일본식 발음이 아니잖은가? 같은 소리, 빠른 속도가 생성될 때까지 맹훈련하시라!

1. 너는 투자의 위험성 잘 안다.

You <u>are well aware of</u> the risks of the investment.

'유얼웨을러웨얼옵f th더뤼스ㅋㅅ옵f th디인v베쓰먼ㅌ' investment은 명사형으로 '투자'를 뜻하고, 유의어로는 investing, backing, funding이 있다.

2. 그녀는 구직자로서 그녀의 강점을 정확히 알고 있다.

She <u>is well aware of</u> her strengths as a job seeker.

'쉬쉬이셀어웨얼옵헐스트뤵쌔서잡씩컬' '장점'이라는 뜻을 가진 영단어는 strong point 이외에도 advantage, strength, merit, virtue가 있다. 이와 반대로 '단점'을 뜻하는 영단어는 weakness, demerit, disadvantage, flaw, fault가 있다.

3. 우리는 환경을 위해 재활용이 필수적이라는 것을 안다.

We <u>are well aware that</u> recycling is necessary for the environment.

'위얼웨을러웨얼th댓뤼싸이클링ㅅ네쌔써뤼f폴th디인v바이러먼ㅌ' necessary는 형용사이고, 동사는 necessitate, 명사는 necessity, 부사는 necessarily이다.

발칙한 영어로 유창하게 말하자 **표현확장 편**

4. 나는 자전거를 탈 때 헬멧을 착용하는 것의 중요성을 안다.

I am well aware of the importance of wearing a helmet when I ride a bike.

'아이엠웨을러웨얼업f th디임포올턴썹f 웨어륑어헤을멧왠아이롸이더바잌'
전치사 of은 ~의(the window of the building), ~가 만든(the symphonies of Beethoven), 양(a cup of water), 단체의 장(the chairman of the directions) 등의 의미를 지니고 있다.

5. 그녀는 작년에 그들이 결혼했다는 것을 알았다.

She was well aware that they got married last year.

'쉬워ㅅ웨을러웨얼 th댓th데이갓메륕라쓰이얼'
get married는 be married는 '결혼하다'라는 의미지만, get married는 결혼식을 하는 행동을 의미하고, be married는 결혼한 상태를 의미한다.

6. 그는 음주운전이 얼마나 위험한지 확실하게 안다.

He is well aware of how dangerous drink-driving is.

'히이ㅅ 웨을러웨얼업f 하우댄결어스듀륑드롸이v빙이ㅅ' drink를 동사로 쓸 때의 형태 변화는 drink-drank-drunk이다. 참고로 음주운전은 drunk-driving도 좋다.

7. 많은 사람들은 논의되었던 그 이슈에 대해 안다.

Many people are well aware of the issue that was discussed.

'매니피쁘을얼 웨을러웨얼업f th디이쓔th댓워ㅅ디스커쓰ㄷ' '이슈', '문제', '화제'를 뜻하는 issue의 유의어로는 topic, point, matter, problem, subject 등이 있다.

379

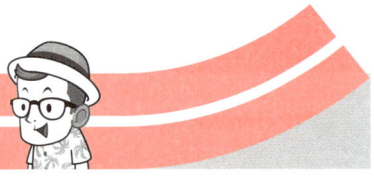

8. 그 사회자는 지금이 몇 시인지 정확히 안다.

The MC is well aware of what time it is now.

'th더엠씨이ㅅ웨을러웨얼업f왓타임이리ㅅ나우'

it은 비인칭주어로 뜻이 없고, 날씨, 날짜, 요일, 시간 등에 쓰인다. 예를 들면, 'What day is it today?'라는 문장에서도 it은 비인칭주어로 쓰인다.

9. 나는 그것이 얼마나 오랜 시간이 걸릴지 알지 못한다.

I am not well aware of how long it will take.

'아임낱웨을러웨얼업f하우롱잍위을테읷'

take은 많은 뜻을 지니고 있는 단어이다. 잡다, 취하다, 받다(take my hands) / 가지다, 데려다주다(Do you want to take my bag?) / 시간이 걸리다(How long does it take?) / 대중교통을 타다(take the bus)/ 약을 복용하다(take this medicine)

10. 학생들은 그들이 이전에 경험해 본 적 없는 문화적 차이를 알 수 있었다.

Students could be aware of cultural differences that they have never experienced before.

'스튜던츠쿳비어웨얼업f컬쳐뤌디f퍼뤈씨ㅅth댓th데이햅v네v벌익ㅆ피어뤼언ㅆㄷ비f포올'

have p.p는 현재완료로 과거부터 지금까지 관련이 있는 시제이다. 용법은 완료(just, already), 경험(ever, never, before), 계속(since, until now), 결과가 있다.

발칙한 영어로 유창하게 말하자 표현확장 편

Pile-Up

누적훈련 없이 실력향상 없다!
선행학습 교재 『발칙한 영어로 진짜쉽게 말하자 – 기본패턴 편』 전체 분량과 본 권 『발칙한 영어로 유창하게 말하자 – 표현확장 편』의 누적 학습한 내용까지의 콜라보레이션 동시통역 트레이닝!
다음 문장을 영어로 바꾸시라. 문제당 쉼이 세 번 이상이면 다시! 될 때까지 노력!

1

재활용

우리는 재활용이 환경을 위해 필수적이라는 것을 잘 알고 있다. 재활용은 우리의 환경에 큰 영향을 미친다. 사람들은 다음 세대를 위해 환경을 돌볼 필요가 있다. 우리는 우리가 지금 가진 것을 책임져야 한다.

We <u>are well aware that</u> recycling is necessary for the environment. Recycling can have a huge effect on our environment. People need to take care of it all the time for the next generation. We should be responsible for what we have now.

2

자전거

나는 자전거 탈 때 헬멧 착용의 중요성을 잘 안다. 지난여름 자전거 사고가 있었다. 그 이후로 나는 헬멧 착용을 확실히 한다. 그것은 나의 안전과 직접적인 관련이 있기 때문이다.

I <u>am well aware of</u> the importance of wearing a helmet when I ride a bike. There was a bicycle accident last summer. I am sure to wear a helmet when I ride my bike after the accident. This is because it directly has something to do with the safety.

3

문화차이

사람들은 그들이 전에 경험해보지 않았다면 문화적 차이를 잘 모를 수도 있다. 외국인들은 다른 언어를 사용하고 다른 문화를 가진다. 우리는 언어에서부터 몸짓까지 모든 것을 신경 쓸 필요가 있다.

People might not <u>be aware of</u> cultural differences if they have never experienced them before. People from other countries make use of different languages and have different cultures. We need to pay attention to everything from languages to body gestures.

4

등록금

많은 학생들은 등록금에 관한 이슈들을 잘 알고 있다. 많은 학생들은 등록금을 위해 긴 시간을 일하는데 보낸다. 긴 시간 일하는 것은 그들의 학교 상황에 나쁜 영향을 미칠 수도 있다. 학교는 학생들에게 더 많은 장학금을 제공해야 한다.

Many people <u>are well aware of</u> the issues on the tuition. A lot of students spend much time working to pay for their tuitions. Working for a long time can have bad effects on their school life. Schools should provide students with more scholarships.

5

모름

그 나라는 아시아 대륙에 속한다. 너도 이 사실을 알고 있었니? 나는 이것을 몰랐어. 나에게 자세히 설명해 줄 수 있니?

The country belongs to the Asian continent. <u>Were</u> you <u>well aware of</u> this fact? I didn't know about it. Could you explain it to me in detail?

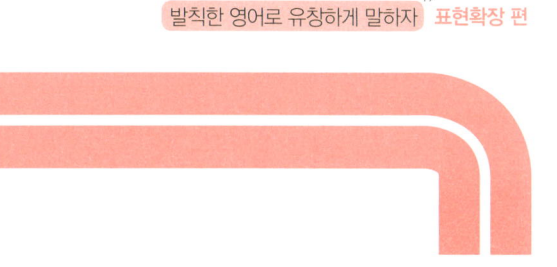

6 장점

저는 구직자로서 저의 장점을 잘 알고 있습니다. 우선, 저는 유머 감각이 좋다고 말할 수 있습니다. 그리고 저는 주변 사람들과 잘 지냅니다. 저는 제가 해야 하는 것을 책임집니다. 저는 이 직무에 가장 적합한 지원자라고 확신합니다.

I'm well aware of my strengths as a job seeker. First of all, I can say that I have a good sense of humor. And I get along well with people around me. I am responsible for what I have to do. I am sure I can be the best applicant for this position.

7 성취

무엇보다도, 나는 나의 팀이 이뤄낸 것이 자랑스럽다. 우리는 미래를 위해 무엇이 해야 하는지 알고 있다. 우리가 많은 진보를 만들었지만, 여전히 갈 길이 멀다. 더 큰 성장은 우리의 태도에 달려있다.

Above all, I am proud of what my team has achieved. We are well aware of what needs to be done for the future. Although we made a lot of progress, there is still a long way to go. More growth depends on our attitude.

발칙한 영어로 유창하게 말하자 | 표현확장 편

Chapter 37
be worthy of

책 속의 강의

가끔 필자더러 영문법을 단기간에 요점을 내게 해달라는 학생들이 있다. 중고등학교 때부터 수십 권의 문법책으로 발버둥을 쳐봐도 수동태가 뭔지, 분사가 뭔지 가물가물하다 라 한다. 나는 문법을 중시하지는 않는다. 이거 하다가 나라 망하겠다 생각하니까. 정작 필요한 '말이 되는 영어'에는 소극적이면서 또 책상에 엎드려 영어 공부하려는 사람들이 너무 많아 걱정이다. 빈칸 채우고 답 골라 뭐 하려는가? 또 몇 주일 후 다 잊어버릴 거면서.

■ 문법은 영어가 입에서 1분 정도 쉬지 않고 나오기를 확인한 후쯤 시작하시라 조언드린다. 우리말 배웠던 것처럼 말 먼저, 글 나중에.

■ 문법을 잘하려면 예문이 입에서 쉽게 나오면 된다. '가정법 과거'가 뭐냐고 묻는다면 'If you went there, I would see her.'가 거침없이 나온다면 문법의 달인이다. 시제가 어쩌고 품사가 어쩌고 설명하는 사람들은 B급이다. 이 단원에서 다루는 worthy를 예를 들어 보지.

■ 과연, worth는 목적어를 이끄는 변종 형용사로, worth 자체로 문장을 종료시키기도 하고, worth 다음에는 명사나 동명사가 후속한다. worth는 worthy of로 변형되어 목적어를 받기도 한다라는 설명이 좋겠는가? 아니면,

■ 'The movie is worth seeing.'과 'The movie is worthy of seeing.'은 같은 말이다. 발음은 worth는 살짝 '쓰' 비슷한 th 소리고, worthy는 '드' 유사한 소리야. 나 따라 해 봐. 'th더무v비쓰월씨잉' 'th도무v비쓰월디업씨잉'.

■ 보고 읽기는 좀 복잡해도 후자가 훨씬 좋은 수업이자 훈련이다. 이렇게 배우는 사람들이 큰 소리로 동참할 구조가 되고 밖에 나가서 써먹을 수 있는 수준까지 되었는지 확인할 수 있어야 좋은 문법 수업이다. 우리가 어린 시절 학교 때 이렇게 못 배워 맨날 이 모양 이 꼴인 게다.

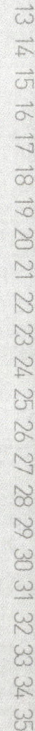

Warming-Up

이 페이지는 이 단원에 훈련할 어휘와 단어를 미리 익히는 시간이다. 현대 사회의 일상에서 쓰는 단어를 모아 각 단원의 패턴들과 결합, 가장 사용도 높은 예문들을 구성하려고 한다. 다음 단/숙어들이 영어로 1초 내에 입으로 튀어나올 때까지 맹연습하고 다음 페이지로 넘어가자.

- 자체점검!
- 아주조금!
- 반정도는!
- 기본이지!

존경	respect
상	award
보존	preservation
정기구독	subscription
여행객들이 거의 가지 않는 미술관	an art museum where tourists rarely go
고려	consideration
강조되다	be emphasized
내가 모아왔던 돈	the money that I've saved
주목	attention
사용되다	be used

발칙한 영어로 유창하게 말하자 **표현확장 편**

Jump-In

여러분을 동시통역의 첫 단계로 초대한다. 실력이 향상되려면, 답이 궁금하고 확신이 없어도 절대 다음 페이지의 정답을 기웃거리지 마시라. 눈으로 영문을 보는 순간 입 영어 실력은 급감한다. 다음 국어 문장을 더듬더듬 만들어보자. 한 문장당 쉼이 두 번 이상 일어나면 다시 시도해 보자.

- 자체점검!
- 아주조금!
- 반정도는!
- 기본이지!

1. 말할 필요도 없이 모든 사람이 존경받을 가치가 있다.
2. 시사 잡지는 매달 정기구독의 가치가 있다.
3. 이 문화유산은 다음 세대를 위해서 보존할 가치가 있다.
4. 우리가 달성 한 것은 주목할 만한 가치가 있다.
5. 세 번째 제안은 진지한 고려의 가치가 있다.
6. 이 음악은 그 모든 상의 가치가 있다.
7. 통계를 위한 자료들은 이번엔 사용될 만한 가치가 없다.
8. 이것은 내가 모아왔던 돈을 쓸 만한 가치가 있다.
9. 교육과 관련된 모든 기술은 강조될 만한 가치가 있다.
10. 여행객들이 거의 가지 않는 미술관은 방문할 만한 가치가 있다.

Check-Up

전 페이지에서 연습한 답을 체크하며 공부하자. 영어에 박학다식해지는 페이지이다. 필자는 영어 발음을 한국어로 표기해 비난을 사기도 한다. 그러나 영어를 읽을 수 있는 우리는 그 발음 따라 읽는다 해도 영어 실력이 줄지 않는다. 외려 우리가 발음 개선을 위해 지향할 것은 정확한 소리지, 영어에 근접도 못 하는 일본식 발음이 아니잖은가? 같은 소리, 빠른 속도가 생성될 때까지 맹훈련하시라!

1. 말할 필요도 없이 모든 사람이 존경받을 가치가 있다.

   Everyone is worthy of respect, needless to say.

   '에v브뤼원이s월th디 어f 뤼스펙, 닐을리s투쎄이' every~로 시작하는 단어는 단수취급을 한다. 이 외에도 somebody, something, anybody, anything도 단수취급 한다.

2. 시사 잡지는 매달 정기구독의 가치가 있다.

   News magazines are worthy of monthly subscriptions.

   '뉴스매거신쌀th디옵먼th쏠리써브스크립션s' daily는 매일, weekly는 매주, monthly는 매달, yearly는 매년, quarterly는 분기별을 뜻한다.

3. 이 문화유산은 다음 세대를 위해서 보존할 가치가 있다.

   This cultural heritage is worthy of preservation for the next generation.

   'th딧스컬쳐럴헤리티지이s월th디옵프리설v베이션f폴더넥스트저너래이션'
   preserve for은 '~를 위해 보호하다'라는 의미이고, preserve from은 '~로부터 보호하다'라는 의미이다.

발칙한 영어로 유창하게 말하자 **표현확장 편**

4. 우리가 달성 한 것은 주목할 만한 가치가 있다.

What we achieved is worthy of attention.

'왓위업췹ᵛㄷ이ㅅ월th디업f어텐션'
주어 자리에는 인칭대명사, 명사, 대명사, 동명사(구), to부정사(구), 명사절, 비인칭주어, 부정대명사, 가주어 it이 올 수 있다. 여기서는 관계대명사 what절이 주어이다.

5. 세 번째 제안은 진지한 고려의 가치가 있다.

The third proposal is worthy of a serious consideration.

'th더th떨드프로퍼졀이즈월th디오버씨리워스컨시더래이션' 순서를 나타내는 서수 앞에는 정관사 the를 붙인다. 하지만 순서가 아닌 경우에는 부정관사 a를 붙인다. 예를 들면, on a second thought '다시 생각해보니'의 경우 순서의 의미가 아니어서 a를 쓴다.

6. 이 음악은 그 모든 상의 가치가 있다.

The music is worthy of all its awards.

'th더뮤식이ㅅ월th디업f어올이ㅊ어월즈' its는 it의 소유격으로 '이것의'라는 의미이다. 소유격에는 my, your, his, her, its, our, your, their가 있다.

7. 통계를 위한 자료들은 이번엔 사용될 만한 가치가 없다.

Materials for statistics are not worthy to be used this time.

'머티뤼얼ㅅ f폴스태티스틱ㅆ알넡월th디투비유즈ㄷth디ㅆ타임'
'자료'를 뜻하는 단어는 material, data, source, information이 있다.

389

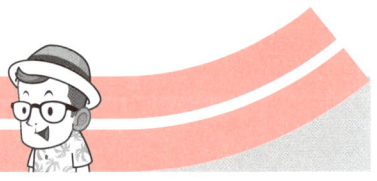

8. 이것은 내가 모아왔던 돈을 쓸 만한 가치가 있다.

This <u>is worthy of</u> spending the money I've saved up.

'th딧스이쉴th디옵스펜딩th더머니th대아이v브새이v브덥'

that과 what을 구분하는 방법은 두 가지가 있다. 선행사가 있는 경우, 형용사절이므로 무조건 that이 나온다. 선행사가 없는 경우, 뒤의 절이 완전하면 that이 나온다.

9. 교육과 관련된 모든 기술은 강조될 만한 가치가 있다.

Every technology related to education <u>is worthy to</u> be emphasized.

'에v브릐텍널러쥐뤼을래이릳투에쥬케이션이ㅅ월th디투비엠f파씨이즈ㄷ'

related to는 '~와 관련 있는'의 의미이고, related with는 '~와 부합하다'라는 의미이다. related to 앞에는 which is가 생략되어 있는 관계사 주격 문장이다.

10. 여행객들이 거의 가지 않는 미술관은 방문할 만한 가치가 있다.

An art museum where tourists rarely go <u>is worthy of</u> visiting.

'언알ㅌ 뮤z지엄웨얼투어뤼스ㅊ뤠어을 리고우이ㅅ월th디업f v뷔시링'

횟수를 나타내는 빈도부사의 위치는 조동사 & be 동사 뒤, 일반동사 앞에 온다. where은 관계부사다. 뒤에 오는 go와 museum을 연결하려면 to가 필요하여 이를 쓴다.

발칙한 영어로 유창하게 말하자 **표현확장 편**

Pile-Up

누적훈련 없이 실력향상 없다!
선행학습 교재 『발칙한 영어로 진짜쉽게 말하자 – 기본패턴 편』 전체 분량과 본 권 『발칙한 영어로 유창하게 말하자 – 표현확장 편』의 누적 학습한 내용까지의 콜라보레이션 동시통역 트레이닝!
다음 문장을 영어로 바꾸시라. 문제당 쉼이 세 번 이상이면 다시! 될 때까지 노력!

1
문화유산

몇 사람이 우연히 이 소중한 문화유산을 발견했다. 이것은 다음 세대를 위해 보존할 가치가 있다. 나는 우리의 역사가 자랑스럽다. 이것은 우리에게 우리의 역사에 대해 배울 좋은 기회를 제공할 것이다.

Some people happened to find this priceless cultural heritage. It <u>is worthy of</u> preservation for the next generation. I am proud of our history. This will provide us with a great chance to learn about our history.

2
클래식 영화

클래식 영화들은 감상할 가치가 있다. 요즘 영화와 비교하면 이것은 훨씬 조용하다. 다양한 기기를 사용하지 않아 큰 흥분은 없다. 하지만 우리는 이야기가 어떻게 진행되는지에 완벽히 집중할 수 있다.

Classic movies <u>are worthy of</u> watching. Compared to the new ones of today, they are something quieter. They didn't make use of various machines, so there is no bigger excitement. However, we can completely focus on how the story goes on.

3 회사

그 회사는 주목할 만한 가치가 있다. 그것은 그것의 시장을 확장하는 데 열중한다. 그들은 고객의 욕구를 만족시키기 위해 비즈니스 전략과 R&D에 집중한다. 그들은 그들의 고객들에게 최고의 서비스를 계속 제공한다.

The company is worthy of notice. It works on expanding its market. They focus on business strategies and R&D to meet the customers' needs. They keep on providing their customers with the best service.

4 조깅

조깅은 매일 할 만한 가치가 있다. 우리 동네에는 공원이 있다. 나는 그곳에서 거의 한 시간을 조깅하는데 보낸다. 날씨가 좋을 때, 나는 항상 조깅을 가려고 결심한다.

Jogging is worth of doing every day. There is a park in my neighborhood. I spend almost an hour jogging there. When it's nice out, I always make a decision to go jogging.

5 해외여행

한국에서 어디 갔었니? 너는 여행을 좋아하니? 내 생각에 여행은 확실히 즐길 가치가 있어. 학교에선 절대 배울 수 없는 것들을 배울 수 있어. 그리고 놀라운 것들도 일어날 수 있어.

Where did you go here in Korea? Do you like traveling? In my opinion, traveling is worthy of enjoying for sure. I can learn what I will never learn at school. And surprising things can take place.

발칙한 영어로 유창하게 말하자 **표현확장 편**

6

호텔예약

나는 그곳에서 부모님과 머물 예정입니다. 나는 부모님과 저를 위한 방이 필요해요. 미리 예약할 가치가 있다고 생각하세요? 지금이 성수기가 아니라 이용 가능한 방이 있을지도 모른다고 들었거든요!

I am planning to stay there with my parents. I need rooms for my parents and me. Do you think it's worthy of booking in advance? I heard it is not a busy season so there might be several rooms available.

7

미술관

여행객들이 잘 가지 않는 그 미술관은 방문할 만한 가치가 있다. 덜 붐비기 때문에 나는 큐레이터의 설명을 경청할 수 있다. 나는 작품 감상에 열중할 수 있다. 오후에 시간 있니? 거기에 가는 게 어떠니?

An art museum where tourists rarely go is worthy of a visit. I can listen to the explanations from curators because it's less crowded. I can devote myself to appreciating artworks. Do you have time this afternoon? How about going there?

발칙한 영어로 유창하게 말하자 | 표현확장 편

Chapter 38

be composed of

주 위에 얽히고설킨 인간관계가 짜증이 나서 먼 바닷가에 자리를 잡고 휴대폰도 안 가지고 독거노인처럼 열흘간 기거해 본 적이 있다. 첫날에는 밀려오는 쾌감에 몸을 떨다가, 며칠이 지나 나를 찾아내지 못하고 있는 그 인간들이 밉기 시작하더니, 일주일이 지나니 좀도 쑤시고 궁금하기도 해서 그냥 돌아왔다. 열흘간 생각보다 훨씬 작은 부재중 수신 통화 문자 수를 보며, 세상을 앞으로 바르게 살고, 옆 사람들에게 잘해야지 라는 생각을 했다.

■ 세상이 멸망하여 나 홀로 남게 되면 마트 음식점으로 끼니를 때우고 고급 차들로 드라이브를 즐기며 살리라는 철딱서니 없는 생각이 가끔 들어서 탈이다. 공기나 물이나 그리고 내 옆 사람들의 고마움을 모르고 산다. 이번 추석에는 옆집 아주머니께 선물이라도 해야겠다. 왜 아주머니냐고? 알겠다. 아저씨께 드리겠다.

■ '사회는 많은 사람들로 구성되어 있다'라는 문장은 영어로,
A society consists of many people.
A society is composed of many people.
A society is made up of many people.
A society is formed by many people.
이렇게 네 개나 된다. consist of로 수업을 했더니 자꾸 앞에다 be 동사를 넣어서 두 번째 be composed of로 바꿨더니 효과가 좋았다. 동사 앞에 be 동사를 넣는 것은 한국인의 고질적인 실수지만, 자꾸 틀리는 게 있으면 대안을 찾는 것도 옳을 것 같다.

■ 자기 가족, 학교, 회사, 더 나아가 자신이 발표할 프레젠테이션, 자신이 개발할 상품을 소개하는 데에도 매우 긴요하게 쓸 수 있는 이디엄이니 매우 아껴 쓰실 것!

■ 나는 무엇으로 구성되어 있을까? love, passion, knowledge and wisdom. 이런 것들 하고는 아무래도 거리가 멀겠지. 꿈도 꾸지 말아야지.

Warming-Up

이 페이지는 이 단원에 훈련할 어휘와 단어를 미리 익히는 시간이다. 현대 사회의 일상에서 쓰는 단어를 모아 각 단원의 패턴들과 결합, 가장 사용도 높은 예문들을 구성하려고 한다. 다음 단/숙어들이 영어로 1초 내에 입으로 튀어나올 때까지 맹연습하고 다음 페이지로 넘어가자.

- 자체점검!
- 아주조금!
- 반정도는!
- 기본이지!

내가 회사의 홈페이지에서 배운 것	what I learned from the website of the company
우리가 초대하고 싶은 사람들	people who we want to invite
다양한	various
조각상	statue
높은 품질	high quality
개인	individual
사진	picture
유행어	buzzword
관객	audience
히트곡	hit songs

발칙한 영어로 유창하게 말하자 표현확장 편

Jump-In

여러분을 동시통역의 첫 단계로 초대한다. 실력이 향상되려면, 답이 궁금하고 확신이 없어도 절대 다음 페이지의 정답을 기웃거리지 마시라. 눈으로 영문을 보는 순간 입 영어 실력은 급감한다. 다음 국어 문장을 더듬더듬 만들어보자. 한 문장당 쉼이 두 번 이상 일어나면 다시 시도해 보자.

- ■ 자체점검!
- ☑ 아주조금!
- ☐ 반정도는!
- ☐ 기본이지!

1. 이 팀은 15명의 개인으로 이뤄졌다.
2. 그녀는 새로운 앨범은 그녀의 히트곡들로 이뤄질 것이다.
3. 이 책은 짧은 글과 많은 사진으로 이뤄졌다.
4. 관객들은 주로 학생들과 어린이들로 이루어질 것이다.
5. 우리 동호회는 의사, 교수, 운동선수 등 다양한 회원들로 이뤄졌다.
6. 이 화려한 가방은 높은 품질의 재료로 이뤄졌다.
7. 그 전시회는 5개의 나무 조각상과 10점의 그림으로 이뤄졌다.
8. 그 유행어는 두 가지의 다른 단어로 이뤄졌다.
9. 손님 명단은 우리가 초대하고 싶은 사람들로 이뤄져야 한다.
10. 그 입사 시험은 내가 회사의 홈페이지에서 배운 것들로 이뤄졌다.

397

Check-Up

전 페이지에서 연습한 답을 체크하며 공부하자. 영어에 박학다식해지는 페이지이다. 필자는 영어 발음을 한국어로 표기해 비난을 사기도 한다. 그러나 영어를 읽을 수 있는 우리는 그 발음 따라 읽는다 해도 영어 실력이 줄지 않는다. 외려 우리가 발음 개선을 위해 지향할 것은 정확한 소리지, 영어에 근접도 못 하는 일본식 발음이 아니잖은가? 같은 소리, 빠른 속도가 생성될 때까지 맹훈련하시라!

1. 이 팀은 15명의 개인으로 이뤄졌다.

This team is composed of 15 individuals.

'th디ㅆ팀이ㅅ컴포ㅅ덥f f퓌f프틴인디v뷰쥬어을ㅅ'

be composed of와 consist of는 같은 의미를 가진다. 하지만 compose는 타동사로 수동태로 써야 하고, consist는 자동사로 능동태로 써야 한다.

2. 그녀는 새로운 앨범은 그녀의 히트곡들로 이뤄질 것이다.

Her new album will be composed of her hit songs.

'헐뉴앨범위을비컴포ㅅ덥f헐힡쏭ㅅ' hit는 여기서 형용사 역할이다. 동사로서의 변화는 hit-hit-hit이다. 옛날에는 한 앨범에 힛쏭 대여섯 개씩 들어있는 게 많았었지.

3. 이 책은 짧은 글과 많은 사진으로 이뤄졌다.

This book is composed of short stories and lots of pictures.

'th디ㅆ북이ㅅ컴포ㅅ덥f쏱ㅌ스또뤼ㅅ앤을랏첩l픽쳘ㅆ' lots of와 같은 의미를 가진 숙어 a lot of, a plenty of, a great deal of, a bunch of. 모두 가산/불가산명사 다 올 수 있다.

발칙한 영어로 유창하게 말하자 **표현확장 편**

4. 관객들은 주로 학생들과 어린이들로 이루어질 것이다.

The audience will be mainly composed of students and children.

'th디어디언ㅆ위을비매인을리컴포ㅅ덥f스뜌던ㅊ앤췰드륀'
audience는 집합명사로 단수의 형태로 복수의 의미도 갖는다. family, committee, class, army 등이 그 유형이다. My family are big. 내 가족은 덩치가 다 커.

5. 우리 동호회는 의사, 교수, 운동선수 등 다양한 회원들로 이뤄졌다.

Our club is composed of various members like doctors, professors and sport players and so on.

'아월클럽이ㅅ컴포ㅅ덥f베v류어ㅆ멤벌ㅆ을라익닥털스, 프로f페썰ㅅ앤스폴ㅊ플레이얼ㅅ앤쏘온' various는 형용사로 '다양한', vary는 동사로 '다르다', variety는 명사로 '여러 가지'의 의미이다. like을 대용할 말로 such, including, inclusive of 등이 있다.

6. 이 화려한 가방은 높은 품질의 재료로 이뤄졌다.

This flashy bag is composed of high quality materials.

'th디ㅆf프을래쉬백이ㅅ컴포ㅅ덮f하이쿼을러머티뤼얼ㅅ'
high quality는 이 문장에서 형용사 역할을 하며, quality job, quality design처럼 quality 가 명사를 수식하는 경우가 많아졌다.

7. 그 전시회는 5개의 나무 조각상과 10점의 그림으로 이뤄졌다.

The exhibition is composed of 5 wooden statues and 10 pieces of painting.

'th디익ㅆ히비션이ㅅ컴포ㅅ덥f f파입우든스테츄쌘텐피씨썹f페인팅'

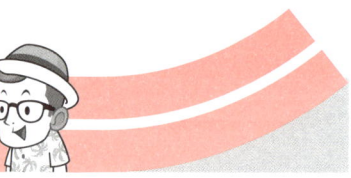

statue는 '조각상', status는 '신분'을 의미한다. painting은 크기가 다양하므로 paintings라 하지 않고 piece를 단위로 쓴다.

8. 그 유행어는 두 가지의 다른 단어로 이뤄졌다.

The buzzword is composed of two different words.

'th더버zㅅ월디ㅅ컴포ㅅ딥f투디f퍼뤈월ㅈ' buzzword는 '언론 등에서 많이 사용되는 유행어'이다. two와 같은 숫자들은 의미상 중요한 정보사항이다. 크게 발음하라.

9. 손님 명단은 우리가 초대하고 싶은 사람들로 이뤄져야 한다.

A guest list should be composed of people who we want to invite.

'어게쓰틀리스ㅌ슛비컴포ㅅ딥f피뽀을후위원투인v바잇'
who는 관계사 목적격으로 원래 we want to invite people로 연결되는 문장이었다.

10. 그 입사 시험은 내가 회사의 홈페이지에서 배운 것들로 이뤄졌다.

The job interview is composed of what I learned from the website of the company.

'th더좝인널v뷰이ㅅ컴포ㅅ딥f와라이을런f프뤔th더웹싸이럽f th더컴빼니'
what은 한국인이 가장 많이 틀리는 관계대명사라 한다. 앞에 선행사가 없는 유일한 관계대명사다. the pen what I have (X), the pen that I have (O)

Pile-Up

발칙한 영어로 유창하게 말하자 표현확장 편

누적훈련 없이 실력향상 없다!
선행학습 교재 『발칙한 영어로 진짜쉽게 말하자 – 기본패턴 편』 전체 분량과 본 권 『발칙한 영어로 유창하게 말하자 – 표현확장 편』의 누적 학습한 내용까지의 콜라보레이션 동시통역 트레이닝!
다음 문장을 영어로 바꾸시라. 문제당 쉼이 세 번 이상이면 다시! 될 때까지 노력!

1 책

이 책은 단편 이야기와 많은 그림으로 구성되어 있다. 아이들은 이 책을 읽는데 많은 시간을 보낸다. 그들은 책 속의 그림에만 집중할지 모르나 어쨌든 읽을 만한 가치가 있다.

This book <u>is composed of</u> short stories and lots of pictures. Children spend a lot of time reading this book. They might focus only on pictures in the book but it is worthy of reading at any rate.

2 동호회

우리 동호회는 의사, 교수, 운동선수 등 다양한 멤버로 구성되어 있다. 모든 멤버들은 몇 개의 동호회에 속해있다. 그들은 항상 서로서로 잘 어울린다. 그 이유는 그것이 그들의 사업에 좋은 영향을 미치기 때문이다.

Our club <u>is composed of</u> various members like doctors, professors and sports players and so on. Every member belongs to several clubs. They get along with each other all the time because it has a good effect on their business.

3 입사시험

이 면접은 내가 회사의 웹사이트에서 배운 것으로 구성되어 있다. 나는 이 면접을 준비하기 위해 밤을 지새웠다. 나는 가능한 한 많은 정보를 얻을 수 있었다. 나는 이 면접의 결과에 대해 자신 있다.

The job interview was composed of what I learned from the website of the company. I spent the whole night preparing for the job interview. I could obtain as much information as possible. I am confident of the result of this interview.

4 가방

이 화려한 가방은 고품질의 재료로 구성되어 있다. 나는 이것을 사기로 결심했다. 나는 내 소비를 책임져야 한다는 것을 안다. 하지만, 이것은 그 돈의 가치가 있다고 생각한다.

This flashy bag is composed of high quality materials. I made a decision to buy it. I know I should be responsible for my spending. However, I think it is worthy of the money.

5 방송

관객들은 주로 학생들과 아이들로 구성될 것이다. 이번 쇼는 교통 관련 이슈를 다룰 계획이다. 하지만 그들이 이 쇼에 대해 잘 알지 못하므로 우리는 설명하는데 많은 시간을 써야 한다.

The audience will be mainly composed of students and children. We are planning to deal with traffic issues. But as they are not well aware of this show, we should spend much time explaining this to them.

발칙한 영어로 유창하게 말하자 **표현확장 편**

6

인종

미국의 다양한 인종으로 구성되어 있다. 이 이유로 약간의 문제들이 있다. 예를 들면, 몇몇은 인종 차별을 겪을 수도 있다. 또 다른 사람들은 새 환경에 적응하기 위해 힘든 시기를 경험할 수도 있다.

America <u>is composed of</u> various races. For this reason, there are several problems. For instance, some people might suffer from racial discriminations. Others might go through a tough time to adapt to the new environment.

7

교육

교육 프로그램은 소풍과 강의, 두 부분으로 구성된다. 학생들은 역사적인 장소들을 방문할 예정이다. 이 프로그램은 그들에게 중요한 영향을 미칠 것이다. 또한, 지속할 만한 가치가 있다고 생각한다.

The education program <u>is composed of</u> two parts that are lectures and field trips. The students are planning to visit historical places. This program will have an important effect on them. And I think it is worthy of keeping.

발칙한 영어로 유창하게 말하자 | 표현확장 편

Chapter 39

be in charge of

책 속의 강의

우리말에 '밤'이나 '감'처럼 둘 이상의 뜻을 가진 단어가 많아서 우리말 배우는 외국인들에게 뜬금없이 미안하기까지 하다. 그렇다 생각하면 영어도 마찬가지다. 이번에 배우는 charge는 아예 얄밉다.

— charge는 요금으로 많이 쓰인다. 특히 용역 서비스에 대한 비용으로, 봉사료 내지는 서비스 수수료로 이해하면 되겠다. 안 그래도 cost(비용), price(가격), income(수입), wage(임금), pay(급여), tax(세금), fare(교통비)… 돈에 관련해 외울 것이 한둘이 아닌데 또 하나가 우릴 괴롭힌다. 예문! The total amount is $50 plus a service charge of $2. (총액은 $50과 봉사료 $2입니다)

— 또, 축구나 농구에서 '공격'이라는 뜻으로도 쓰이기도 하고, 경찰의 고소나 고발, 구속을 이 단어로 표현하기도 하며, 요즘엔 전자기기의 충전을 말할 때도 이 단어를 가져다 쓴다. 참 바쁜 친구다. 영단어가 저작권, 출연료 챙기는 상황이라면 돈 참 많이 벌었을 것 같은데.

— 우리가 이 단원에서 이 친구를 쓰고자 하는 용도는 '~를 맡은' 또는 '~을 담당한'의 의미다. 학교에서나 회사에서 한 자리쯤은 차지하고 있는 여러분께 사시사철 필요한 이디엄이기 바란다.

경영(management), 기획(Planning), 인사(human relations), 총무(general affairs), 회계(accounting), 재무(finance), 연구개발(R&D), 생산(production), 품질관리(Quality Assurance), 자재(Procurement), 디자인(Design)…. 회사 부서 나열은 언제나 힘들다.

— '담당자'라는 말은 the person in charge라 한다. 비행기 납치하는 위험천만 Hijacking 영화에서 '누가 책임자야?'라 권총을 들이대며 하는 말은 'Who is in charge?'라고 한다. 언제나 봐도 여기저기서 바쁘다. 우리 charge는.

Warming-Up

이 페이지는 이 단원에 훈련할 어휘와 단어를 미리 익히는 시간이다. 현대 사회의 일상에서 쓰는 단어를 모아 각 단원의 패턴들과 결합, 가장 사용도 높은 예문들을 구성하려고 한다. 다음 단/숙어들이 영어로 1초 내에 입으로 튀어나올 때까지 맹연습하고 다음 페이지로 넘어가자.

■ 자체점검!
○ 아주조금!
○ 반정도는!
○ 기본이지!

이야기를 어떻게 끝낼지	how this story ends
기획	planning
그들이 먹는 것	what they eat
초대하다	invite
교환 학생	exchange student
의사소통	communication
조정하다	arrange
가르치다	teach
유지보수	maintenance
5학년	the fifth grade

발칙한 영어로 유창하게 말하자 **표현확장 편**

Jump-In

여러분을 동시통역의 첫 단계로 초대한다. 실력이 향상되려면, 답이 궁금하고 확신이 없어도 절대 다음 페이지의 정답을 기웃거리지 마시라. 눈으로 영문을 보는 순간 입 영어 실력은 급감한다. 다음 국어 문장을 더듬더듬 만들어보자. 한 문장당 쉼이 두 번 이상 일어나면 다시 시도해 보자.

■ 자체점검!
☐ 아주조금!
☐ 반정도는!
☐ 기본이지!

1. 나는 8월부터 기획을 담당할 것이다.
2. 나는 실수 없이 세미나 일정을 조정하는 것을 담당한다.
3. 그는 동창회를 위해 동창생들을 초대하는 것을 담당한다.
4. 그녀는 처음엔 빌딩의 유지보수를 담당했다.
5. 그 선생님은 작년과 달리 올해 5학년을 담당한다.
6. 통역사는 외국인 직원과 한국인 직원 사이의 의사소통을 담당한다.
7. 그 직원은 이 학교의 교환 학생 프로그램을 담당했다.
8. 부모님들은 아이들에게 식사 예절을 가르치는 것을 담당해야 한다.
9. 또 다른 작가는 이 이야기를 어떻게 끝낼지를 담당해야 한다.
10. 영양사는 그들의 건강을 위해서 그들이 먹는 것을 담당한다.

Check-Up

전 페이지에서 연습한 답을 체크하며 공부하자. 영어에 박학다식해지는 페이지이다. 필자는 영어 발음을 한국어로 표기해 비난을 사기도 한다. 그러나 영어를 읽을 수 있는 우리는 그 발음 따라 읽는다 해도 영어 실력이 줄지 않는다. 외려 우리가 발음 개선을 위해 지향할 것은 정확한 소리지, 영어에 근접도 못 하는 일본식 발음이 아니잖은가? 같은 소리, 빠른 속도가 생성될 때까지 맹훈련하시라!

1. 나는 8월부터 기획을 담당할 것이다.

I will <u>be in charge of</u> planning from August.

'아이윌비인촬쥐th플래닝f프롬어거스ㅌ'
plan, design, project … '기획'을 의미하는 용어는 다양하기에 각 분야에서 알맞은 선택을 해야 한다. plan은 업무의 시작단계에서의 계획 행위를 뜻한다.

2. 나는 실수 없이 세미나 일정을 조정하는 것을 담당한다.

I <u>am in charge of</u> arranging the schedule for the seminar without mistakes.

'아임인촬쥐업f어뤠인징th더스케쥴f폴th더세미날위th라웃미스테익스' without은 '~없이'이고, except는 '전체에서 일부를 제외하고'라는 의미로, except가 더 강한 의미이다.

3. 그는 동창회를 위해 동창생들을 초대하는 것을 담당한다.

He <u>is in charge of</u> inviting the alumni to the class reunion.

'히신촬쥡인v바이팅th디올룸나이f폴더클래스뤼뉴니언' runion은 '동창회'뿐만 아니라 오랫동안 못 만난 사람들의 모임이라는 의미가 있다. alumni의 단수형은 alumnus다.

발칙한 영어로 유창하게 말하자 **표현확장 편**

4. 그녀는 처음엔 빌딩의 유지보수를 담당했다.

She <u>was in charge of</u> the maintenance of the building in the beginning.

'쉬워신촤지옵더매인터넌스옵th더빌딩인th더비기닝' in the beginning을 대체할 부사구는 at first, for the first time, to begin with가 있다. 전치사들이 다양하니 잘 기억하실 것.

5. 그 선생님은 작년과 달리 올해 5학년을 담당한다.

Unlike last year, the teacher <u>is in charge of</u> the fifth-grade class this year.

'언을라익라ㅆ티얼, th더티철이ㅆ인촤쥐업f th더f피th ㅆ그뤠인클래ㅆth디쓰얼' unlike는 like의 반대어로 전치사이다. Unlike 다음에는 반드시 명사가 위치한다.

6. 통역사는 외국인 직원과 한국인 직원 사이의 의사소통을 담당한다.

An interpreter <u>is in charge of</u> communication between foreign and Korean workers.

'언인털프뤼럴이ㅅ인촤쥐업f커뮤니케이션비트윈f포륀앤코뤼언월컬ㅅ' foreign은 '외국의'이라는 뜻 이외에도 '대외의', '이질적인', '이물질'이라는 의미를 가진다.

7. 그 직원은 이 학교의 교환 학생 프로그램을 담당했다.

The staff member <u>was in charge of</u> the exchange student program of this school.

'th더스탭f멤벌워신촤쥡디익스췌인지스튜던프뤄그램옵th디스쿨' exchange는 서로 바꾼다는 의미로, exchange rate은 '환율'을 의미한다.

409

8. 부모님들은 아이들에게 식사 예절을 가르치는 것을 담당해야 한다.

Parents have to be in charge of teaching their children table manners.

'패어뢴ㅊ햅v투비인촬쥐업f 티칭th데얼췰ㄷ뤈테이브을매널ㅅ' have to와 must는 모두 '~해야 한다'이지만, have to는 개인의 다짐이나 의무를 나타내고, must는 외부 상황이나 규칙을 지켜야 하는 의무를 나타낸다. must가 더 강한 어조이다.

9. 또 다른 작가는 이 이야기를 어떻게 끝낼지를 담당해야 한다.

Another writer should be in charge of how this story ends.

'어너th뤌롸이럴슏비인촬지업f하우th디ㅆ또뤼엔ㅈ'
another story(O), other story(X) another stories(X), other stories(O), how(의문사) + this story(주어) + ends(동사)는 how관계사절이다.

10. 영양사는 그들의 건강을 위해서 그들이 먹는 것을 담당한다.

A nutritionist is in charge of what they eat for their health.

'어뉴트리션니스ㅌ이ㅅ인촬쥐업f 왓th데이잇f폴th데얼헬th ㅆ'
health는 명사형으로 '건강'이고, healthy는 형용사이다. keep my health(O) keep healthy(O) stay healthy(O) have good health(O)

Pile-Up

pileup_39.mp3

발칙한 영어로 유창하게 말하자 **표현확장 편**

누적훈련 없이 실력향상 없다!
선행학습 교재 『발칙한 영어로 진짜쉽게 말하자 – 기본패턴 편』 전체 분량과 본 권 『발칙한 영어로 유창하게 말하자 – 표현확장 편』의 누적 학습한 내용까지의 콜라보레이션 동시통역 트레이닝!
다음 문장을 영어로 바꾸시라. 문제당 쉼이 세 번 이상이면 다시! 될 때까지 노력!

1
통역

통역가는 외국인과 한국인 직원 사이의 의사소통을 담당한다. 우리 회사에는 한 명의 통역사가 있다. 그녀는 영어 공부를 하는데 많은 시간을 보냈다고 들었다. 그녀는 직원들의 의견을 명확하게 전달하는 데 열중한다.

An interpreter **is in charge of** communication between foreign and Korean workers. There is one interpreter in my company. I heard she spent a lot of time studying English. She devotes herself to delivering employees' ideas clearly.

2
교환학생

저기 저 나이 많은 남자가 이 학교의 교환 학생 프로그램을 담당해. 네가 프로그램에 참여하고 싶다면, 너는 그를 만나야 해. 그는 학생들을 잘 돌봐주고, 그를 좋아하는 학생들이 많아. 내 생각엔 그와 직접 이야기하는 것이 좋을 거야.

An old man over there **is in charge of** the exchange student program of this school. If you want to take part in the program, you should meet him. He takes good care of the students and there are a lot of people who like him. I think it's better to talk to him in person.

3 시간

시간이 많지 않으니 우리는 서두를 필요가 있어. 우리는 이 프로젝트를 담당하기 때문에 프로젝트를 마무리하는 데 열중해. 넌 바쁘니? 그렇지않으면 나를 도와주는 게 어때?

We need to hurry because we don't have much time. We devote ourselves to finalizing the project because we <u>are in charge of</u> this project. Are you busy? Or how about giving me a hand?

4 회의

그 매니저는 이 분야의 전문가이자 이 협상을 담당해. 그는 현재 미팅이 참여하고 있어. 사업의 수익은 협상의 결과에 달려있어. 그는 회사를 위한 최선을 밝혀낼 거야.

The manager is an expert in this area and he <u>is in charge of</u> this negotiation. He is taking part in a meeting right now. The business profits depend on the results of the negotiation. He will figure out what is the best for the company.

5 동창회

그는 올해 동창회에 동창들을 초대하는 것을 담당한다. 그것은 시간을 많이 필요로 하는 것이다. 그러나 사람들은 동창회에서 친구들을 만날 수 있다. 그는 나에게 그의 동창들에게 전화해서 행복하다고 말했다.

He <u>is in charge of</u> inviting the alumni to the class reunion this year. It is something quite time-consuming. However, people can meet their friends at the reunion. He told me that he is happy to make calls to his alumni.

발칙한 영어로 유창하게 말하자 **표현확장 편**

6

간식

배고프니? 간식으로 뭐 먹고 싶니? 나도 단 것을 좋아해. 하지만 나는 요즘 네가 매일 먹고 마시는 것을 담당하니까 과일을 추천할게. 이제 건강 관리를 할 때야.

Are you hungry? What do you want for snacks? I enjoy having sweets. I recommend you have fruits because I <u>am</u> currently <u>in charge of</u> what you eat and drink every day. It is time for us to take care of our health.

7

급식

학생들과 부모들 사이에 학교 급식에 관한 우려가 있다. 몇 학교들은 학생들에게 낮은 품질의 점심 식사를 제공한다. 영양사들은 균형 잡힌 식단을 책임져야 한다. 그들은 학생들이 학교에서 무엇을 먹는지를 담당하기 때문이다.

There are concerns about school lunch between students and parents. Some school provide their students with poor quality lunch. Nutritionists are responsible for a balanced diet because they <u>are in charge of</u> what students eat at school.

발칙한 영어로 유창하게 말하자 | 표현확장 편

Chapter 40

be familiar with

책 속의 강의

이 책의 마지막 단원이다. 길고 긴 장정의 끝이다. 여러분 고생이 많으셨다. 박수를 혼자 빈방에서 쳐 드리고 있다. 마지막까지 완주하신 분들께 내 연락처를 드리고 있다. 언제 어디서 연락을 주셔도 직접 찾아가도록 최선을 다하겠다. 영어 공부하시다가 막히시는 부분 알려주시라. 강연도 좋고 술자리도 좋다. 010-3701-6564다. 카톡은 j2senglish다.

■ 영어는 운동과 같다고 나는 늘 이야기한다. 살 못 빼서 허구한 날 징징거리는 사람도 있는 반면에 단기간에 몸짱 되어 코 턱 하늘 높이 들고 거리를 활보하는 사람들도 많다.

■ 그리고, 우리나라 영어교육은 분명히 잘못되어있다. 가르치는 사람들도 배우는 사람들도 거의 다 잘못되었다. 매번 강조하는 것이지만, 영어는
1. 공부가 글 위주가 아니라 소리 위주여야 하니 책상에 엎드려하지 말고,
2. 읽고 듣는 소극적인 것보다 말하고 쓰는 적극적인 공부가 먼저여야 하며,
3. 말이란 하루하루 누적이 되어 일정 기간 후 몇 분간 떠들 수 있어야 한다.

■ 처음에는 모든 것이 익숙하지 않다. Nothing is familiar for the first time. 나도 30살이 되기까지 영어가 익숙하지 않았다. I had not been familiar with English before I turned 30 years old. 열심히 노력하는 것은 당신을 무엇이든지 익숙하게 만들 것이다. Trying hard will make you familiar with anything.

■ I am familiar with playing the piano. 와 Playing the piano is familiar to me는 같은 뜻이다. 주객이 전도되었고, 전치사가 with와 to를 바꿔 쓰면 되시겠다.

■ familiar를 family와 비스므리 생겼다고 '패밀리어'라 소리 내면 아니 된다. 'f퍼밀열'이다.

Warming-Up

이 페이지는 이 단원에 훈련할 어휘와 단어를 미리 익히는 시간이다. 현대 사회의 일상에서 쓰는 단어를 모아 각 단원의 패턴들과 결합, 가장 사용도 높은 예문들을 구성하려고 한다. 다음 단/숙어들이 영어로 1초 내에 입으로 튀어나올 때까지 맹연습하고 다음 페이지로 넘어가자.

- 자체점검!
- 아주조금!
- 반정도는!
- 기본이지!

• 가격이 떨어지는 상황	• the situation where the prices fall
• 규칙	• rule
• 나의 남편이 자란 동네	• the area my husband grew up in
• 목소리	• voice
• 설명하다	• explain
• 매운	• hot and spicy
• 그가 이용할 컴퓨터	• the computer that he will work on
• 사용하다	• use
• 어떻게 이 체계가 운영되는지	• how this system operates
• 그들이 직면한 상황을 대처하다	• deal with the circumstance that they face

발칙한 영어로 유창하게 말하자 표현확장 편

Jump-In

여러분을 동시통역의 첫 단계로 초대한다. 실력이 향상되려면, 답이 궁금하고 확신이 없어도 절대 다음 페이지의 정답을 기웃거리지 마시라. 눈으로 영문을 보는 순간 입 영어 실력은 급감한다. 다음 국어 문장을 더듬더듬 만들어보자. 한 문장당 쉼이 두 번 이상 일어나면 다시 시도해 보자.

- 자체점검!
- 아주조금!
- 반정도는!
- 기본이지!

1. 우리는 대량 생산된 상품을 사용하는 것이 친숙하다.
2. 한국인들은 상대적으로 매운 음식이 친숙하다.
3. 그들은 이 게임의 규칙에 친숙하지 않다.
4. 우리는 등록 절차를 설명하는 것에 친숙하다.
5. 그녀는 전화 속의 그 목소리가 왠지 친숙했다.
6. 대부분의 사람들은 갑자기 가격이 떨어지는 상황과 친숙하지 않다.
7. 신입사원은 그가 이용할 컴퓨터에 친숙해질 것이다.
8. 그녀는 이 체계가 어떻게 운영되는지에 친숙하다.
9. 나는 나의 남편이 자란 동네가 친숙하지 않다.
10. 매니저는 그들이 직면한 상황을 대처하는 것이 친숙하다.

Check-Up

전 페이지에서 연습한 답을 체크하며 공부하자. 영어에 박학다식해지는 페이지이다. 필자는 영어 발음을 한국어로 표기해 비난을 사기도 한다. 그러나 영어를 읽을 수 있는 우리는 그 발음 따라 읽는다 해도 영어 실력이 줄지 않는다. 외려 우리가 발음 개선을 위해 지향할 것은 정확한 소리지, 영어에 근접도 못 하는 일본식 발음이 아니잖은가? 같은 소리, 빠른 속도가 생성될 때까지 맹훈련하시라!

1. 우리는 대량 생산된 상품을 사용하는 것이 친숙하다.

We <u>are familiar with</u> using mass-produced goods.

'위얼f퍼므을리얼위th유싱매ㅆ프뤄듀스ㄷ굳ㅈ'

goods의 유의어로는 merchandise, stock, products, stuff, commodities가 있다.

2. 한국인들은 상대적으로 매운 음식이 친숙하다.

Koreans <u>are</u> relatively <u>familiar with</u> hot and spicy food.

'코뤼언ㅆ얼뤠을러팁v을리f퍼므을리얼윗th하랜스빠이씌f푸을'

relative는 형용사로는 '상대적인'의 의미지만, 명사로는 '친척'이라는 의미이다.
relatively와 comparatively는 동의어다.

3. 그들은 이 게임의 규칙에 친숙하지 않다.

They <u>are</u> not <u>familiar with</u> the rule of this game.

'th데이얼낱f퍼므을리얼윗th th더루을럽f th디ㅆ게임'

rule은 명사로는 '규칙', '원칙', '개인적인 습관', '통치', '자'라는 의미가 있고, 동사로는 '통치하다', '지배하다', '결정을 내리다', '줄을 긋다'라는 의미가 있다.

발칙한 영어로 유창하게 말하자 표현확장 편

4. 우리는 등록 절차를 설명하는 것에 친숙하다.

<u>We <u>are familiar with</u> explaining registration process.</u>

'위얼f퍼므을리얼윗th익ㅆ플래이닝뤠지ㅅ트뤠이션프뤄쎄ㅅ' explain의 목적어로 사람을 넣으려면 explain the situation to me로 to 전치사와 뒤로 배치되어야 한다.

5. 그녀는 전화 속의 그 목소리가 왠지 친숙했다.

She <u>was familiar with</u> the voice on the phone somehow.

'쉬워ㅅf퍼므을리얼윗th th더v보이썬th더폰썸하우'
'전화상으로'는 on the phone이므로 전치사 on을 주의하라. 이제 voice와 boys는 구별이 쉬우시겠지? 치아와 아랫입술이 부딪혀야 v발음이다.

6. 대부분의 사람들은 갑자기 가격이 떨어지는 상황과 친숙하지 않다.

Most people <u>are</u> not <u>familiar with</u> the situation where the prices fall all of a sudden.

'모슬피쁘ㄹf퍼므을리얼윗th th더씨츄에이션웨얼th더프라이씨ㅅ f퍼올 오을럽f써든'
all of a sudden에서 all은 '갑자기'라는 것을 더 강조하기 위한 표현이다. situation을 공간의 의미로 받아 where이라는 관계부사로 이었다.

7. 신입사원은 그가 이용할 컴퓨터에 친숙해질 것이다.

The new employee will <u>be familiar with</u> the computer that he will work on.

'th더뉴임플로이위을비f퍼므을리얼윗th th더컴퓨럴th댓히위을월꼬온'
work on이 다시 등장했다. I am working on the project. I am working on the document. 일하다, 열중하다의 의미를 다시 되새기자.

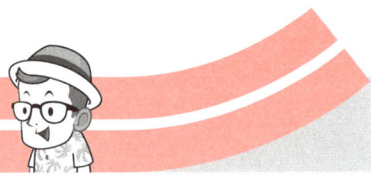

8. 그녀는 이 체계가 어떻게 운영되는지에 친숙하다.

She <u>is familiar with</u> how this system operates.

'쉬이 ㅅf퍼므을리얼윗th하우th디씩ㅅ템오퍼뤠이ㅊ'

operate는 동사형이고, 명사형은 operation, 형용사형은 operative이다. operate는 기계가 주어로 나오는 경우 수동으로 쓰지 않음을 주목!

9. 나는 나의 남편이 자란 동네가 친숙하지 않다.

I <u>am</u> not <u>familiar with</u> the area my husband grew up in.

'아임낫f퍼머을리얼윗th th디에뤼어마이허ㅅ번그루우업삔'

맨 뒤에 나온 in은 원래 my husband grew up in the area. 문장에서 보면 이해가 쉬울 것이다. 위 문장은 관계사 that이 생략되었다.

10. 매니저는 그들이 직면한 상황을 대처하는 것이 친숙하다.

A manager <u>is familiar with</u> dealing with the circumstance that they face.

'어매니줠이 ㅅf퍼므을리얼윗th디을링윗h th디썰큠ㅅ턴ㅅ th댓th데이f페이ㅅ'

deal in은 '물건을 취급하다', '문제를 다루다'와 같은 handle의 의미와 '~에 종사하다'의 의미도 있다. face의 뜻은 '직면하다' '마주치다'다.

Pile-Up

발칙한 영어로 유창하게 말하자 표현확장 편

누적훈련 없이 실력향상 없다!
선행학습 교재 『발칙한 영어로 진짜쉽게 말하자 – 기본패턴 편』 전체 분량과 본 권 『발칙한 영어로 유창하게 말하자 – 표현확장 편』의 누적 학습한 내용까지의 콜라보레이션 동시통역 트레이닝!
다음 문장을 영어로 바꾸시라. 문제당 쉼이 세 번 이상이면 다시! 될 때까지 노력!

1
매운 음식

한국인들은 상대적으로 매운 음식에 익숙하다. 매운 음식을 즐기는 사람들은 그들이 스트레스를 해소할 수 있다고 말한다. 개인적으로 나는 매운 음식을 좋아하지 않는다. 매운 음식을 먹고 나면, 항상 복통으로 고통받기 때문이다.

Koreans <u>are</u> relatively <u>familiar with</u> hot and spicy food. People who enjoy spicy food say that they can relieve their stress. Personally, I don't like spicy food. After having spicy food, I always suffer from stomachaches.

2
매니저

인생에서는 예측 불가능한 많은 상황들이 있다. 그러나, 우리 부서의 매니저는 복잡한 상황을 대처하는 데 익숙하다. 그녀는 언제 어디서나 다양한 상황을 처리할 수 있다. 내 생각에 그녀는 가장 큰 프로젝트를 담당할 것이다.

There are a lot of unpredictable situations in our lives. However, the manager in my department <u>is familiar with</u> dealing with the circumstance. She could take care of various situations anywhere anytime. I think she will be in charge of the biggest project.

3

신입사원

신입사원들은 그들이 작업할 컴퓨터에 익숙해져야 한다. 그들은 컴퓨터로 많은 것들을 할 것이다. 그들은 회사가 어떻게 운영되는지 이해할 필요가 있다. 그들은 새로운 환경에 적응하기 위해 많은 시간을 보내야 한다.

New employees should <u>be familiar with</u> the computers that they will work on. They will do lots of things with the computers. They need to understand how the company operates. They should spend a lot of time adapting to the new environment.

4

동네

나는 내 남편이 자란 동네가 익숙하지 않다. 그래서 이 동네에서 길을 잃은 경우가 있다. 나는 내가 길치라는 것을 안다. 내가 길을 잃을 때마다, 나는 스마트폰의 내비게이션 앱을 사용한다.

I <u>am</u> not <u>familiar with</u> the area my husband grew up in. There are times when I get lost in this town. I know I am terrible with directions. Whenever I get lost, I make use of the navigation app on my smartphone.

5

등록 절차

나는 등록 절차를 설명하는 것이 익숙해. 우선, 너는 온라인으로 하고 싶니 직접 하고 싶니? 온라인으로 하는 건 어때? 직접 등록하는 것에 비해 훨씬 더 적은 절차가 있어.

I <u>am familiar with</u> explaining the registration process. First, do you want to do it online or in person? How about doing it online? There are far fewer steps compared to registering in person.

6 대중교통

나는 매일 학교에 가기 위해 지하철을 타는 것이 익숙하다. 비나 눈이 오는 날에는 교통체증이 심하다. 나는 때때로 내 차를 사고 싶지만 여러 이유로 나는 계속 지하철을 이용할 것이다.

I <u>am familiar with</u> taking the subway to travel to school every day. There are traffic jams on rainy or snowy days. I feel like buying my own car from time to time but I will keep on taking the subway for some reasons.

7 면접

나는 다음 주 목요일에 면접에 참여할 예정이다. 나는 강도 높은 연습을 통해 압박 질문들에 익숙하다. 나는 이제 준비됐다고 생각한다. 나는 이번에 반드시 성공할 것이다. 모든 것은 내가 생각하는 것에 달렸다.

I will take part in a job interview next Thursday. I <u>am familiar with</u> overwhelming questions through intensive practices. I think now I am ready. I am sure to succeed this time. Everything depends on what I think.

발칙한 영어로 유창하게 말하자 | 표현확장 편

발칙한 영어로 유창하게 말하자 표현확장 편

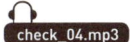

중/간/점/검/

열 단원 진도가 흐를 때 마다 지금껏 훈련해 온 누적분을 싸그리 몰아서 시험해본다.
옥구슬도 꿰어야 보배, 굴비도 엮어야 명절세트 되듯이,
그저 진도만 나간다고 실력 늘 것이다 속단하지 마시라. 한글보고 영작하시라.
안 되면 될 때까지! 안 하고 다음 단원 넘어가지 말기!

1
광고

너 그 광고 봤니? 그건 기억해 둘만 한 가치가 있어! 그건 단지 음악과 그림으로 구성되어 있지만 난 그걸 보는 걸 멈출 수 없어. 분명 많은 사람들이 그 광고를 만드는 데 열중했어.

Did you watch that advertisement? It <u>is worthy of</u> being remembered! It <u>is</u> only <u>composed of</u> music and pictures but I can't stop watching it. Many people <u>devoted themselves to</u> producing it for sure.

2
건강

나는 주말에 요리를 하면서 시간을 많이 보낸다. 건강은 내가 무엇을 매일 먹고 마시느냐에 달려있다고 생각하기 때문이다. 나는 야채와 과일이 얼마나 좋은지 잘 알고 있다. 그것들은 나에게 많은 비타민과 섬유질을 제공한다.

I <u>spend a lot of time</u> cooking on weekends. I think health <u>depends on</u> what I eat and drink every day. I <u>am well aware of</u> how good fruits and vegetables are. They <u>provide me with</u> a lot of vitamins and fibers.

3

동호회

나는 내가 많은 사람들과 시사에 대해 이야기 하는 토론 모임에 속해있다. 이 모임은 청소년부터 중년층까지 다양한 사람들로 이뤄져 있다. 처음에 나는 낯선 사람들과 이야기하는 것이 친숙하지 않았으나 나는 요즘 모임 활동에 열중한다. 나는 이 모임이 정말 좋다. 나는 계속해서 참여할 것이다.

I <u>belong to</u> a community where I talk about the current affairs with many people. It <u>is composed of</u> many different people from teenagers to the middle-aged. At first, I <u>was</u> not <u>familiar with</u> talking with strangers but I <u>devote myself to</u> this community these days. I really like it. I will <u>keep on</u> taking part in this!

4

싫어하는 사람

회사엔 내가 정말 참을 수 없는 한 동료가 있었다. 이건 그의 성격과 관련이 있었다. 나는 그와 잘 어울리려고 항상 노력했다. 하지만 나는 그와 어울리지 않기로 결정했다. 결국 나는 내가 하기를 원했던 것을 포기했다.

There was a coworker that I couldn't <u>put up with</u> at work. This <u>had something to do with</u> his personality. I always tried to <u>get along with</u> him. However, I <u>made a decision</u> not to hang out with him. In the end, I <u>gave up</u> what I wanted to do.

5

에너지
절약

요즘 에너지에 대한 이슈는 사람들의 삶에 지대한 영향을 미친다. 우리는 다양한 방법을 통해 이 문제를 책임져야 한다. 에너지를 절약하는 다양한 방법들이 있다. 우리가 절약하는 에너지의 양은 우리가 어떠한 전자제품을 사용하는지에 달려있다. 우리는 전자제품을 살 때 에너지 효율에 주목해야 한다.

The issue regarding energy use <u>has a</u> significant <u>effect on</u> lives of people. We need to <u>be responsible for</u> this issue through various ways. There are a lot of ways to save energy. The amount of energy we save <u>depends on</u> what kind of electronic devices we use. We should <u>pay attention to</u> energy efficiency when we purchase electronic devices.

발칙한 영어로 유창하게 말하자 | 표현확장 편

Finish 01

총정리

발칙한 영어로 유창하게 말하자 표현확장 편

총/정/리

이 책을 마무리하는 섹션이다. 그간 갈고닦은 실력을 이 페이지들에 쏟아붓자. 잘 안되거나 기억이 안 나는 부분은 다시 해당 단원들을 찾아보거나 책 속의 강의 해설을 참고하시길 바란다. 다음 문장들을 보면서 영어가 자연스레 나오는 경지를 체감하시는가? 스피킹 정복을 위해 한 걸음 한 걸음 나아가자!

1
소문

나는 그 소식을 들어서 행복하다. 너 또한 그 결과에 만족하니? 그 소식에도 불구하고 우리는 이것을 계속할 필요가 있다. 나는 이것이 더 좋아질 것이라고 확신한다. 우리는 우리가 지금 하고 있는 것을 더 열중해야 한다.

I am happy to hear the news. Were you happy with the result as well? Despite the news, we need to <u>keep on</u> doing this. I am sure it will get better soon. We have to <u>work on</u> what we are doing right now.

2
주차

나는 지난주에 백화점에서 차를 주차하는데 시간을 많이 보냈다. 주차장에는 몇천 대의 차가 있었다. 나는 내 차를 주차할 곳을 찾았다. 그것은 거의 불가능한 것이었다. 나는 주말에는 운전하지 않기로 마음먹었다.

I <u>spent a lot of time</u> parking my car at a department store last week. There were thousands of cars in the parking lot. I <u>looked for</u> where I can park my car. It was something next to impossible. I <u>made a decision</u> not to drive on weekends.

3 친구

너는 주로 누구와 휴가를 보내니? 너는 혼자 여행하는 것과 그룹으로 여행하는 것 중 무엇이 더 좋니? 나는 혼자 하는 여행을 좋아하지 않는다. 나는 여행 전 언제나 친구들에게 관심 있는지 묻기 위해 전화를 건다. 나는 항상 사람들과 어울리기를 원한다. 나는 앞으로도 계속 그럴 것이다.

Who do you usually spend vacations with? Which do you prefer traveling alone or in a group? I don't like traveling alone. Before I go on a trip, I always <u>make a call</u> to my friends to ask if they are interested in the trip. I want to <u>get along with</u> people all the time. I will <u>keep on</u> doing this.

4 외모

기사에 따르면, 많은 사람들은 외모 때문에 힘든 시기를 경험한다. 그들은 요즘 그들의 외모에 주목한다. 그래서 특히 아침에 외모 가꾸기에 많은 시간을 보낸다. 하지만 그것은 큰 차이를 만들지 못할 수도 있다. 우리는 우리가 무엇을 해야 하는지에 집중해야 한다.

According to an article, many people <u>go through</u> some tough time because of their looks. They <u>pay attention to</u> their looks these days. So they <u>spend a lot of time</u> on personal grooming in the mornings. However, it might <u>make</u> no <u>difference</u>. We should <u>focus on</u> what we have to do.

발칙한 영어로 유창하게 말하자 표현확장 편

5

공포영화

너는 공포영화를 보는 것을 좋아하니? 스트레스를 받는 사람들은 공포영화를 보는데 시간을 많이 보낸다. 나는 영화관람이 사람들의 스트레스와 관련이 있다고 생각한다. 이러한 종류의 영화는 사람들에게 흥분을 제공한다. 하지만 나는 그러한 공포영화를 참을 수 없다.

Do you like to watch horror movies? People who get stressed out spend a lot of time seeing horror movies. I think watching movies has something to do with stress. This kind of movies provides people with excitements. However, I can't put up with horror movies.

발칙한 영어로 유창하게 말하자 | 표현확장 편

Finish 02

총정리

발칙한 영어로 유창하게 말하자 **표현확장 편**

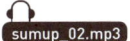

총/정/리/

이 책을 마무리하는 섹션이다. 그간 갈고닦은 실력을 이 페이지들에 쏟아붓자. 잘 안되거나 기억이 안 나는 부분은 다시 해당 단원들을 찾아보거나 책 속의 강의 해설을 참고하시길 바란다. 다음 문장들을 보면서 영어가 자연스레 나오는 경지를 체감하시는가? 스피킹 정복을 위해 한 걸음 한 걸음 나아가자!

1

간식

너는 간식 먹는 것을 좋아하니? 나는 때때로 케이크를 즐겨 먹는다. 그것은 모두 내 마음에 달렸다. 나는 나 스스로를 살펴야 한다는 것을 안다. 나는 내 건강을 책임질 필요가 있다. 너도 동의하니?

Do you like having snacks? I enjoy eating cakes sometimes. It all <u>depends on</u> my mood. I know I should <u>take care of</u> myself. I need to <u>be responsible for</u> my health. Do you agree with this?

2

포기

나는 나에게 주어진 것을 절대 포기하지 않을 것이다. 나는 무슨 일이 있어도 이것을 계속한다. 나는 내가 계획한 것을 항상 실행한다. 나는 나 스스로가 자랑스럽다. 나는 나에게 주어진 모든 기회를 사용할 것이다.

I will never <u>give up</u> what I am given. I <u>keep on</u> doing this whatever happens. I always <u>carry out</u> what I plan. I am proud of myself. I will <u>make use of</u> every opportunity given to me.

3
봉사활동

나는 학교에서 몇 개의 동아리에 속해있다. 나는 이번 봉사활동에 참여하게 되어 행복하다. 이것은 전혀 어려운 일이 아니다. 이 팀은 10명의 학생들로 이뤄졌다. 모든 학생들이 다른 사람의 도움이 절실히 필요한 사람들을 돕는 것이 익숙하다. 그들은 나에게 천사를 연상시킨다.

I <u>belong to</u> several clubs at school. I am happy to <u>take part in</u> this volunteer work. It is not something difficult at all. This team <u>is composed of</u> 10 students. Every student <u>is familiar with</u> helping people who desperately need others' help. They <u>remind me of</u> angels.

4
퇴사

나는 일을 그만둘 준비가 되어있지 않았다. 나는 내가 잘하는 것을 밝혀내야 했다. 나는 우연히 웹사이트 하나를 발견했다. 그 웹사이트는 나에게 이직과 관련한 유용한 정보를 제공한다. 나는 그 웹사이트를 잘 활용하는 중이다. 나는 이것 덕분에 더 이상 이직에 대한 걱정으로부터 고통받지 않을 것이다.

I was not ready to quit the job. I had to figure what I was good at. I <u>happened to</u> find one website. The website <u>provided me with</u> useful information regarding the career change. I am now <u>making use of</u> this website. Thanks to this website, I will not <u>suffer from</u> worries about changing jobs.

발칙한 영어로 유창하게 말하자 표현확장 편

5
비밀번호

나는 개인정보를 확인하기 위해 은행에 갔었다. 그것은 정말 피곤한 것이었다. 그것은 내가 어제 한 것과 관련이 있었다. 내가 비밀번호를 누를 때 실수가 있었다. 나는 모든 것에 좀 더 신경 써야 한다.

I went to the bank to confirm my personal information. It was something really tiring. It <u>had something to do with</u> what I did yesterday. There were some mistakes when I entered my password. I should <u>pay</u> more <u>attention to</u> everything.

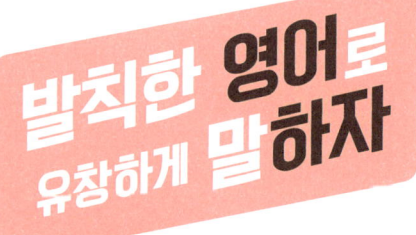